第2版

日本経済入門

An Introduction to Japanese Economy

はじめに

　本書は、経済週刊誌「日経ビジネス」編集部が総力を挙げて執筆に取り組んだ、新しいタイプの「経済入門書」です。日々の仕事に忙しいビジネスパーソンが将来を考えるうえで参考になる経済の基礎知識や、経済理論、予測を立てる時の論点などを贅沢に網羅しました。読者として20〜40代のビジネスパーソンを想定し、通常のいわゆる「教科書」とは違った構成にしています。

　経済は生き物です。経済政策や金融政策は現実に対応しながら刻々と変化しています。経済を分析するツールである経済学も日進月歩で進化を続け、少しずつビジネスに直接・間接に取り入れられています。

　日々の仕事に携わる中でふと意外な情報に出合ったり、新聞・テレビやインターネット経由などで新しい経済情報に触れたりした時、分からないことや、もっと背景を知りたいと思うことも多いでしょう。そんな時には、ぜひ本書を手に取っていただきたいと思います。

　第Ⅰ部では「経済」全般の基礎知識を解説します。経済って何？というそもそもの問いに始まり、政府の役割やGDP（国内総生産）の中身、銀行や株式市場の役割など、いわゆるマクロ経済や金融の分野で知っておきたい内容や、今さら聞けない基本的な事項も盛り込んで解説しました。

　第Ⅱ部は経済理論の概要です。ここでは、経済学の習得を目指すわけではありません。「国内外の状況やビジネス動向を見ようとする時、現代の経済学ではどのような考え方やツールが役に立ちそうか」という視点から、経済学的な考え方を体感できるよう、歴史やエッセンスを「日経ビジネス」らしく「分かりやすく」紹介することを目的としました。第

Ⅱ部を通読して経済学に興味がわいてきたら、ぜひ専門家が書いた経済学の教科書を開いて、本格的に勉強をしていただければと思います。

　さて最後の第Ⅲ部は、ビジネスに役立ちそうな「分析ツール」や、日本経済を取り巻く環境などの解説です。財務諸表の見方、企業価値評価の仕方、景気指標の読み方、株式市場の指標の見方、さらにはビジネスに関わる統計を見たり使ったりする時の基本スキルを紹介しています。後半では、今後のビジネス動向や経済予測に思いを巡らせる時に前提条件として理解しておきたいテーマを選び、解説しました。

　そしてぜひ、最新のビジネス動向をお伝えし続けて50年になる経済週刊誌「日経ビジネス」も併せてお読みいただければと思います。本書で得られた知識をベースにしながらビジネスの最新動向に定期的に触れ続けることで、不確実な経済環境を生き抜くうえでの大きなヒントを得られるはずです。

　本書には数多くの専門家の方から多大なるご支援・ご協力をいただきました。監修を、第Ⅰ部と第Ⅲ部では成城大学社会イノベーション学部の後藤康雄教授、第Ⅱ部では大阪大学大学院経済学研究科の安田洋祐准教授にお願いし、貴重な指摘や助言を多数いただきました。

　また、小黒一正・法政大学経済学部教授、入山章栄・早稲田大学ビジネススクール教授、阿部修人・一橋大学経済研究所教授から特別に寄稿をしていただきました。企業財務関連の2つの章では神戸大学大学院経営学研究科の保田隆明准教授から的確な助言を頂きました。第一生命経済研究所の熊野英生首席エコノミストと永濱利廣首席エコノミスト、公益財団法人日本数学検定協会の近藤恵介氏、東京大学公共政策大学院の川口大司教授には取材の形でご協力いただきました。この場を借りてお礼を申し上げます。

　なお本書は、2014年に出版した『日本経済入門』を最新の情報にアップデートして改訂した「第2版」となります。

日経ビジネス編集部

■**日経ビジネス**

第2版

日 本 経 済 入 門

An Introduction to Japanese Economy

目 次

第 I 部

［基礎編］
経済のしくみ
経済ニュースが理解できる基本知識

モノを作り、売り、買い、使う。
日々の営みが、私たちの経済を動かす。
経済とは、景気とは、GDPとは。基本を学ぼう。

I-1

—

経済って何だろう？

私たちの生活すべてに関係する「経済」。その経済を研究する経済学の面白い点は、時代背景によって「揺らぐ」点です。国や時代の変化で価値観や行動が揺らぐ人間の営みを学問にしているためでしょう。ただし、揺らぎの中にも法則性や定理があります。それを知っているか知らないかで、あなたの生活が変わるかもしれないのです。経済って何だろう——。まず、この抽象的な命題から向き合っていきましょう。

経済とは何か。言葉で定義しろ、と言われてもなかなか難しいものです。人によって、説明の仕方も変わってきます。例えば、日本の政府と、米国の著名な経済学者、百科事典では、こんなに表現が違います。

経済とは…

「お金」「モノ」「サービス」の流れ

経済産業省ウェブサイト(i)

生産活動（人々が望む財・サービスを作り出し、欲しがる者にそれを届ける活動）を全体として調整するシステム

『クルーグマン ミクロ経済学』（東洋経済新報社）(ii)

衣食住など物財の生産・流通・消費にかかわる人間関係の全体である

『世界大百科事典』（平凡社）(iii)

どうでしょうか。いま一つ腑に落ちない人もいるでしょう。指し示す対象があまりにも広範囲で、何やら壮大ですね。そこで、今を生きる私たちにとって、もっと分かりやすい表現を考えました。

まずは「生産」という言葉がカギとなります。生産とは、モノやサービスを生み出す行為です。例えば、「歌う」という行為は、お金を生む可能性があります。人気歌手は世界クラスともなれば年間数十億円もの収益を得ています。

▶ 図I-1-1　「人気」と市場、経済の関係

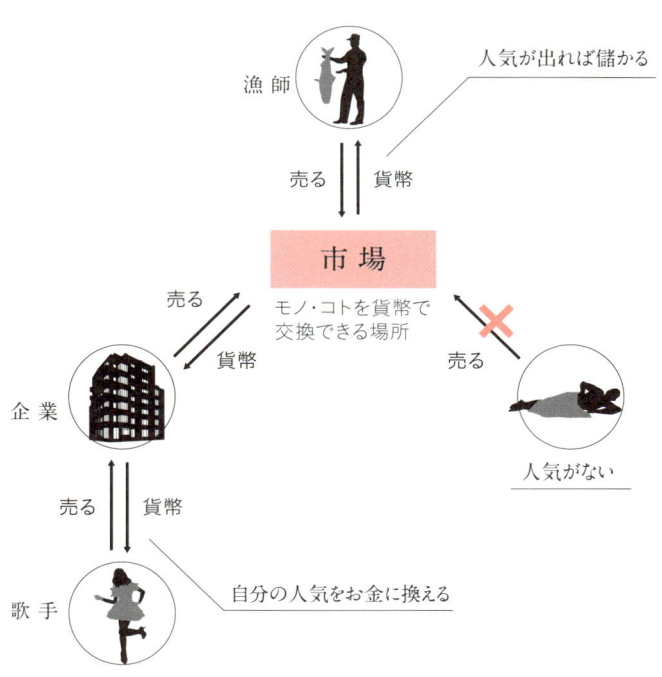

しかし、素人が学校やカラオケで歌うだけでは何のお金も生みません。誰かがお金と交換する価値を見いだしてくれなければ、あるいはお金と交換できる「市場」に流通しなければ、経済活動に結び付きません。

では、歌うという行為が単なる趣味の域を脱し、経済活動となる分水

嶺は何でしょうか。それは、「人気」と言えるのではないでしょうか。

たくさんの人々がインターネットの生放送サービスでトークや歌など
を披露しています。ほとんどは素人で単なる趣味の領域を脱していませ
んが、ファンが増え人気が高まれば、タレント事務所やレコード会社と
いった「企業」が目を付けます。企業はその人をアーティストとして売
り出し、CDやDVDといった商品を販売します。その商品は、CDショ
ップなどの「市場」に並び、ファンがお金と交換して手に入れます。

つまり、歌うという行為に人気が加わることで、お金に替えられる付
加価値を生む経済活動となるのです。

「眠る」という行為は通常、当たり前ですが、お金を生みません。しか
し、世の中には、大好きなAさんが眠っている姿であればお金を出して
でも見ていたい、と思う物好きがいるかもしれません。眠るという、一
見すると「生産」や「労働」とは懸け離れた行為であっても、そこに人気
が介在すれば、経済活動になり得るのです。

経済とは、モノやサービスの人気をお金に換える仕組みである――。
そう考えることが、経済を知る初歩と言えるでしょう。

価格は「需要」と「供給」のバランスで決まる

さらに、人気は価格のみならず株価、為替といった経済の基礎となる
あらゆる指標を左右します。一般的な経済学の教科書では、あるモノや
サービスの価格は「需要」と「供給」のバランスで決まると説明します。

需要は購入者側の論理で、価格が低いほど購入意欲が高まり、必要と
される数量も増えるというシンプルな話です。これを縦軸に価格、横軸
に数量を取ったグラフにすると、需要は右肩下がりの曲線で表現できま
す。供給は生産者側の論理で、価格が高いほど生産意欲が上がり、作ろ
うとする数量も増えるというシンプルな話です。これを同じグラフには
めると、供給は右肩上がりの曲線で表現できます。

この需要曲線と供給曲線の交わる点こそが、需要と供給のバランスが
一致するポイントであり、これで価格が決まります。交点は、価格の観

　　　　　　　　　　　　　　　　　　　　　　　　日本経済入門

点で「均衡価格」、数量の観点で「均衡取引量」とも呼ばれます。この均衡価格、均衡取引量は、変動することがあります。モノやサービスの人気は、価格の安さだけでは決まらないからです。人気は、時によって、場所によって、状況によって必ず変化するものです。

▶ 図I-1-2　あるモノ・サービスの価格が決まるメカニズム

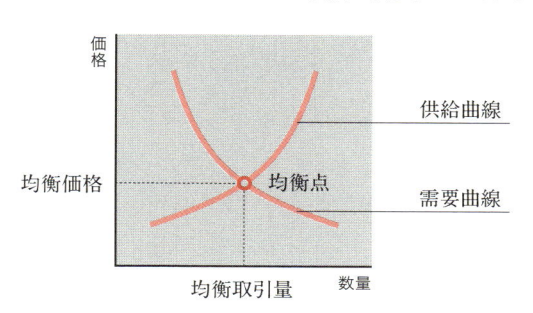

　例えば夏場、野外イベント会場や花火会場では400〜500円もするかき氷が飛ぶように売れます。コンビニエンスストアで通年、100円のアイスを売っていても、人は高いかき氷を欲します。夏場は、冷たいモノへの人気が高まり、今すぐ食べたいという人も増えます。グラフ上では、夏場にかき氷の需要曲線が右側に移動します。

　しかしいくら暑い夏でも、かき氷は1000円や2000円にはなりません。それは、人気についていこう、とかき氷の生産者が供給量を増やしたり、あるいは商機を見て新たな生産者が参入したりするからです。アイスの場合は比較的柔軟に大量生産ができるので、供給曲線の傾きが水平に近いと考えられます。よって、需要が増えても均衡での価格水準がほとんど変わらないことになります。これがいわゆる「需給バランス」なのです。

　世の中には、供給量を安易に増やすことができないモノやサービスも存在します。例えば、ハンドメイドの腕時計や台数限定のスポーツカー、世界的に著名な音楽アーティストのライブチケットなどです。これらは人気が高まるほど需要曲線が右側に移動しますが、供給曲線は一定のま

まです。ということは、こういうモノの均衡取引量は変わらず、価格だけが上昇する結果となります。

　一方で、人気によらず生産者側の都合だけで価格が上下する場合もあります。例えば悪天候が続き野菜が不作になり、例年の数量を供給できない時、購入者側は価格が多少高くとも必要なので買わざるを得ません。この場合、グラフで言うと供給曲線が左側に移動し、需要曲線は変わらないため均衡価格は上昇し、均衡取引量は下落します。

　ただし、価格上昇があまりに長い間続けば、さすがに野菜の人気も落ちるでしょう。野菜の代用としてビタミン剤を販売する業者や、天候に恵まれた海外の輸入野菜を多く仕入れる業者が増えるかもしれません。こうした競合商品に人気が向かえば、国内の野菜に対する需要曲線は左側に移動し、結果、均衡価格は元の水準に近づき、均衡取引量はさらに下がる、といった事態に陥りかねません。

　人気に基づく経済。これが、私たちが生きる「市場経済」の姿なのです。

人気は合理的には決まらない

　この、経済の根幹とも言うべき「人気」は、とても厄介なものです。人気は、価格によって、時によって、場所によって、状況によって変わることは説明しましたが、ほかにも左右する要素があります。それは、「人間の心理」です。人気は、時にとてもいいかげんな要素で決まる、ということも、経済を理解する上で知っておいた方がよいでしょう。

　テレビ番組でお馴染みの池上彰さんは、愛知学院大学の特任教授として経済学の講義を担当していました。その初回の「経済とは、そもそも何か」と題した講義で、池上さんは「人間はすべて合理的な行動を取るわけではない」と学生に伝えました。こういう内容です[iv]。

　うなぎ屋に行きました。1000円と2000円のうな重があります。どちらを選ぶか。講義を受けた学生の多くは1000円と答えました。ところが、3000円のうな重をメニューに追加したところ、多くの学生が2000円のうな重を選ぶと答えました。

他方、お店で7万円の腕時計を見れば「高い」と思うのが普通です。ところがショーウインドーで100万円、150万円の腕時計を見た後に、店内で7万円の時計を見ると「安い」と感じてしまいます。池上さんは学生に「人間は不合理な行動を取る」という事実を知ってほしかったのです。

　また、不合理な行動を象徴するのが、特に日本人に顕著な「行列に並ぶ」という行動です。行列ができているお店は人気があるはずだ、いいモノに違いないと思い込み、並んでしまいます。この時、価値に対して価格が安いかどうかという合理的な判断は薄れます。

　人気とは、価格や時期といった合理的な要因から非合理な要因まで、ありとあらゆる要素で揺れるものです。生きている人間の気分や気持ちが根底にあるのですから、当たり前です。その人気に基づく経済。だから、「経済は生き物」と言われるのです。

　こうした、揺らぎ続ける「人気」を古典的な経済学で予測することはできません。そこで近年では例えば、一見いいかげんな人間の心理を前提とした行動を観察することから新たな経済理論を確立しよう、という「行動経済学」が生まれています。人がしっかり考えないでつい行列に並んでしまうような、目についた群衆の行動に注目して行動を選択する人の特性も、最近の経済学では「ペンギン効果」と呼ばれ、研究対象となっています。

　そもそも、東西冷戦が終わり、「マルクス経済学」を取り入れた社会主義国が次々と崩壊した結果、マルクス経済学を教える大学は少なくなりました。ほんの数十年前まで、日本では経済学の基礎中の基礎ともされていた分野でしたが、時代と共に陳腐化したのです。人間の行動や心理、人気が「揺れ」れば、経済学も「揺れ」るのは当然です。

　それでも、私たちは変わり続ける経済の姿を追究していかなければなりません。そして経済について理解を深めることは、あなたの生活が、あなたの所属する会社が、あなたの生きる国が豊かになるためにどうしたらいいのか、その近道について考え続けることにもつながることでしょう。

I-2

—

なぜ「失われた20年」と
呼ばれるようになったのか

　1968年以来、日本は米国に次ぐ「世界第2位の経済大国」という立場を維持してきました。ところが、バブル経済の崩壊から約20年が経った2010年、日本は世界3位に滑り落ちました。経済成長著しい中国がGDP（国内総生産）の大きさで日本を上回ったからです。そればかりではありません。2018年時点では、米ドル換算ながら中国のGDPは日本のGDPの2.7倍ほどにまで膨れ上がっています。短期間にこれだけ大きな差が開いたのはなぜでしょうか。GDPの中身を知れば、「失われた20年」の間に世界経済の勢力図がどのように変わってきたのかが分かります。

一国が1年間に稼いだお金の合計：GDP

　GDPは、Gross Domestic Productの頭文字を取ったものです。端的に言えば、その国に住む人々が1年間に生み出したモノやサービス（付加価値）などの合計となります。GDPはその国の経済状況を包括的に知る上で最も重要な統計で、経済政策を立案・運営するためにも欠かせない指標となっています。

　図I-2-1では、1980年以降の日本、中国、米国そしてインドの名目GDPを示しました。株価や不動産価格が高騰した80年代後半は「バブル景気」と呼ばれ、日本のGDPは右肩上がりで伸びました。

　ところが90年頃にバブルが崩壊すると経済成長率が大きく鈍化し、マイナスを記録することもありました（詳細は図I-2-2を参照）。銀行の不良債権処理がなかなか進まず、経済が停滞した90年代は「失われた10年」

と呼ばれていました。ところが10年経っても景気は大きく好転せず、低成長に喘ぐ期間は20年近くにも及びました。

▶ 図I-2-1　主要国の名目GDP推移

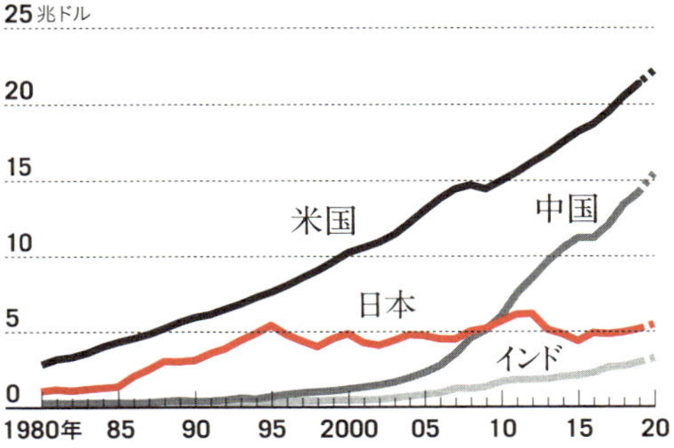

出所：IMF「World Economic Outlook(April 2019)」
注：2018年までは実績値で2019年以降はIMF予測値

　この「失われた20年」の間に大きく飛躍したのが中国です。89年に天安門事件が起きて国際的に批判を浴びたものの、さらに経済の改革・開放路線を推し進めました。豊富で安価な労働力を生かして「世界の工場」となった中国は90年から2010年までの20年間に、米ドル換算でGDPを15倍以上に拡大させました。一気に日本を抜き去り、世界第2位の経済大国に駆け上がりました。

実質GDPの伸び率が経済成長率

　2010年以降、中国経済の成長速度は鈍化してきました。国際通貨基金（IMF)や中国政府自身も二ケタの伸びまでは行かないにしても、5〜8％程度の「中速成長」を続けられると考えています。2020年以降、中国の経済規模が米国にかなり肉薄することになるとみられ、近い将来、GDPで米中が逆転する可能性さえ指摘されています。

　世界経済の勢力図を塗り替えているのは中国だけではありません。同

じくアジアの人口大国インドもGDPが拡大してきました。IMFの予測では、2020年頃にはインドの経済規模は日本の6割程度となると見込まれています。

　このように、一国の経済規模や景気動向を示す上でGDPはとても有用な指標です。都市や自治体単位でも経済規模は算出されており、それはGDPではなくGRP（Gross Regional Product＝域内総生産）と呼ばれています。

　日本のGDPは内閣府の経済社会総合研究所（ESRI）が算出しています。GDPの計算方法は国際連合の定めるSNA（国民経済計算）に準拠しているため、各国の経済規模を比較できます。特に、世界の基軸通貨である米ドルに換算することで、相対的に比較しやすくなります。

　GDPは1年に1回だけでなく、四半期ごとにも速報値が発表され、短期的な景気判断の材料となります。このSNAについては、I-3で詳しく取り上げます。

▶ 図I-2-2　日本の経済成長率（実質）の推移

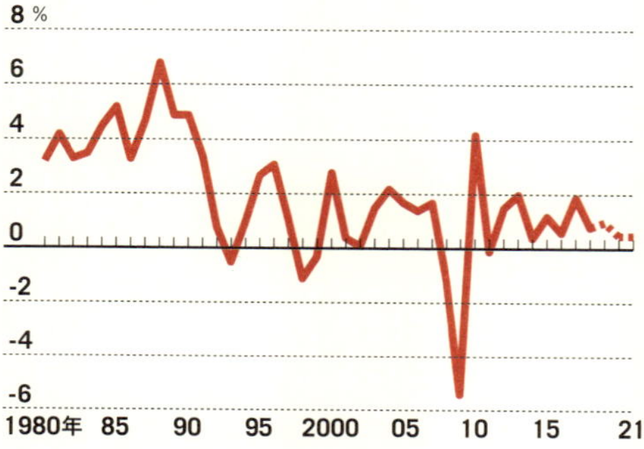

出所：IMF「World Economic Outlook（July 2019）」

　GDPには名目値と実質値があります。ある年の名目GDPが1000億円で次の年が2000億円になったと仮定します。単純に比べれば経済規模は2倍になっていますが、実際は物価が2倍になっただけかもしれま

せん。その場合、物価変動の影響を加味した実質GDPは1000億円のままです。

このように前年と比べて経済成長率を算出する場合、ある年（＝参照年）からの物価の上昇（インフレ）と下落（デフレ）を考慮した実質GDPの変化率を示すことが一般的です。これを「実質経済成長率」と呼びます。もしくは単に「成長率」と言うこともあります（図I-2-2参照）。名目GDPはその時々の市場価格を反映したものなので、経済規模の大きさを示す時に多く使われています。この名目GDPと実質GDPについては、I-3でもう1度詳しく取り上げます。

1人当たりGDPは豊かさを示す

GDPはその国の経済状況を包括的に示していますが、国民の豊かさとは必ずしも直結しません。そのため国民の生活水準を示す指標として名目GDPを人口で割った「1人当たり名目GDP」がよく利用されています。

▶ 図I-2-3　主要国のドル建て1人当たり名目GDPランキング

順位	国名	金額	順位	国名	金額
1	ルクセンブルク	114,234ドル	18	ドイツ	48,264
2	スイス	82,950	20	カナダ	46,260
3	マカオ	82,387	21	フランス	42,877
4	ノルウェー	81,694	22	英国	42,557
5	アイルランド	76,098	26	日本	39,305
6	アイスランド	74,278	31	韓国	31,345
7	カタール	70,779	65	ロシア	11,326
8	シンガポール	64,041	72	中国	9,608
9	米国	62,605	147	インド	2,036
10	デンマーク	60,692	192	南スーダン	302

注：IMF「World Economic Outlook(April 2019)」を基に算出

図I-2-3に、主要国の1人当たり名目GDPを米ドルに換算して示しました。中国の名目GDPが日本の名目GDPの2倍になっても、中国の人口は日本の10倍近い13億人を超えています。そのため中国の1人当たり

名目GDPは9608ドルで、日本の3万9305ドルと比べると4分の1以下にとどまります。

ただ、日本も世界的に見れば豊かとは言えません。欧州のルクセンブルクは1人当たり名目GDPが10万ドルを超え、スイスやノルウェーも8万ドル超となっています。日本より経済規模が小さい国ばかりですが、高い生産性を維持して豊かさを高水準で維持しているのです。

生産＝支出＝所得となる「三面等価の原則」

さて、GDPはある一定期間に一国内で生み出されたモノやサービスなど付加価値の合計、と説明しましたが、ここで言う付加価値とは企業などの生産主体が、新たに生み出した価値のことで、生産額から材料費などの中間投入額を差し引いたものを指します。この付加価値の具体的な計算方法については、I-3の23ページから詳しく取り上げますので、ここでは省略します。

▶ 図I-2-4　日本の名目GDPの内訳（2018年度）

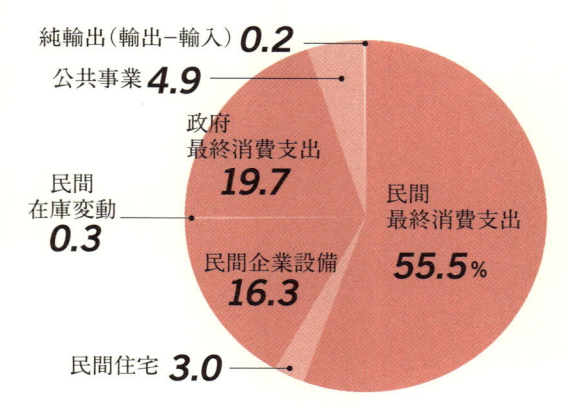

出所：内閣府国民経済計算

GDPは、その国の経済活動をモノやサービスを売った側の「生産面」から捉えるものですが、生産されたモノやサービスは最終的に何らかの

　　　　　　　　　　　　　　　　　　　　日本経済入門

形で誰かに利用されるので、モノやサービスを買う側の「支出面」から
GDPを捉えることもできます。

　この支出面から見たGDPは、個人消費（民間最終消費支出）、民間投
資（民間住宅投資と企業の設備投資と在庫品の変化の合計）、政府支出（公
共事業など）、そして純輸出（輸出額から輸入額を引いたもの）の4項目
に区分できます（図I-2-4参照）。それぞれ家計、企業、政府、外国とい
う4つの主体が期間内に使ったお金に基づいています。

　また、生産された付加価値は、企業や家計の所得となったり、税金と
して政府に納められたりします。つまり、いずれかの経済主体に分配さ
れることになります。このため、生産面、支出面、そして分配面から見
た付加価値の合計（＝GDP）は、概念上すべて一致することになります。
これを三面等価の原則と言います（図I-2-5参照）。

▶ 図I-2-5　三面等価の原則

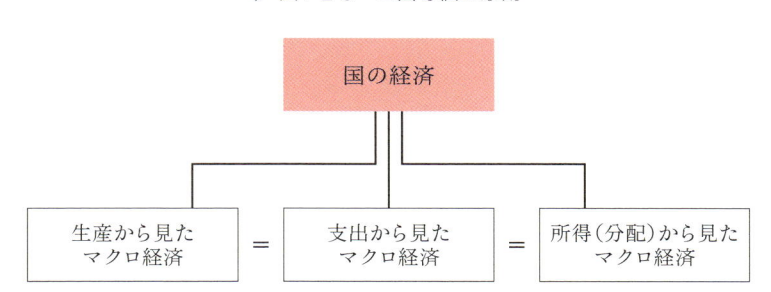

GDP はどう算出するのか?

人間は生まれながらにして競争が好きなようです。競争にはお互いの実力を比べるために共通のモノサシが必要です。例えば陸上や水泳ではコンマ以下何秒のタイムを競いますし、F1などの自動車レースは最高速度が高性能の証でした。一国の経済活動も同じです。国・地域ごとに共通のモノサシで豊かさを比較することはできないか——。そんな背景から生まれた代表的な指標が、国民経済計算(SNA＝System of National Accounts)です。四半期や1年など、一定期間に国・地域全体でどれだけの生産活動が行われたかを示しています。本章ではGDP(国内総生産)を具体的にどのように算出しているかを見ていきましょう。

回る経済

GDPを一つの舞台に例えてみましょう。この舞台で経済活動を演じる「役者」は家計(個人)、企業、政府の3人です。具体的には3人の間でヒト、モノ、カネが流れることで、私たちの生活が日々成り立っているわけです。では3人はどのような役割を演じているのでしょうか。

図I-3-1を見てみましょう。家計は労働(ヒト)、土地(モノ)、資本(カネ)の生産要素を企業に提供し、賃金、地代、利子を企業から受け取っています。こうした所得は企業から商品・サービスを購入する代金や、政府に税金を納めるために使われます。一番分かりやすいのは、サラリーマンが会社で仕事をして給料をもらい、その給料で生活と納税をしていることでしょう。

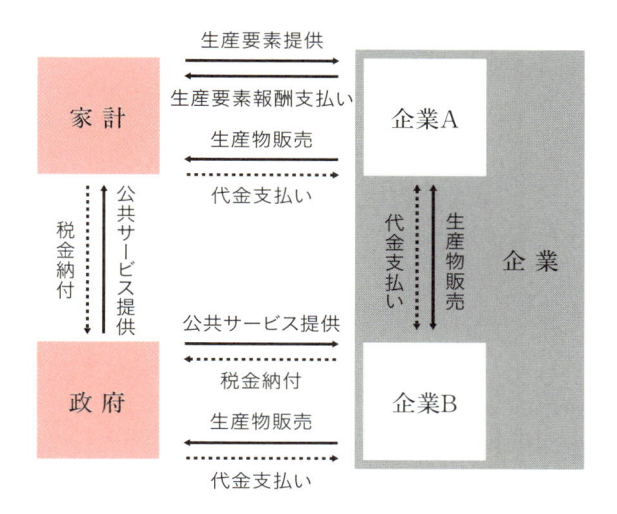

　企業は労働、土地、資本などの生産要素を家計から購入し、これらを活用して商品・サービスを生み出します。企業同士の取引もあります。

　政府は家計や企業から集めた税金で建設をはじめとした公共投資を行います。警察、消防などの公共サービスも提供します。

　3人の活動が一国の経済活動全体とすれば、それを測るモノサシがSNAです。SNAは一国の経済状況を、企業会計の損益計算書（P／L）と貸借対照表（B／S）のように、フローとストックで捉えた記録です。

　SNAは1953年、国際連合が国の経済活動を計測するための公会計基準として作成しました。いわば国の経済活動を比べるためのグローバルなモノサシと言えるでしょう。その後、何度か改定されましたが、日本は78年からSNAに基づいて日本経済を会計的に表現しています。

　具体的にはGDPをはじめとするSNAの諸計数は、内閣府が各種基礎統計を基に作成しています。これらの基礎統計のうち企業間取引を示した「産業連関表」や、人口などをまとめた「国勢調査」は5年に1回公表されているため、SNAもこれに合わせて5年に1度、大幅な改定（基準改定）

を行っています。

　日本では、国際連合が勧告した年に合わせたSNAの体系（通称「93SNA」や「2008SNA」）を用いています。各国が共通のモノサシを用いることで、GDPの国際比較が可能になるのです。

何を測り、何を測らないか

　SNAの1項目であるGDPは、正式には「国内で1年間に新たに生み出された商品・サービスの合計」と定義されますが、私たちが日常なじみのある概念とは少し異なるところもあります。いくつかのキーワードで区切ってみましょう。

　まず「国内」です。GDPで使われる場合は地理的な概念を指すことを押さえておいてください。つまり、日本国内で生み出された付加価値だけがGDPに計上されます。例えば、日本企業だけでなく、米国企業が日本国内に持っている工場で生み出された付加価値も日本のGDPとして算出されます。反対に、日本企業が米国に持っている工場の経済活動は米国のGDPに含まれます。企業各社の決算では海外売上高に含まれる米国工場の付加価値も、日本のGDPでは除外されるのです。

　GDPとは異なり、人や企業の国籍を基準に経済活動を把握する方法もあります。これはGNI（国民総所得）と呼ばれます。例えば日本人の大リーガーが米国で生み出した価値は「日本人が生み出した」という面からGNIには含まれますが、価値を生み出した場所が米国ですから、日本のGDPには含まれません。

　グローバルな経済活動が大きな国では、GDPとGNIが一致しないことは多々あります。日本のGDPはざっと550兆円規模。世界で活躍するグローバル企業が多いためGNIの方がGDPよりも20兆円程度多くなっています。ヒト、モノ、カネが国境を越えて移動すれば、さらにGDPとGNIの差は広がりそうです。

　GDPでは「1年間」という期間にも注意が必要です。GDPは家計、企業、政府の3人の「役者」が1年間で生み出した消費、投資といった付加価値

のフロー（流れ）です。ですから、ストック（蓄積）に相当する土地、株式などは含まれません。

　例えば2015年に販売された自動車を2020年に中古車として販売した場合、この自動車の価値はGDPに含まれません。2015年と2020年で二重計上してしまうことになるからです。

　最後の「新たに生み出された商品・サービスの合計」はどうでしょうか。ここでの商品・サービスは「付加価値」という概念で表されます。

　実際の商品・サービスは千差万別です。自動車やカメラといった工業製品もあれば、コメや牛肉といった農産物もあります。医療や旅行はサービスです。そこでGDPを算出する際には商品・サービスの数量をすべて金額に換算します。生産された数量に価格を掛け合わせたものを「生産金額」と言います。

　1本100円のペンが1万本生産された場合は「100万円相当のペンが生み出された」と考えます。1人10万円の国内旅行ツアーが100人分販売されれば「1000万円相当の国内旅行ツアーが生み出された」となります。

　これは言い換えれば一国のGDPはペン何本分に相当するかということにもなります。先ほど説明したように日本のGDPが500兆円規模ですから、いろいろな商品・サービスの複合体とはいえ、仮に1本100円のペンならば5兆本相当の価値ある商品・サービスが生み出されたことになります。

小麦がパンに変わる時

　図I-3-2を見てみましょう。付加価値とは文字通り「価値」を「付け加える」ことです。企業はゼロから商品・サービスを生産しています。そのために原材料から最終製品・サービスが出来上がるまで、途中段階の企業間でも多くの取引をしなければなりません。いわば企業ごとに役割を担っているわけです。

　例えば、パンを生産するには、まず小麦が必要です。小麦は農家が栽培し、その付加価値が300万円だったとします。その小麦は製粉会社に

売られて700万円相当の小麦粉になります。その後、ようやくパン工場で小麦粉から1000万円相当のパンを焼きあげるわけです。

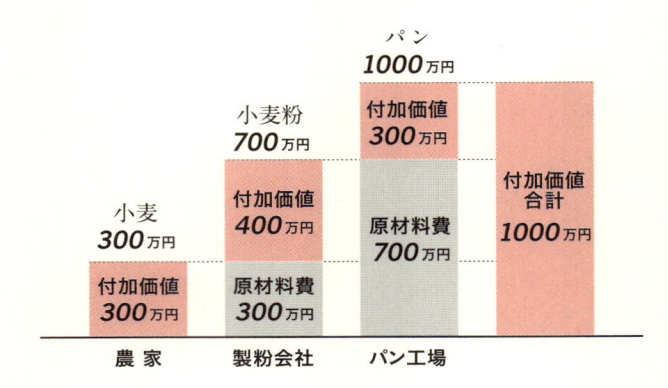

▶ 図I-3-2　付加価値の計算

農家、製粉会社、パン工場の売り上げの合計が経済全体の売り上げになりそうに思えますが、最終的に消費者に提供されるのはパンだけです。ですから、付加価値とは商品・サービスの合計から原材料の価値を差し引いた値です。ここでは売り上げ全部を足した2000万円ではなく、図のように1000万円が付加価値に相当します。

それではパンが出来上がるまで農家、製粉会社、パン工場それぞれが生み出した付加価値はいくらでしょうか。

まず農家はもともと小麦を売り渡した300万円が付加価値です。製粉会社はパン工場への販売額700万円から原材料費300万円を差し引いた400万円、パン工場はパンの販売額1000万円から製粉会社、農家の原材料費700万円を差し引いた300万円が生み出した付加価値となります。

各企業の生み出した付加価値は合計1000万円となり、最終的なパンの販売額1000万円と一致していることが分かるでしょう。もし一国の経済が農家、製粉会社、パン工場だけで構成されていれば、この国のGDPは3者の付加価値を足し合わせた1000万円になります。

先ほどGDPは「国内で1年間に新たに生み出された商品・サービスの合計」と定義しました。もし小麦の一部が海外から輸入されていた場合はどうでしょうか。

　農家は200万円相当の小麦しか栽培できず、製粉会社が300万円相当の小麦粉を生産するために残り100万円分の小麦を海外から輸入するケースです。この時、それぞれの付加価値は農家が200万円、製粉会社は400万円（700万円－農家からの原材料費200万円－輸入100万円）、パン工場は300万円となります。

　付加価値の合計は900万円で、輸入した小麦の付加価値は除外されます。

2つのGDP

　日常生活で商品・サービスに接していると、必ず気になるのが価格、つまり物価です。ここではGDPと物価の関係を考えてみましょう。

　ある年にミカンを100個、リンゴを100個生産したとします。ミカン1個50円、リンゴ1個100円とすれば生産金額は1万5000円です。

　しかし、あらゆる商品・サービスの価格は消費者の需要と生産者の供給に応じて常に変動します。ミカンやリンゴならスーパーマーケットで特売されることもあるでしょうし、台風や冷害で作付けが悪くなれば市場での値段は上がっていくでしょう。GDPでも年間ベースで市場価格を反映させていくことが重要になるのです。

▶ 図1-3-3　「名目」と「実質」で変わるGDP

| | ミカン | | リンゴ | | 名目GDP | 実質GDP | GDPデフレーター |
	生産量	価格	生産量	価格			
1年目	100個	50円	100個	100円	15000円	15000円	100
2年目	200	250	200	500	150000	30000	500

　例えば、その翌年にミカン・リンゴ共に生産された量が2倍の200個ずつ、価格も5倍になって250円と500円になった場合、生産金額はいくら

になるでしょうか。ミカンの生産金額は5万円、リンゴは10万円に跳ね上がります。合計では15万円と今年の10倍です。

このように生産活動がなされた時点の価格を用いて計算された商品・サービスの生産金額を「名目GDP」と呼びます。なぜ「名目」という言葉を付けるかというと、様々な商品・サービスの価格が変動する場合は、たとえ生産水準が一定でもGDPが変化してしまうからです。価格の変動をそのまま表現したのが名目GDPと言えるでしょう。

これに対して商品・サービスの価格変動を考慮した値を「実質GDP」と言います。「実質」という言葉は、ある年の価格水準で評価し直したという意味です。ここでは1年目のミカン、リンゴの価格を基準に、2年目の生産金額を再評価してみましょう。

ミカンは1万円（200個×50円）、リンゴは2万円（200個×100円）ですから、生産金額は合計で3万円になります。1年目から2年目にかけて名目ベースでは1万5000円から15万円まで10倍に跳ね上がったGDPも、実質ベースでは3万円と2倍にとどまっている様子が分かります。

経済の成長スピードが速いアジアなどの新興国では給与所得の伸びに連れて物価も上昇基調をたどる傾向があります。GDPの伸びを比べる場合は実質の方が実体経済に即しているわけです。

例えば、ある年のGDPが5%増加したとしましょう。その年の物価を見ると、前年より3%上昇していたとします。この場合、GDPの増加のうち3%は物価の上昇によるものと考えられます。値段が上がったので、同じ商品・サービスを生み出していてもGDPは大きくなったように見えます。この物価上昇分を除くと、実際に生み出された商品・サービスの増加分は2%ということになります。GDPを長期で見たり、海外と比較したりする場合では物価上昇率を差し引いて考えることが不可欠です。

逆に、名目GDPを実質GDPで割れば、商品・サービスの価格がどれだけ変化したのか、その影響だけを浮き彫りにできます。ミカンとリンゴの例に置き換えると、物価は5倍になった（15万円÷3万円）ということです。

名目GDPと実質GDPの比率を100倍にした値を「GDPデフレーター」と呼びます。物価水準を示す代表的な指標の一つです。GDPデフレーターが100よりも大きい場合は物価が基準年よりも高くなっていることを示しています。反対にGDPデフレーターが100よりも小さければ、物価は基準年よりも下がっていることになります。

$$\text{GDPデフレーター} = \frac{\text{名目GDP}}{\text{実質GDP}} \times 100$$

1円の価値が変わる

　もともと物価水準とは「同じ商品・サービスがいくらで買えるか」を表すものです。1円の価値が変化するなら、利子率の意味合いも変わります。ここで言う利子率とは事業に必要なお金の貸し借りに対する使用料（賃借料）のことで、賃借料の元本に対する割合を表示したものです。

　例えば同じ100万円を借りて年5万円の利子を支払っても、その時々の物価水準によって利子はある年の5万円以上の価値を持ったり、持たなかったりします。

　物価の上昇局面では利子の価値は下がりますし、物価の下落局面では上がってしまいます。物価の影響を考慮した利子率は実質利子率と呼ばれ、表面上の利子率である名目利子率と区別しています。

　ちょうど日本ではバブル崩壊後、1990年代から「失われた20年」と言われたデフレ経済が続きました。デフレは1円の価値が高まり、物価が下落基調をたどる経済現象ですから、当時お金を借りていた企業や家計は次々と実質的な金利負担が重くなっていきました。第2次安倍政権が2012年末に発足し、いわゆる「アベノミクス効果」もあってデフレ脱却の兆しが見えてきました。実質利子率も下落する公算があります。

　経済の潮目が変わる時は、企業や家計にとっての「1円の価値」が変わっていくのです。

経済を成長させる要因は？

日本は高度経済成長期を経て欧米並みの物質的な豊かさを手に入れました。しかし、バブル崩壊以降、低成長が続いています。生活の豊かさは、必ずしも経済成長だけで実現できるものではありません。それでも、歴代の政権は常に成長を目指してきました。2012年末に誕生した第2次安倍政権の「アベノミクス」はその一つです。なぜなら経済成長は、今も社会の発展や豊かさを実現する有効な手段と考えられているからです。ここでは、経済成長はどのようにもたらされるのかを学びます。

　経済成長とは、経済の規模が拡大することです。具体的には、国内で生産された財やサービスの総額が増えること、つまりGDP（国内総生産）が増えることを指します。GDPが増える比率を「経済成長率」と言い、この比率が大きいほど成長のペースが速いことになります。

　世界各国の経済成長率を比較すると、その数値は様々です。図I-4-1のグラフを見てください。先進国の成長率は低く、新興国の成長率は高いことに気づくと思います。なぜ、このような差が生じるのでしょうか。その理由を理解するうえで重要なキーワードは「生産性」です。生産性の高さを決定するのは、人の技能や知識、道具や設備、天然資源の有無、そして技術の水準です。生産性の高さは高い成長率につながります。

経済成長の3つの要因

　俯瞰して見ると、経済成長の要因は3つあります。「労働(Labor)」「資

本(Capital)」「全要素生産性(TFP=Total Factor Productivity)」です。労働は人々が働くことで、資本は生産設備などを指します。全要素生産性は聞き慣れない言葉だと思いますが、労働と資本では表せない技術進歩などのことだと理解してください。

▶ 図I-4-1　世界各国の実質経済成長率（2018年）

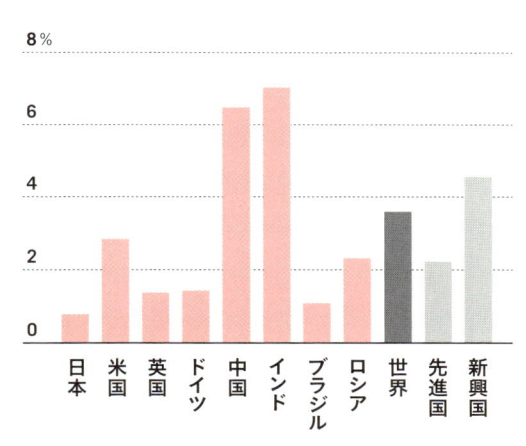

出所：国際通貨基金（IMF）

　経済がどの程度成長するかは、これら3つの生産要素をどれだけ増やせるか次第であり、それが国民の生活水準の向上を決める要因になります。経済成長の要因を労働、資本、全要素生産性に分けて分析する手法を「成長会計」と言い、この手法に基づいた経済成長率の計算式を「成長方程式」と呼びます。

　成長方程式を単純化すると、経済成長率とは労働、資本、全要素生産性のそれぞれの増加率を足し合わせたものになります。このうち労働の増加率は労働投入量で、具体的には「労働者数×労働時間」の増加率です。一方、資本の増加率は主に企業が保有する生産設備など、いわゆる「資本ストック」の増加率です。企業が利益の中から設備投資をし、それが減価償却を上回り続ければ、資本ストックは増えていきます。

図I-4-2の成長方程式を見てください。これを見ると、労働と資本の増加率に、それぞれ「労働分配率」「資本分配率」という要素が掛け合わされています。労働分配率とは、国民所得に占める賃金などの労働所得の割合、資本分配率は企業利益や利子・配当などの資本所得の割合のことです。つまり、労働と資本が、それぞれ国内の生産にどの程度の割合で寄与しているかを示しています。現在の日本の労働分配率は約75%で、資本分配率は約25%ですので、仮に労働が4%、資本が3%それぞれ伸びた場合、経済成長率（全要素生産性の増加率を除く）は「（0.04×0.75＋0.03×0.25）×100＝3.75（%）」という計算になります。

▶ 図I-4-2　成長方程式

経済成長率 ＝

労働 増加率	×	労働 分配率	＋	資本 増加率	×	資本 分配率	＋	全要素生産性 の増加率

　上の方程式にある通り、実際の成長率には労働と資本の伸びのほかに、全要素生産性の伸びも加わります。全要素生産性の中身としては技術進歩、すなわちイノベーションが大きな要素を占めていると言われます。
　スマートフォン「iPhone」をヒットさせた米アップルや、インターネットを使ったサービスで急成長を遂げた米グーグルなどの成功例から、「日本でもイノベーションが重要だ」との声がよく聞かれます。それは、日本をはじめとする先進国で労働や資本の伸びる余地が少なくなっているからです。つまり、経済成長の牽引役としてのイノベーション、要するに全要素生産性を向上させることが重要になっているのです。

日本の低迷と全要素生産性（**TFP**）

　こうした状況は、この成長会計を使って日本の経済成長がどのように実現したかを分析するとよく分かります。32ページの図I-4-3のグラフは、労働、資本、全要素生産性が、それぞれどれくらい日本の経済成長

に寄与してきたのかを示したものです。

　経済成長率は90年初頭のバブル崩壊まで4%台でしたが、90年代以降、低迷しています。原因はまず少子高齢化にありそうです。高度成長期は労働人口が増え、80年代まで経済成長率に労働投入量の増加が寄与した部分は約1%ポイントありました。しかし、90年代以降は0%ポイント台どころか、マイナスです。少子高齢化による労働人口の減少が顕在化している上に、労働時間の短縮も進んできていることが背景にあります。

　一方、資本についてはどうでしょうか。同じように90年代以降、低迷しています。これはバブル崩壊以降、企業が経済成長への期待を保てなくなり、国内への設備投資を抑制してきたために資本ストックの伸びが鈍化している状況を示しています。

　日本の少子高齢化は避けられない現実であり、女性や高齢者により多く働いてもらったり、外国人労働者を積極的に受け入れたりなどしない限り、この傾向を反転させることは難しいでしょう。また、資本ストックの伸びの鈍化は、バブル崩壊以降の長期的な傾向である国内需要の低迷や生産拠点の海外移転などを考慮すれば、企業の国内投資抑制の背景には根深いものがあると言わざるを得ないでしょう。

　こうした状況では、生産性を向上させるイノベーションや、それを可能にする構造改革などに期待する声が大きくなるのも無理はありません。それを成長方程式に当てはめれば、全要素生産性の拡大により経済成長を押し上げることを意味します。

　しかし、実際には日本の全要素生産性は期待されるほど伸びていません。90年代以降、全要素生産性の伸びも0%台またはマイナスとなっています。経済産業省も「TFP（全要素生産性）上昇率の低下と労働時間の低下が1990年以降の我が国のGDP成長率の主たる下押し要因だった」と分析しています。

　全要素生産性がどのように決まるかは、まだ十分に解明されているとは言えませんが、長期的には技術水準の向上、あるいはイノベーションを促進するための社会環境が整備されているかどうかが大きく影響して

くるでしょう。イノベーションを生むためには、研究開発などの企業努力はもちろんのこと、政府による構造改革や、高度な知識や技能を備えた人材の育成も欠かせません。

新興国は日本の高度成長期の頃の段階

さて、これまでは日本を例に経済成長の要因を見てきましたが、少子高齢化など日本が抱えている問題の多くは、ほかの先進国にも共通しています。冒頭の世界各国の経済成長率を見れば一目瞭然ですが、先進国全体でも2018年の経済成長率は2%と、決して高いとは言えません。その一方で、新興国の成長率は全体で4.9%となお高水準にあります。

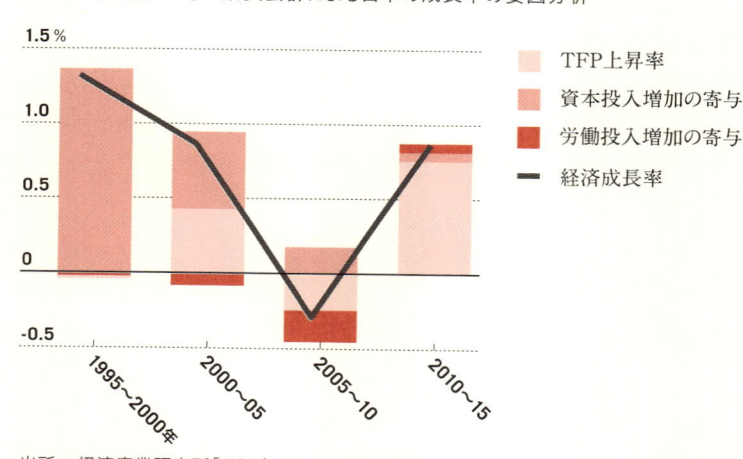

▶ 図1-4-3　成長会計による日本の成長率の要因分析

出所：経済産業研究所「JIPデータベース2018」

中国をはじめとする多くの新興国の経済成長率が高い理由は、日本の高度成長期の状況を当てはめて考えるとよいでしょう。

地方から都市へと豊富な若い労働力が流入していることで労働投入量は伸びますし、教育レベルが上がれば労働の質も向上します。企業の期待成長率が高いことから設備投資は活発で、資本ストックは拡大します。

　　　　　　　　　　　　　　　　　　　　　日本経済入門

海外からの資金の流入も追い風です。産業の発展度合いも低いため、全要素生産性の伸びしろも大きいと考えられます。

　アフリカを含む新興国の多くは、次第に政治が安定し法律も整備されるなど事業がやりやすくなってきました。こうした事業環境の改善は、全要素生産性を押し上げる効果があります。

　言い換えれば、世界の新興国は、かつて日本が高度成長期に歩んだ道を今、追いかけているわけです。先進国と新興国との経済成長率の差は、こうしたところから生まれています。

ソロー・モデルから内生的経済成長理論へ

　ここまで、経済成長の要因を成長会計という考え方に沿って解説してきました。最後に、経済学で経済成長の理論がどのようにして進化してきたのかに触れておきます。大きく貢献したのが、ロバート・ソロー米マサチューセッツ工科大学（MIT）名誉教授です。

　ソロー教授は、それまでの代表的な成長理論モデルで仮定されていた生産関数を、より現実的で使いやすいものにしたことで知られています。その結果、現実のデータへの当てはまりが良くなり、政策的な含意が大きく変わったのです。同時期に同様のモデルを考案した経済学者トレヴァー・スワンにちなみ、「ソロー・スワン・モデル」とも呼ばれています。

　重要なのは、経済成長の要因として技術進歩などの全要素生産性の存在に着目したことです。統計データから労働と資本の伸び率を計算すると、その結果と実際の経済成長率の間には「差」が存在します。これが全要素生産性で、ソロー教授にちなみ「ソロー残差」とも呼ばれます。

　ただ、ソロー教授は技術進歩がなぜ起きるのかについては十分に説明しませんでした。技術進歩は偶然の結果ではなく、企業の戦略や政府の政策など内生的な活動の結果として起きるものでしょう。その点については、ポール・ローマー米ニューヨーク大学教授らの貢献によって1990年代以降に「内生的経済成長理論」として研究が進んでいます。

I-5

政府の活動と経済

経済活動には、大きく分けて3つの主体があります。1つ目が「家計」、2つ目が「企業」、そして3つ目が「政府」です。政府は市民生活や企業の活動の基盤となる環境を整備し、様々な政策・公共サービスを実行する、極めて重要な存在です。ここでは、具体例として日本の財政状況も見ながら、政府の役割について見ていきます。

「経済の主体」と言われた時に、「政府」はパッとは思い付かない存在かもしれません。ただ、公共投資などの様々な政策が、国の経済に多大な影響を与えることはお分かりいただけるかと思います。そしてその主な原資は、家計や企業から集める税金です。税率が少しでも変動すれば、これもまた家計や企業の経済活動に大きく影響します。政府の活動は国の経済を考える際に無視できないものです。

一般的に政府と言うと、日本では国の行政機関（内閣）を指すことが多いですが、ここでは地方自治体や立法機関（国会）など、他の公的機関の活動も一部含めた総称として用いています。本章では、その政府の経済活動の在り方について考えます。

政府が経済に果たす3つの役割

公務員に給与を払うのにも、道路や橋を造るのにも、当然ながらお金がかかります。政府はそうしたあらゆる支出を、税収や国債発行などで得た資金で賄います。こうした政府のお金の出入り状況が、「財政」です。

お金の出入りは家計にも企業にもありますが、政府の財政はそれらと異なる点があります。家計や企業が主に家族や利害関係者の利益を考えて行動するのに対し、政府は原則として公的な目的のために経済活動をするという点です。

　政府の財政が、経済に果たす役割は以下の3つがあるとされています。

①資源配分機能

　安全保障や警察・消防、下水道や交通インフラの整備など、大多数の国民が必要とするが、民間では平等に行き渡らせることが難しい社会資本を、適切に配分する機能

②所得再分配機能

　自由主義経済では資本を多く持つ者がより多くの対価を得やすくなりがちなため、「富める者はますます富み、貧しい者はどんどん貧しく」なる傾向がある。この格差を、高額所得者から多くの税金を取り、低額所得者へ実質的に分配するなどして、平準化する機能

③景気の調整機能

　急激な景気や物価の変動は企業の継続を困難にさせ、経済全体に大きな悪影響を及ぼしかねないため、公共投資を拡大して需要を創出したり、反対に抑制して物価の上昇を抑えたりする機能

閣議決定された予算案は国会で審議（参院予算委員会の様子）
（写真＝時事通信）

「大きな政府」と「小さな政府」

　これらの3つの機能はいずれも、国や社会の安定的な維持・発展を目的にしています。民間の自由な競争に任せるだけでは、時として、社会が不安定になるほど経済格差や金融不安が生じることがあります。また人々が安心して暮らし、ビジネスができる社会インフラや行政サービスが整備されていなければ、経済的な発展も望めません。自由主義経済においても、政府の役割を無視するわけにはいきません。

　では政府は経済に対して、いったいどのように関わるべきなのでしょうか。この問題については、歴史的にも様々な経済学者が論争をしてきていますが、大別すると2つの考え方があります。いわゆる「小さな政府」を志向するか、「大きな政府」を目指すかというものです。

　競争を基礎とする市場原理が十分に働いていれば、需要と供給の関係でモノやサービスの価格は決定し、資源は最適な形に配分され、効率的な社会が実現する。従って政府の役割は、人々の生活になくてはならない「純粋公共財」の供給に限定されるべきだ、という考え方をするのが、小さな政府派です。純粋公共財とは、民間のビジネスではなかなか利益を生み出しにくい、警察・消防、国防といった、社会的機能・サービスの類を指します。

　これに対して大きな政府派は、政府は純粋公共財の供給だけでなく、高齢者や障害者に対する福祉など、その他の分野にも積極的に資金を投入して貢献すべきと考えます。政府がカバーする範囲が広くなるため支出は膨らみ、国民の税負担も高くなりがちですが、公平で質の高い公共サービスなどが安定的に提供されやすくなるとも考えられます。

実際の歳入・歳出

　では、実際に日本政府がどのようにお金を使っているのか、見てみましょう。国の次年度の予算案は例年12月下旬に閣議決定され、その後通常国会の予算委員会などで審議され、正式に成立します。右ページの

図I-5-1とI-5-2は、日本の2019年度の一般会計予算の内訳を示しています。約101.5兆円の歳出のうち、最も大きな部分を占めるのが社会保障費です。その額は34.1兆円、全体の3分の1を占めています。

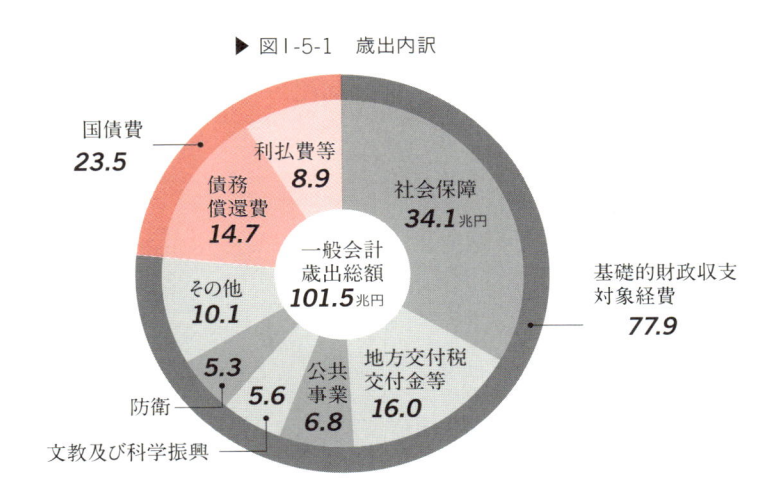

▶ 図I-5-1　歳出内訳

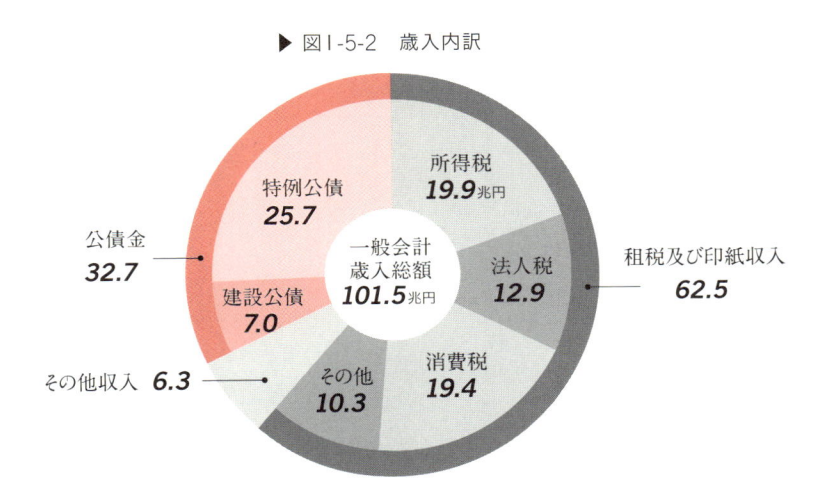

▶ 図I-5-2　歳入内訳

出所：財務省「日本の財政関係資料」

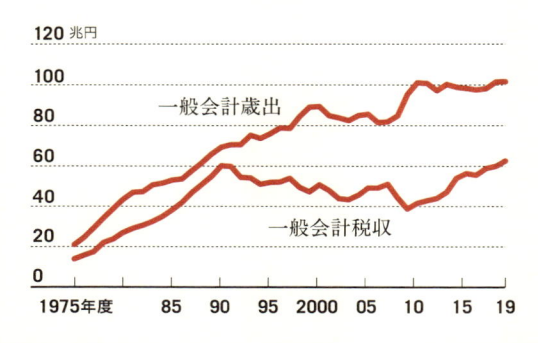

▶ 図I-5-3 一般会計における歳出・歳入の状況

	1975年度	80	85	90	95	2000	5	10	15	19
公債発行額	5.3兆円	14.2	12.3	6.3	18.4	33.0	31.3	42.3	34.9	32.7
公債依存度	25.3%	32.7	23.2	9.1	24.2	37.0	36.6	44.4	35.5	32.2

出所：財務省「日本の財政関係資料」

　社会保障費とは、年金や医療、介護などに充てられる支出です。利用者に実際に給付される「給付額」は年間120兆円を超え、その5割ほどが保険料で賄われていますが、不足分を企業側負担や税金で補填している構図です。所得税収と、消費税収をすべて足し合わせても社会保障費には足りません。

　国の歳出で次に多いのが「国債費」です。国債の償還（返済）や利払いに充てられるものですが、現在の日本では歳出の23％が「借金の返済」に回っていることになります。

　近年はこの巨大な社会保障費と国債費が、財政を圧迫する最大の要因となっています。少子高齢化を受け、社会保障費は今後も膨張が見込まれます。現在は約4分の1になった歳出額に占める国債費の割合も、1975年度は5％に満たなかったのです。

　長い目で見た時、公共事業関係費は縮小傾向にあります。2019年度は約7兆円、全体の6.8％です。ピークの1998年度には14.9兆円ありました。民主党政権下に比べれば昨今は増加基調ですが、財政難と「無駄な公共事業」に対する不満の高まりから、削られてきた経緯があります。

このほか、財政基盤の弱い自治体に交付する「地方交付税交付金」が全体の約16%を占めており、「文教及び科学振興費」と「防衛費」がそれぞれ5%程度となっています。

拘束される財政

国民全体で社会保険料や税金をどれくらい負担しているかを示す「国民負担率」で見ると、日本は2016年度時点で42.8%でした。米国の33.1%（2016年、以下同）に比べると高いですが、英国の46.9%、スウェーデンの58.8%、フランスの67.2%などよりは大幅に抑えられています。

これは経済協力開発機構（OECD）に加盟する国のうち、比較可能な34カ国の中では下から8番目に低い数値です。この点で言えば、現状では日本が「大きな政府」であるとは言いにくいかもしれません。このため、より税負担を重くして社会保障などを充実し、より大きな政府を目指すべきだ、との主張があります。

次ページの図I-5-4をみると、GDP（国内総生産）に対する政府総支出の比率が、40%程度になっているのが分かります。政府総支出とは一般会計と異なり、社会保障給付、公共事業、教育など政府のあらゆる公共サービスの支出総額を示すもので、政府の大きさを直接的に示す指標です。これを見ると、国の経済活動の中で政府の重みが増していることが分かります。大幅に増えているのが、やはり社会保障支出で、逆にそれ以外の支出は比率が下がっています（次ページ図I-5-5、I-5-6）。

政府の規模が大きくなることが、即問題というわけではありません。しかし忘れてはならないのは、日本は先進国の中で群を抜く水準の借金をして、そうした政府の規模を実現しているということです。

歳出に占める公債の比率を示した「公債依存度」は1975年度に25.3%でしたが、2019年度は32.2%になっています。19年度末の公債残高（見込み）は897兆円と、税収の約14年分に達しています。借金が増えれば、歳出における国債費（利払いを含む）の負担が財政に重くのしかかります。つまり、政府が政策に使えるお金の割合が減るということです。

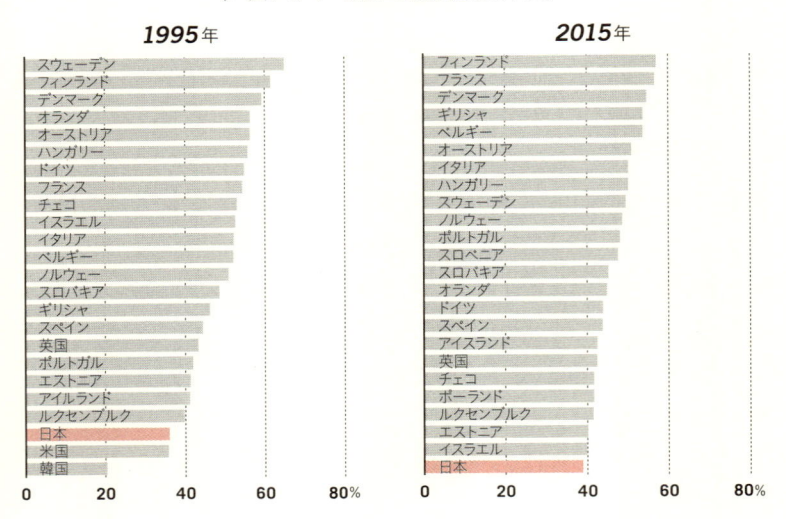

▶ 図I-5-4　政府の総支出（GDP比）

出所：財務省「日本の財政関係資料」

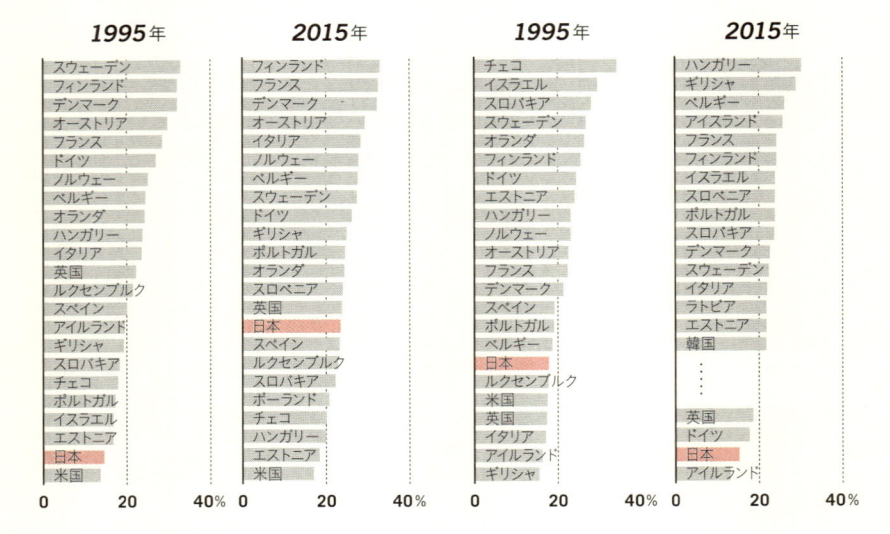

▶ 図I-5-5
政府の社会保障支出（GDP比）

▶ 図I-5-6
政府の社会保障以外の支出（GDP比）

　　　　　　　　　　　　　　　　　　　　　日本経済入門

自由に政策を決められなければ、例えば、先述したような純粋公共財の質の維持・向上でさえも難しくなります。また、役割の③で挙げた「景気の調整」のうち、景気浮揚のための公共投資などもしにくくなります。

　さらに、こうした状況は、世代間の不公平感を増大する方向に働く懸念があります。社会保障の給付を受けるのは現実的には高齢者の割合が高くなると考えられますから、足元の社会保障費と引き換えに、「将来使えるはずのお金」が減少している、という捉え方ができます。だとすれば、割を食うのは将来の世代になります。

　近年はグローバル化の進展に伴い、税率の低い新興国などに所得を移転しようとする企業の動きが活発になりました。世界中の政府が、法人税率などを引き下げることで企業からの税金を取り込もうと躍起です。またインターネットの普及により、国境を超えたモノやサービスの売買や、個人間取引が増え、国が捕捉できずに消費税などを徴収できないケースも頻発しています。国は以前よりも、税金を取りにくくなっているのです。

　今後はこうした側面も踏まえた上で、政府が果たすべき役割、政府に求めるべき機能とはどんなものか、考え直さなければならない時が来るかもしれません。

I-6
—

銀行の役割

　日常生活に密着する銀行。企業社会の中心に存在し、その融資の判断いかんによって企業は倒産することもあれば、銀行による経営改善で鮮やかに蘇ることもあります。銀行が果たす役割と、銀行自身が置かれた現状や未来について学びましょう。

　皆さんの生活にも身近に存在する銀行。口座を持ってお金を預けている人がほとんどでしょう。銀行は個人から企業へ、あるいは企業から個人へとお金を動かし、経済活動を支える重要な役割を果たしています。

　日本での「銀行」の起源は、江戸時代の両替商だった三井組や小野組が中心となって1873年に設立された第一国立銀行にあります。近代化とともに各地で銀行が誕生し、3年後には全国に150を超える銀行が存在したといいます。しかし、昨今は銀行の合併や経営統合による集約が進んでいます。地域や国境を越えて成長する企業を相手に貸し出し業務を行うには、銀行自身の規模も大きくしなければならなくなっています。

商業銀行と投資銀行の違いとは

　まずは、銀行の基礎知識から学んでいきましょう。銀行には幾つか種類があります。大きなくくりでいうと、商業銀行や投資銀行に区分されます。商業銀行の主な業務は、個人や法人（企業）の顧客向けに預金や貸し出し（融資）を中心とした商品・サービスを提供することです。短期の資金を集めて、短期の貸し出しで運用します。発祥は18世紀の英国で、

同国の産業の発展とともに成長していきました。

▶ 図I-6-1　銀行の種類

商業銀行 =	個人・法人の預金を原資として投融資を行う	
投資銀行 =	企業の資金調達の補助や、M&Aなどの財務戦略 の助言を中心業務とする	

▶ 図I-6-2　商業銀行の内訳

都市銀行 =	営業基盤が全国に広がる
地方銀行 =	営業基盤が一地方に限定される
信託銀行 =	顧客の財産管理が主要業務

　日本においては、商業銀行は「普通銀行」のことを指し、一般的に日本の中央銀行である日本銀行を除く都市銀行・地方銀行・信託銀行などの総称として使われています。対照的に、造船や鉄鋼、重電事業向けに長期の設備投資資金や運転資金を融通する「長期信用銀行」もかつては存在していました。長期信用銀行は特殊銀行と区分され、かつて3行（日本長期信用銀行、日本興業銀行、日本債券信用銀行）ありました。

　しかし、2006年にあおぞら銀行（旧日債銀）が普通銀行に転換して消滅しました。

　商業銀行の主な収益は、企業や個人などへお金を貸し出す際の金利と預金者から預かる際の金利の差や、国債や株式など金融商品への投資による収入が中心となります。

　投資銀行は、一般の顧客企業が株式など有価証券の発行で市場から資金を調達する補助をしたり、M&A（合併・買収）などの財務戦略でアドバイスをしたりする金融機関を指します。商業銀行と違い、一般の個人向けの業務はしません。お金を預かるという世間一般が考える銀行のような業務はしないのです。米国のゴールドマン・サックスやモルガン・ス

タンレーなどが著名ですが、日本の金融機関で投資銀行業務だけをやっているところはありません。野村証券や大和証券といった証券会社などがこれらの業務をやっています。

　商業銀行は、預金を資金源に自らの判断に基づいて投融資を決定します。すなわち投資家たちの投資判断を代行するのです。そのため、投資や融資に失敗すれば銀行自体が損をします。これに対して、投資銀行はあくまでアドバイスやサポートをするだけで、実際に投融資の判断自体を代行することはありません。アドバイスには多額の手数料を取りますが、たとえその助言を基に取引先の企業が投資に失敗したとしても、手数料が返却されることはまずありません。

　商業銀行の中でも幾つか種類があります。大きく「都市銀行」「地方銀行」「信託銀行」に分けられます。都市銀行とは、営業基盤が全国に広がる銀行を指します。1960年代に定義され、当時は国内に13行存在しましたが、統廃合を経て、現在は4行になりました。「みずほ銀行」「三菱UFJ銀行」「三井住友銀行」「りそな銀行」の4つです（統廃合の歴史は46ページで詳しく説明しています）。

　多くの支店を持ち、預金量も100兆円を超える銀行もあり、規模が大きいため、メガバンクとも呼ばれています。貸出先も規模が大きい企業が中心となっています。対する地方銀行は、各都道府県に本店を置き、各地方を中心に営業を展開している普通銀行を指します。都銀に比べて小口の取引が中心で、取引対象は地元の中小企業や個人がメーンとなっています。地元の中小・零細企業に対して細やかに対応していることから、こうした企業にとっては重要な資金調達先となっています。

　信託銀行は普通銀行のうちで、信託業務を主業務とする銀行のことを指します。では、「信託」とは何でしょうか。金銭や不動産などの財産権を委託し、法律行為によって管理、運用、処分させる、いわゆる「資産管理の代行」です。これらに、2000年代に入って台頭してきた新たな形態の銀行「インターネット専業銀行（48ページに詳細を記載）」を加えて普通銀行＝商業銀行となっています。

銀行が果たす3つの役割

では、銀行は世の中でどのような役割を果たしているのでしょうか。主に3つあります。それが「金融仲介」「信用創造」「決済」です。

▶ 図1-6-3　銀行の役割

金融仲介 =	資金を運用したい貸し手と、資金の調達を考える借り手をつなぐ
信用創造 =	銀行が預金を貸し出すことでマネーサプライ（通貨供給量）が増える
決済 =	預金口座振替などで、現金を使わずに支払い等ができる

金融仲介は、お金の借り手と貸し手を仲介することです。「△△円のお金を預けたい」「〇〇円の資金が必要になったので貸してほしい」──。個人がお金を貸し借りしようと思っても、貸し手と借り手の資金の需給バランスは必ずしも一定しません。あるいは、会社が設備投資をする際に多額の資金を必要とする場合であれば、個人が一人で貸し出すのは難しくなります。

だとすれば、複数の人から借りなければなりませんが、それを企業が探すのは困難ですし、貸し手にもリスクがあります。そこで、金融機関が間に入り、うまく調節するのです。お金を貸す相手にはどれぐらいのリスクがあるのかを分析し、プロの目で見分ける点で、リスクの軽減にもつながります。

次の機能は信用創造です。これは、銀行が預金と貸し出しを繰り返すことで、お金が増えていくことを言います。銀行は、預金の一部を預金者への支払準備金として手元に置きますが、残りは企業への貸し付けや投資に回すことができます。

貸し出されたお金は、企業から取引先への支払いなどに充てられます。支払いを受けた取引先は、すぐに使う予定がない限り取引のある銀行へ

お金を預けます。すると、銀行は預けられた金額のうち、支払準備分を手元に残して、残りをまた貸し出しに回せます。これを繰り返すと、銀行全体の預金残高は増えていきます。これが信用創造です。

3つ目は決済の機能です。銀行の口座を持つと、それを利用することで口座振替や振り込みをすることができます。つまり、現金を介さずに支払いができる。これが決済です。これら3つの機能を有し、企業社会や個人の生活を円滑にするのが、銀行の役割なのです。

メガバンク誕生の歴史

日本に銀行と名のつく金融機関は幾つあるのでしょうか。2019年4月時点で、金融庁が銀行免許を交付しているのは都市銀行で4、信託銀行で14、地方銀行と第二地方銀行がそれぞれ64と39あります。インターネット銀行を含むその他が15と、合計すると136もの銀行が存在します。さらに、外資で日本に支店を置く銀行が56存在します。

▶ 図I-6-4 3メガバンクの歴史

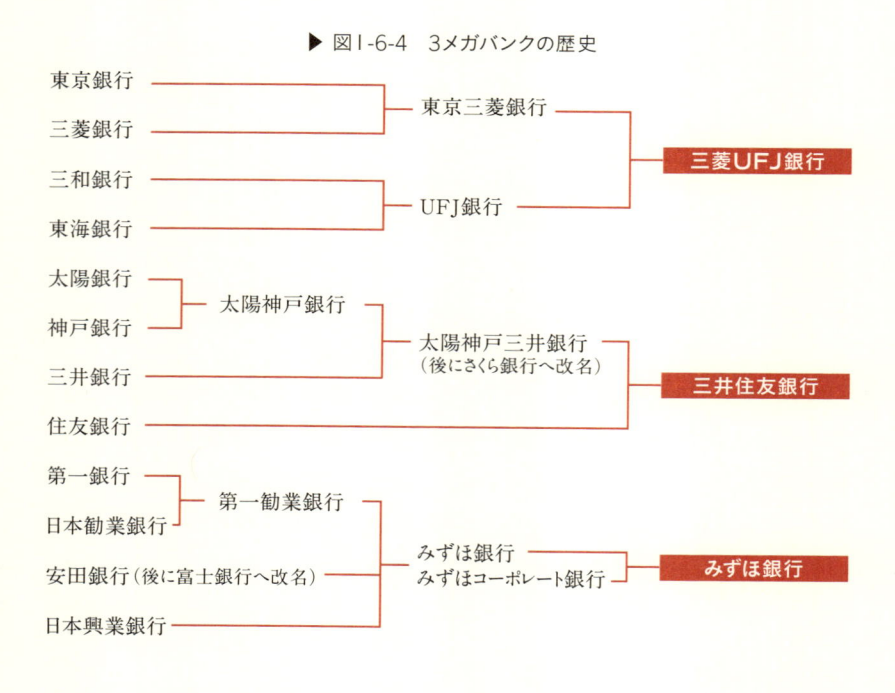

都市銀行は4行と少ないですが、先に述べた通り過去に多くの銀行が合併を繰り返して巨大化したためです。図I-6-4では、メガバンクと呼ばれる3行の合併の系譜を示しています。なぜ、これだけ銀行が統合しなければならなかったのか。それには幾つかの理由があります。

　銀行は経済を回す中心的な役割を担っています。企業にとっても、個人にとっても大きな存在です。しかし景気が悪くなったり、それに伴って会社の業績が落ちたりすると、銀行自体の業績も悪化してしまいます。過去には幾つもの銀行が破綻しました。銀行が破綻すると経済に与える影響はとても大きくなります。経済がグローバル化し、金融機関の破綻が与える影響は一国にとどまるものではなくなりました。そのため、世界的に銀行自体の経営指標を決めて、それを順守する流れができたのです。これが、バーゼル規制、もしくはBIS（国際決済銀行）規制と呼ばれるものです。

▶ 図I-6-5　バーゼル規制

	日本での開始	概要
バーゼルI	1992年度〜	銀行の自己資本比率の測定方法を定め、達成すべき最低水準を8%以上とする
バーゼルII	2006年度〜	達成すべき最低水準（8%以上）はバーゼルIと変わらないものの、銀行が抱えるリスク計測（自己資本比率を算出する際の分母）の精緻化が明記された
バーゼルIII	2013年〜	リーマンショックなどの金融危機の経験を踏まえ、自己資本比率規制が厳格化されることとなったほか、定量的な流動性規制や過大なリスクテークを抑制するためのレバレッジ比率を新たに導入

　世界的には1988年に最初のバーゼルIが、次いで2004年にバーゼルIIが策定されました。その後、リーマンショックに端を発した世界的な金融危機を契機として、再度見直しに向けた検討が進められ、2010年に新しい規制の枠組みであるバーゼルIIIの合意が成立しました。

　海外の銀行はもちろん、日本の銀行もこれらの規制に沿って経営して

います。海外に営業拠点を持つ銀行は自己資本比率が8％以上、国内だけのものは4％以上というルールが明確に定められました。自己資本は株式上場で得た資金や過去の利益の蓄積などで、返済の義務がないものです。総資産のうち、返済義務のない自己資本が高い銀行の方が、経営の健全性が高いと言えます。日本はバブル経済崩壊後に多額の不良債権を抱えました。そのため、貸し倒れとなるリスクが高まり、自行単独での生き残りが難しくなりました。規模を拡大し、多少の不景気で倒れないよう、合併や統合を繰り返してきました。

　銀行は集約しているだけでなく、新たな担い手も誕生しつつあります。従来の銀行とは形態が異なる「インターネット銀行」の登場です。ネット銀行は、本店など営業上最低限必要な店舗だけを有し、支店はほとんどない上、預金通帳もありません。ネットを介して取引するため、店舗の運営コストや人件費などがかからず、一般的な銀行よりも比較的高めの預金金利になる傾向があります。イオン銀行や楽天銀行、セブン銀行やローソン銀行など、小売業からの参入も相次いでいます。

メガバンクの海外進出と地銀の再編が焦点

　銀行の今後を見る上で注目すべき点が2つあります。メガバンクの海外戦略と、地銀の再編問題です。

　三菱UFJ銀行は2019年までに、インドネシア大手銀行のバンクダナモンへの出資比率を段階的に引き上げてきました。出資の総額としては7000億円に迫り、同行によるタイのアユタヤ銀行の買収額（約5600億円）を上回って、日本の銀行によるアジアでのM&Aとしては過去最大規模となりました。三菱UFJはベトナムの国営大手銀行であるヴィエティンバンクの発行済み株式を取得しています。また、米国の地銀であるユニオンバンカルを買収し、海外での融資を拡大しています。

　三井住友銀行はインドネシアの現地法人と、40％を出資している年金貯蓄銀行を合併させ新たな銀行を設立。カンボジア最大手のアクレダ銀行にも出資しています。ベトナムの大手銀行ベトコムバンクには、みず

ほ銀行が出資しており、邦銀がアジアを中心に積極的にM&Aを仕掛けていることが分かります。それは、日本国内の市場だけでは今後、高い成長が見込めないと考えるからです。今後も高い成長が見込まれる東南アジア諸国連合（ASEAN）を中心に、現地の企業への貸し出しを増やすことで新しい成長の形を考えるステージに入っていると言えます。

翻って、国内はどうでしょうか。メガバンクが海外での収益拡大を狙うのは、国内で伸びる産業をなかなか見つけられないからです。農業や医療、介護、IT（情報技術）といった分野での成長に期待する銀行は多いものの、それに対して「銀行の数が多すぎる」という問題があります。何しろ、地銀と第二地銀だけで100を超える銀行があるのです。

2018年10月、ともに新潟県を地盤とする第四銀行と北越銀行が経営統合しました。かつては互いを「宿敵」と見ていましたが、人口減や地域経済の停滞といった将来への危機感が統合への背中を押した形です。18年4月の近畿大阪銀行と関西アーバン銀行、みなと銀行の経営統合のケースは、大手銀行の「系列」の垣根を超えた再編となりました。

当たり前の話ですが、銀行の数が多すぎれば競争は激しくなります。貸出金利を引き下げたり、預金の金利を上げたりしてライバルとの違いをお客さんに示さなければなりません。しかし、金利差が減れば収益力は削がれます。競争が行き過ぎると、銀行自体の体力がなくなり、前述の国際的な銀行経営の規制にひっかかる恐れが出てくるのです。

日銀による低金利政策が長期化する中、政府や与党、あるいは監督官庁の金融庁がこの問題を解消すべく、地銀再編に向けて本格的に動き出しました。今後も体力のない地銀は淘汰される可能性があり、各地銀は手を組む相手とその手法を水面下で模索しています。地域の中で経営統合する例だけでなく、地域を越えた域外連携で経営統合するという手法も引き続き有力な選択肢となっていくはずです。

地銀の最大の貸出先は、日本の企業の99％以上に当たる中小企業です。地銀がどのように再編されるかは、日本経済の今後を見る上で注目すべき点になります。

I-7
—

中央銀行、
金融界の「最後の貸し手」

中央銀行は歴史上、戦争などをきっかけにできました。数々の金融恐慌を経て、金融界の「最後の貸し手」として資金を出す役割が強まりました。最近は金融システムや物価安定に主眼が置かれ、世界の中央銀行が金融政策の舵取りを担っています。ここでは中央銀行について学びます。

発祥はスウェーデンのリクスバンク

中央銀行はその理念が最初に存在して、それに見合うような機関がつくられたわけではありません。歴史の古い中央銀行を振り返ると、金融機関がそれぞれの国の事情に対応するため次第に形態が進化して、現在の中央銀行の姿に落ち着いた、と言えます。

▶ 図I-7-1　世界の中央銀行

設立年	中央銀行	国(通貨)
1668年(世界最古)	リクスバンク	スウェーデン(クローナ)
1694	イングランド銀行(BOE)	英国(ポンド)
1882	日本銀行	日本(円)
1913	連邦準備理事会(FRB)	米国(ドル)
1998	欧州中央銀行(ECB)	欧州連合(EU)加盟国 28カ国のうち19カ国(ユーロ採用国)

まず、金融機関の中から進化した銀行グループが存在します。世界最古と言われるのは、スウェーデン・リクスバンク(1668年)。それに続いてイングランド銀行(1694年)が近代的な銀行制度が確立する前から中

央銀行のような活動をしていたと言われます。ただ、両銀行共に19世紀初頭までは、単なる特殊な大銀行として位置づけられていました。

そこで、イングランド銀行がどのように発展したのか振り返ってみましょう。イングランド銀行は1694年、フランスとの戦争を目的に戦費調達を担う特別な機関として設立され、その見返りとして銀行券を発行する権限が与えられました。

しかし、設立当初から銀行券の発行を独占していたわけではありません。ただ、イングランド銀行は英国内の他の銀行に比べて大規模だったため、イングランド銀行券の信用度が一番高かったのです。

その後、英国では金融恐慌が繰り返し起きたため、多くの銀行が破綻しました。そうした銀行が発行していた銀行券が無価値となってしまい経済を混乱させたのを受け、政府は対策として1844年に「ピール銀行条例」を制定しました。この規定により、イングランド銀行以外の銀行による銀行券の新規発行が禁止されました。以後、イングランド銀行が銀行券発行を実質的に独占するようになり、その後も度々起きた金融恐慌を通じた経験を経て、資金不足による経営危機に直面した銀行に対して「最後の貸し手」として資金を貸す新しい役割を果たすようになったのです。つまり初期の中央銀行は金融政策の担い手というより、金融システムの最後の拠り所だったのです。

さて、日本銀行の開業は1882年です。明治維新以来、政府は殖産興業政策を展開するため、金貨や銀貨との引き換え義務がない政府紙幣を発行していました。しかし、1877年に西南戦争が起きると戦費調達を目的に政府紙幣を大量発行し、その結果として激しいインフレーション（物価上昇）が起きました。このインフレを終息させるため、1881年に大蔵卿に就いた松方正義が、欧州の中央銀行をモデルに、金貨や銀貨と交換できる銀行券を独占的に発行する日本銀行を設立したのです。このように多くの中央銀行は、戦争や金融恐慌をきっかけに誕生しています。

一方、1913年にできた米国の連邦準備理事会の生い立ちは、これまで紹介した中央銀行とは少し異なります。米連邦準備理事会の場合は最

初から、決済システムを安定させ、金融サービスの質を高めることを目的に設立されました。黎明期から現在の中央銀行に求められる役割に近い存在だったのです。こうした中央銀行の数は1920年代から増え始め、1960年までに約50カ国に広がりました。

　各国の中央銀行はそれぞれが様々な歴史をたどって発展してきましたが、現在、果たしている機能は3つに集約されています。①銀行券を発行する発券銀行　②銀行にとっての銀行　③政府の銀行——というもので、図I-7-2のように金融市場に出回るお金の量を増減させることで、通貨量や景気のペースを調整する機能を果たしています。

中央銀行の役割

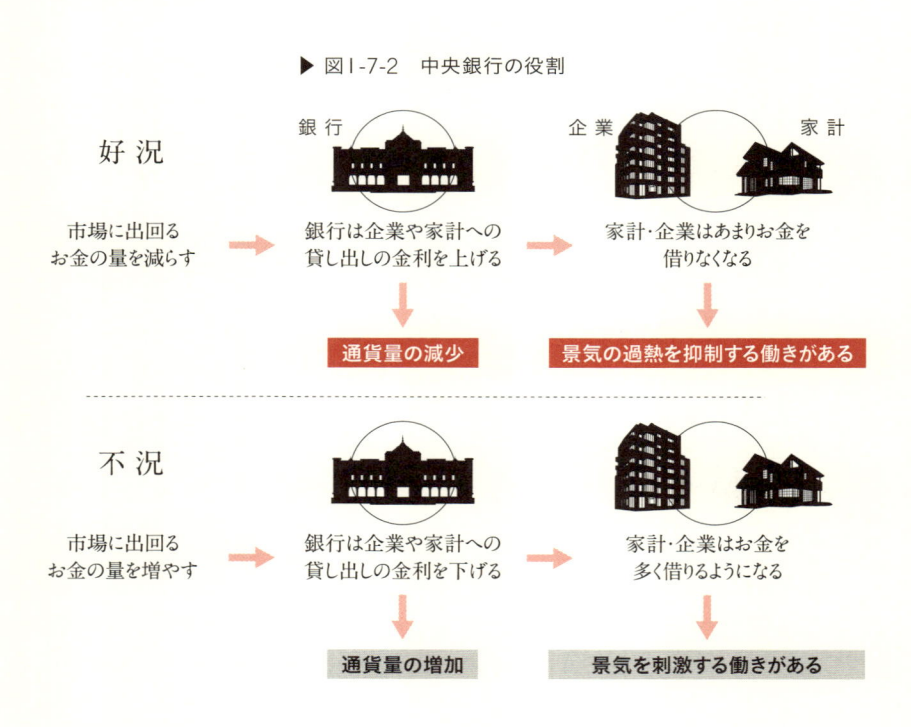

▶ 図I-7-2　中央銀行の役割

好況

銀行　　企業　家計

市場に出回る
お金の量を減らす　→　銀行は企業や家計への
貸し出しの金利を上げる　→　家計・企業はあまりお金を
借りなくなる

通貨量の減少　　**景気の過熱を抑制する働きがある**

不況

市場に出回る
お金の量を増やす　→　銀行は企業や家計への
貸し出しの金利を下げる　→　家計・企業はお金を
多く借りるようになる

通貨量の増加　　**景気を刺激する働きがある**

　もう少し具体的に、中央銀行の役割を見てみましょう。一例として、

日本銀行法に沿って説明します。

　1998年4月施行の新日本銀行法は、第1章総則の中で日本銀行の目的を定めています。そこには「日本銀行は、我が国の中央銀行として、銀行券を発行するとともに、通貨及び金融の調節を行うことを目的とする」とあります。また、「日本銀行は、銀行その他の金融機関の間で行われる資金決済の円滑の確保を図り、もって信用秩序の維持に資することを目的とする」と書かれています。

　さらに「通貨及び金融の調節の理念」として、「日本銀行は、通貨及び金融の調節を行うに当たっては、物価の安定を図ることを通じて国民経済の健全な発展に資することをもって、その理念とする」と規定しています。つまり、日本銀行の直接的な目標は物価安定に加え、信用秩序の維持にあるわけです。そうした目標を達成することによって、国民経済の健全な発展を支える、との理念を中央銀行は持っています。

▶ 図I-7-3　金融政策の波及経路

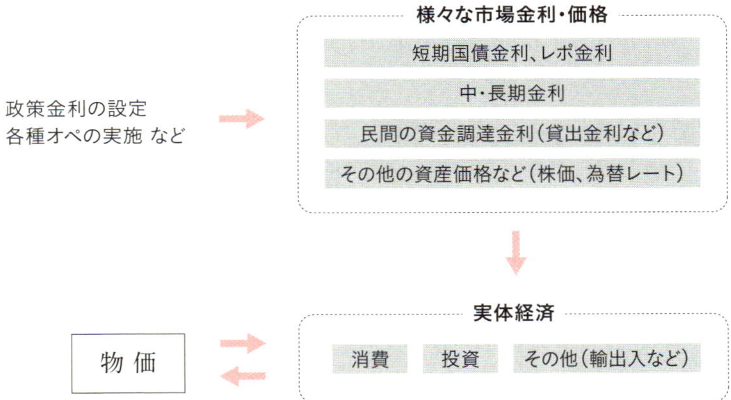

様々な市場金利・価格

政策金利の設定
各種オペの実施 など　→

- 短期国債金利、レポ金利
- 中・長期金利
- 民間の資金調達金利（貸出金利など）
- その他の資産価格など（株価、為替レート）

↓

実体経済

物　価　⇄

- 消費　投資　その他（輸出入など）

　それでは、金融政策はどのような枠組みで、第一の目標である物価の安定を目指すべきでしょうか。まず、短期市場金利がゼロにまで低下していない、平時における中央銀行が操作するのは短期金利です。具体的

には、中央銀行は金融市場において、資金量を調整するために国債などを売買する公開市場操作（オペ）を行うほか、民間の金融機関に対して資金の貸し出しや返済を求める金融調節を実行します。操作目標は主に1日〜3カ月程度を満期とする短期金融市場であり、中央銀行はこれらの政策手段を動かすことで、短期、中・長期金利、民間銀行の資金調達金利などに影響を与えようとします。

　様々な市場金利や価格が変動すると、実体経済も変化します。例えば低金利であれば、投資や消費が盛り上がりやすい環境になります。金利の水準は国際的な為替相場の変動に通じ、各国の輸出入にも影響を与えるのです。これら実体経済の変化が物価に大きな影響を与えるため、中央銀行は日々の景気変動を注視します。米国では2008年のリーマンショック直後に政府が大規模な財政出動に動きました。欧州でも国債の信用リスク増大を発端に始まった経済危機を抑えるため、各国政府が大量に資金を供給しています。

中央銀行は独立性を担保されている

　しかし中央銀行が金融政策を進める上で政府の過度な関与があると、時にその判断が大きな過ちをもたらすことがあります。中央銀行と政府の政策はもちろん協調する必要がありますが、政府の力が強すぎる場面もしばしば見られます。

　日本では景気が過熱した1980年代の後半に、日本銀行が政府の圧力に屈して金融を素早く引き締められなかったことが、バブルの膨張とその無残な崩壊につながりました。そうした反省を踏まえ、1998年施行の新日本銀行法では、日本銀行の日々の業務運営に対し、独立性を担保するよう十分に配慮する仕組みに改められました。

　基本的な金融政策は総裁、副総裁2人、審議委員6人の政策委員9人による合議制で決める形になりました。それぞれのメンバーの任期は5年で、政府と異なる意見を表明しても解任されるようなことはありません。政府の財政を助けるため日本銀行が国債を直接引き受けることはないな

ど、政府の関与を避けることで日本銀行の自主性をより強めています。

　日本銀行の政策委員9人は年8回の金融政策決定会合で、金融政策の方針を決めています。年に4回、2年先までの物価と景気の足取りを全員で議論して「経済・物価情勢の展望（展望リポート）」を公表しており、中長期的な見通しについても目配りしています。2013年に就任し、18年に再任された黒田東彦総裁が望ましいインフレ率にも言及しました。

▶ 図1-7-4　日銀の独立性

- 総裁をはじめ、日本銀行の最高意思決定機関である政策委員会のメンバーの任期は、5年と長めに設定されている
  （**日本銀行法第24条**）

- 政策委員会のメンバーは、政府と意見を異にすることを理由として解任されることはない
  （**同法第25条**）

- 日本銀行の経費のうち、その予算について財務大臣の認可を受けなければならないものは、通貨及び金融の調節に支障を生じさせないものとして政令で定められた経費に限定されている
  （**同法第51条**）

- 政府が発行する国債を日本銀行が直接引き受けることは、財政法第5条で原則として禁止されている
  （**政府に対する直接的な与信の禁止、第9章第3節**）

　中央銀行の歴史は貨幣価値を守るために進化し続け、信用秩序の維持から金融・物価の安定へと主な視点が移ってきました。これまでは金利の上げ下げを通じて金融政策を実行するスタイルを伝統的に重視していましたが、グローバル経済の進展に伴って、一段と複眼的な物の見方が必要になっています。世界の中央銀行は景気低迷、資産インフレ、デフレなど様々な課題を抱えており、金融政策も今までの金利の上げ下げ中心ではなく、資金供給量を動かす「量的緩和」に踏み込む場面が出ています。今後も中央銀行の金融政策は変化しそうです。

I-8
—

株式市場の役割

　企業が事業を展開し、より大きく成長するためには、資金を調達する必要があります。例えば、新しい商品を発売したいと考えても、商品を製造する設備や販売する店舗がなければ実現には至りません。また、新商品のアイデアに結び付く技術開発においても、研究開発費が必要となります。企業がこれらの費用を賄うお金を調達する手段は幾つかあります。まずは経営者の視点に立って、お金を集める方法の一つである株式市場について考えてみましょう。

「間接金融」「直接金融」とは

　企業が事業の拡大を視野に入れて資金を調達する際、銀行などの金融機関からお金を借りる方法があります。これを「間接金融」と言います。間接金融では金融機関が企業にお金を貸し付け、企業はその対価として利息を支払います。企業がお金を借りたのは銀行ですが、元をたどるとこのお金は預金者（個人や企業）が銀行に預けたものです。つまり、資金を企業に供給したのは預金者であり、銀行はあくまで"間接的"な資金の供給者にすぎないのです。貸し手と借り手が金融機関を通じて間接的にお金のやり取りをするため間接金融と呼ばれます。

　間接金融では預金者は銀行を信用してお金を預けます。そして、基本的に預金は、その銀行が破綻したとしても預金保険機構により、1金融機関につき元本1000万円とそこにかかる利子まで保証されます。しかし、銀行は融資した企業が倒産すれば、貸したお金を回収できない可能性が大です。この場合、発生した損失を負うのは銀行です。たとえ融資

先が倒産しても、銀行は預金の払い戻しや金利の支払いには応じなけれ
ばなりません。

▶ 図I-8-1　直接金融と間接金融

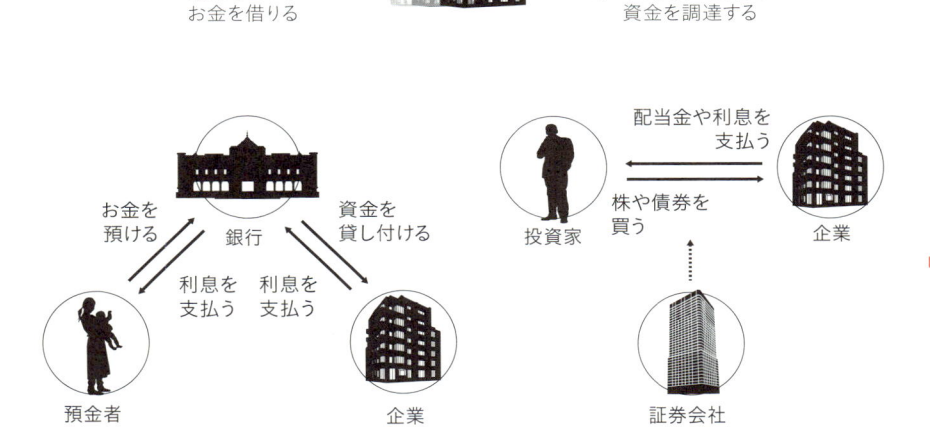

一方、「直接金融」とは企業が投資家から直接、お金を調達する仕組み
です。代表的なものが「エクイティファイナンス」と呼ばれる株式の発行
による資金調達です。株式とは株式会社が必要なお金を集めるために発
行する証券です。投資家は証券会社の仲介で株式を購入することで、資
金を必要としている企業に直接お金を提供します。しかし、ここで投資
家が資金を供給する理由は前出の預金者とは異なります。企業の成長性
を評価し、投資する自分たちも相応の利益を得られるとの期待が背景に
あるのです。その代わり、投資家は企業が倒産するなどしてお金が回収
できなくなるリスクを負うことになります。

直接金融では株式のほかにも「債券」による資金調達の方法があります。債券は出資者が企業に直接お金を貸し付けたと証明する証券です。企業はあらかじめお金を返済（償還）する期限を決めておき、期日には出資者にお金を返さなければなりません。株式、債券はそれぞれ出資者がじかに会社に資金を提供するため、直接金融と呼ばれます。

株式発行などの直接金融は、研究開発や設備投資など長期にわたって資金が必要な場合の調達手段として有効です。これに対し、人件費や材料費といった短期的な資金需要には、一般的に間接金融が向いていると言われています。

「インカムゲイン」と「キャピタルゲイン」

企業は株式を発行して得た資金を、永続的に事業拡大のために利用することができます。株式の代金として投資家が支払ったお金が、企業から返済されることはありません。その代わり企業は、株式を買って株主となったステークホルダー（利害関係者）の意見を重視すると同時に、利益の一部を還元する必要が出てきます。

▶ 図I-8-2　日本と米国の個人金融資産の構成

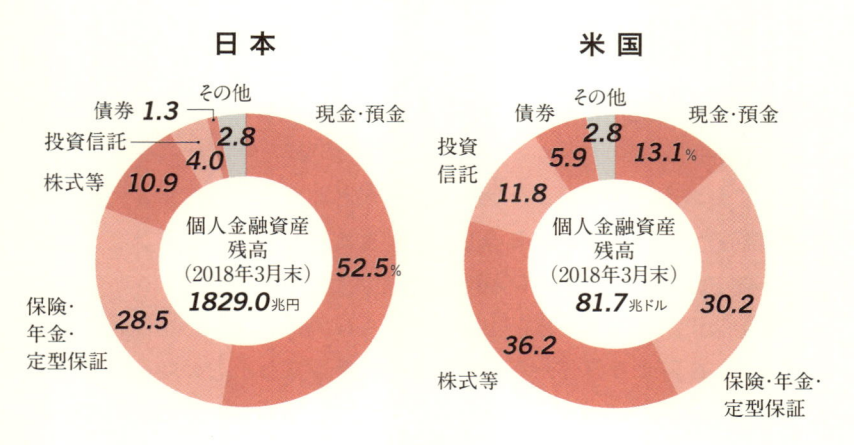

出所：日銀統計

利益の還元には、企業の成長につれて発生した利益の一部を配当金(イ
ンカムゲイン)として支払う方法があります。株式を買った企業の価値が
向上して株価が上がれば、手持ちの株式の資産価値が上昇します。結果
として購入時よりも高い価格で株式を売却できれば、投資家は株価上昇
に伴う売却差益(キャピタルゲイン)を得ることができます。半面、投資
家は、企業の業績が悪化して配当がゼロになったり、株価が下落したり
する場合の損失を負担しなければなりません。企業が倒産した場合など
は、株式は紙くず同然になってしまうこともあります。間接金融では預
金が保証されますが、直接金融では元本の保証はないからです。

　企業が株式を上場する利点は、単に資金を調達するだけにとどまりま
せん。上場に伴って情報公開が増えれば投資判断がしやすくなり、株式
の売買が活発になって投資家が増えます。投資家が増えれば新しい株式
を発行する際にも資金調達がしやすくなり、自己資本が充実することで
会社の財務体質は強くなります。加えて、株価の上昇などで注目を集め
れば企業の知名度が向上します。

　ただし、上場する際には、必要となる基準に適合しているかどうか、
証券取引所の審査があります。例えば、東京証券取引所では上場する株
式数、株主数、利益額などが十分かどうかを確認します。基準を満たし
た企業はさらに経営が安定しているかどうか、企業の情報を正しく公開
できる体制が確立しているかどうかが審査されます。東証1部では上場
した後にも、「純資産が10億円以上あること」「最近2年間の経常利益の
総額が5億円以上であること」など財務の健全性が求められます。

　さらに上場を維持するには、株価の乱高下を防ぐため、市場に流通す
る株式数を一定以上に保つ必要があります。このように、上場企業は、
様々な厳しい条件をクリアしなければなりません。半面、上場を維持し
ていることはいわば証券取引所や市場から"お墨付き"をもらっていると
も言えるわけです。結果として社会的な信用力も高まるため、企業の経
営者からすれば、資金調達だけではなく、事業の展開や人材採用の面で
も株式上場のメリットは大きいのです。

日本人の個人資産の運用と株式市場

　投資家の視点から株式市場を見てみましょう。今、手元に100万円の資金があるとします。この資金をあなたならどのように使いますか。「元本を減らさないよう堅実にお金の管理をしたい」と考えれば、銀行や郵便局などの金融機関に貯蓄することを選ぶでしょう。先に説明したように、銀行などに預けられたお金は、まとめて企業に貸し付けられます。間接金融のため元本は保証されますが、決まった利子しか得られません。日本人は元本が保証される預貯金や現金での資産保有を好む傾向にあります。図I-8-2を見ると、日本の個人金融資産残高（2018年3月末）は1829兆円に及びますが、半分以上は元本が保証された形での資産運用となっています。株式など投資に振り向けられるお金は全体の1割程度しかありません。

　一方、米国では資産が増えにくい現金・預金の割合は約13％にとどまり、手持ち資金を積極的に増やす株式などへの投資が3割を超えます。国民性や文化の違いもあるかと思いますが、株式投資を好む資産運用は自由を尊ぶ米国ならではかもしれません。株式投資には、手持ちのお金をどのように生かすかを自由に決めるという側面があるからです。

　間接金融の項で説明したように、お金は銀行など金融機関に預けると、資金を必要とする企業や人に向けて貸し出されることで運用されます。例えば、銀行は預金をまとめて企業に貸し出したり、個人向けの住宅ローンとして利用したり、国債（国が発行する債券）を購入したりして、預かったお金を増やそうとします。この時、預金者は資金の運用を銀行に一任することになります。

　株式投資はどうでしょうか。直接投資のため、当然、株価下落による損失や企業が倒産した場合のリスクは投資家が負わなければなりません。しかし、自分で成長性の高い企業を選んで株主になることによって、お金を増やすことができます。環境にやさしい新型車を開発している自動車メーカーや、難病を治療する薬を研究している医薬品会社などにお金

を投資すれば、お金の運用に社会的な意義も生まれます。金融機関に預ける際の金利の低さも、株式投資を選好する動機の一つではありますが、株主になることは積極的に社会参加する意味もあるのです。

　株式を取引する株式市場は米ニューヨークや英ロンドン、中国の上海など世界に点在しています。日本には東京、大阪、名古屋、福岡、札幌の5カ所に証券取引所があります。2013年7月に東京と大阪の証券取引所は、別々に運用していた通常の株式の取引を東京に統合しました。大阪証券取引所が運営していた1部、2部と新興企業向け市場「ジャスダック」で取り扱っていた上場企業の株式は、東京に一本化されました。東京証券取引所（東証）では1部、2部、新興市場ジャスダックと「マザーズ」という上場基準の異なる4つの市場を運営しています（ほかにプロ向けの市場「TOKYO PRO Market」もありますが、一般投資家がここに直接売買の注文を入れることはできません）。東証の抱える上場企業は約3600社に上り、2017年時点で世界第3位の市場規模となっています。株価指数については、III-2で詳しく説明します。

株価の変動要因

　株価は"社会の鏡"だと言われます。景気が上向いた時には株価が上昇しやすく、改革が期待される新政権が誕生した場合なども株式市場は盛り上がります。半面、失業率が高まったり、海外で戦争が勃発したりすると株価が急落する場面があります。株式市場と社会とは切っても切れない関係にあるのです。2012年末に誕生した第2次安倍政権では、安倍晋三首相が進めるいわゆる「アベノミクス」を評価した国内外の投資家が積極的に日本企業の株式を買いました。13年の1年だけで株価は6割近く上昇し、政権自体も日経平均株価の変化を強く意識してきました。

　それでは、市場で株価変動に影響を及ぼす要因には、どのようなものがあるのでしょうか。平時に投資家が最も注目する指標は、企業の業績です。好業績が続いて成長が見込める企業の株式は、将来の株価上昇や配当を期待して買いたいという投資家が増えます。逆に業績が低迷した

り赤字に陥ったりすると、多くは株価が下がります。もっとも、業績が良い企業でも、短期的な株価の動きを見ると下がっていることもあります。株式を保有している投資家が、キャピタルゲインを得るためにある程度上昇した株式を売りに出せば、株価は下落するからです。

▶ 図1-8-3　株価の変動要因

会社の業績	会社の売上高や利益の増減によって株価が変動する
会社の人気	広告やニュースによって人気の出た会社の株式は買われる
金利の変動	一般的に金利が低下すると株価は上昇しやすい
外国為替の変動	円安は国内製造業に、円高は輸入産業にとって上げの材料に
政治	公共事業などの政策によって上昇する株式も多い
国際情勢	戦争など危機的状況では株式は売られやすい
自然災害	地震など天変地異では変動が大きくなる

　業績が前の年より良くなっていても、その度合いが投資家の期待より小さければ株価が下落することもあります。「急成長が一段落して、株価の大幅な上昇が望めなくなった」と判断する投資家が増えるためです。半面、赤字を出した会社でも予想よりも赤字額が小さかった場合は、業績の急回復を予想した投資家が先回りして買う場合もあります。

　個別企業の株価を見る際には、市場における企業の人気度も売買の基準となります。新商品が爆発的にヒットした企業の株価は急上昇する場合があります。例えば、インフルエンザが流行する時期に、「A製薬会社が特効薬の開発に成功した」というニュースが報道されれば、A製薬会社の人気が高まって株価が急騰する傾向にあります。まずはこうした企業独自の要因を分析して、株式の売買を判断するといいでしょう。

　市場には大局観というものがあります。市場全体に影響を及ぼす外部要因が、その動向を左右する場面も多く見受けられます。代表的な例が、政策金利と外国為替の動向です。金利と株価は一般的に、シーソーのような関係にあると言われます。金利が上昇すると、銀行の預金などで高い利息が期待できるため、運用リスクの大きい株式を売って預金などに

お金を振り向ける投資家が増えます。逆に金利が低下すれば預金などの魅力が薄れ、リスクを取っても高利回りを得ようと考える人のお金が株式市場に流れ、株価は上昇する傾向にあります。つまり、金利と株価は負の相関関係にあるのです。

ドルやユーロなど主要通貨に対する円の価値を示す為替相場の動きも、株式投資家の判断基準の一つです。為替変動には好悪の両側面がありますが、一般的に輸出企業にとって円安基調は海外市場で製品を販売する際の利益幅が厚くなることから株式市場でも買いが入りやすくなります。例えば、米国市場での販売台数が多い自動車各社は円安・ドル高の局面では利益が上乗せされます。輸出企業主体の日本の株式市場で、円安基調の際に株価が上昇しやすいのはそのためです。

上場企業の情報開示を支援する東証Arrows
（写真＝都築雅人）

東証によると、19年3月末時点の海外投資家による日本株の保有比率は29.1%で、比率は3年ぶりに低下しました。ここ最近、企業業績やアベノミクスの行方などとともにこの保有比率にも頭打ち感が指摘され始めました。もっとも、海外投資家は巨額の資金を動かして相場全体の動きを支配することがあります。海外勢への対応という面から、日本の企業や市場に限らず、政治も、透明性を高めて説明責任をしっかりと果たす。このことの重要性は今後も揺らぐことはないでしょう。

I-9

貿易赤字は絶対悪なのか

資源の少ない日本は、輸入した原料を高度な製品に加工し、海外に輸出することで経済成長を果たしました。1981年以降、輸出額が輸入額を上回る貿易黒字の状態が続きましたが、2011年を境に貿易赤字にいったん転じます。そのきっかけは東日本大震災でした。個人の家計で考えると、赤字は間違いなく避けるべき事態でしょう。ですが、国際収支を考える場合は、個人・企業から政府に至るまで、さまざまな製品・サービスなどを取引し合う全体像で理解する必要があります。貿易収支はあくまで、複雑な取引実態の一側面を表す指標です。分かっているようで分からない貿易収支の話を手始めに、国際経済の仕組みを学んでいきましょう。

貿易収支と為替の深い関係

貿易収支は輸出額から輸入額を引いた数字です。日本は2010年まで貿易収支が黒字の状態が30年間続きましたが、2011年の東日本大震災で大きく変わりました。全国の原子力発電所が稼働停止し、エネルギーの約9割を火力発電所に頼ることになったからです。火力の燃料である石油・石炭や液化天然ガス（LNG）の大半は海外から購入しています。輸入額が増え、10年に9.5兆円だった貿易黒字は12年に4.3兆円の赤字、14年には10.5兆円にまで赤字幅が拡大しました（図I-9-1参照）。

燃料購入の話が出ましたが、海外と製品などを取引する場合、円を相手国の通貨に交換する必要があります。この相手国の通貨1単位と交換できる自国通貨の単位数を「名目為替レート」と言います。「1ドル＝100

円」などと表現されます。これは1ドルを入手するのに、100円が必要になる、という意味です。名目為替レートの円の金額が上がれば、1ドルを手に入れるのに必要な円の額が増えます。つまり、円の価値がドルに対して下がることになるため、この状態を「円安」と表現し、逆のケースは「円高」になります。ただ現実世界を見れば、モノの価値は絶えず変動しています。例えば米国で物価が上昇した場合、以前は1ドルで買えたものが、1ドル以上支払わないと入手できなくなり、仮に円高局面だったとしても実質的な値下がり幅は小さくなります。このように物価の変動を加味した交換比率を「実質為替レート」と呼びます。

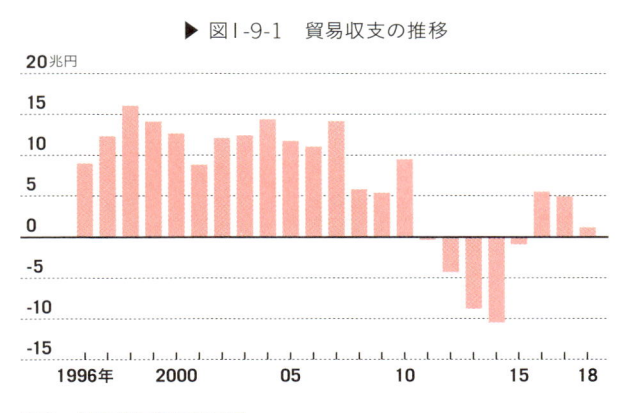

▶ 図I-9-1　貿易収支の推移

出所：財務省国際収支状況

　貿易黒字になれば多くの外貨が手に入ります。外貨を売って円を買うことになるため円高に振れやすく、逆に円での支払い局面が増える貿易赤字では、円安傾向が表れやすくなります。もちろん、この他の様々な要因が複雑に絡み合って為替レートは決まりますが、貿易収支と為替は切っても切れない関係にあることは間違いありません。

　赤字という名称が付くため、貿易赤字は悪だと捉えられがちです。「貿易赤字に転落」という表現もネガティブなイメージを与える要因になっています。ただ注意しないといけないのは、貿易収支は国際収支の一つ

の指標にすぎないという点です。

貿易収支は経常収支の一部

　先ほど、貿易収支は輸出入の差と説明しましたが、注意すべきは財の取引に限定されている点です。財とは製品や原料など形のあるもの、と理解してください。ですが、お金のやり取りは財だけに限りません。私たちは旅行や通信、情報、輸送、保険、知的財産の使用に至るまで、さまざまな無形のサービスをやり取りしています。それらを合わせて「サービス収支」と呼びます。これらに、海外証券の売買で得た配当金や外国人労働者への賃金などの「所得収支」、政府の海外への無償資金援助や個人の海外送金などの「経常移転収支」を加えたものが、「経常収支」です。また不動産や株式、債券など資産の購入・売却、輸出入に伴う長期の延べ払い信用、借款などを合わせて「資本収支」と言い、「外貨準備増減」を加えた全体が国際収支になります（図I-9-2参照）。

▶ 図I-9-2　国際収支統計の内訳

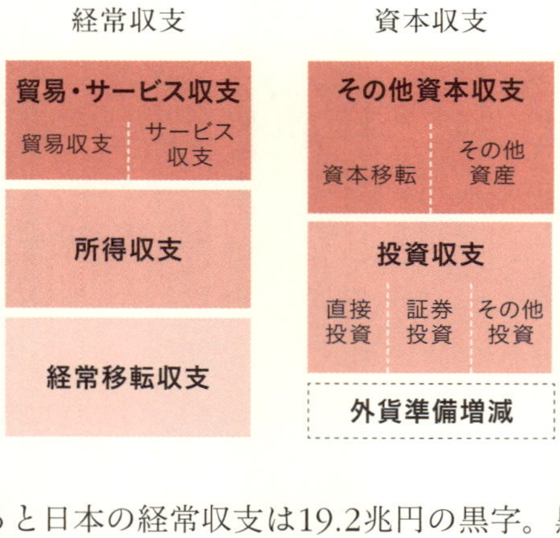

経常収支	資本収支
貿易・サービス収支 貿易収支　サービス収支	**その他資本収支** 資本移転　その他資産
所得収支	**投資収支** 直接投資　証券投資　その他投資
経常移転収支	**外貨準備増減**

　2018年を見ると日本の経常収支は19.2兆円の黒字。黒字幅は17年に比べ15%減少しましたが、震災前の10年（19.4兆円）とほぼ同水準となっています。もう少し深掘りして見てみましょう。

　1999年までは貿易収支が経常収支を上回っていましたが、その後両

者の関係は逆転しました。長年の貿易黒字の蓄積で対外純資産が徐々に拡大、それに伴う利子や配当などの受け払いである所得収支が増えたからです。所得収支は2017年で20.5兆円、2018年には20.9兆円の黒字となっています。今や日本は「世界最大級の対外純資産を持つ国」になっていると言えます。先述したように、貿易収支は赤字状態ではなくなったものの、黒字幅は1.2兆円程度にとどまります。所得収支がその分を補って余りあるほどに成長した結果、経常黒字を実現しました。指標の変化の背景には、円高に伴い、生産拠点を海外に移す製造業が増えたことも挙げられます。これらの点を踏まえれば、貿易赤字はそれだけで即ち悪とまでは言い切れないことが分かるでしょう。

ISバランスは「経常収支＝貯蓄超過＋財政収支」

　ここまでは国と国との関係に限定して見てきましたが、一国の中では政府部門及び企業と家計（個人）を合わせた民間部門という重要な要素があります。家計は企業で働くことで賃金の支払いを受け、企業から商品・サービスを購入します。企業は貿易や対外投資で、家計は送金や旅行などの形でそれぞれ海外と関わります。企業と家計、（自国）政府、海外という4者間で現金や財・サービスをやり取りすることで、経済は成り立っていると言えます（図I-9-3参照）。

▶ 図I-9-3　経済の仕組み

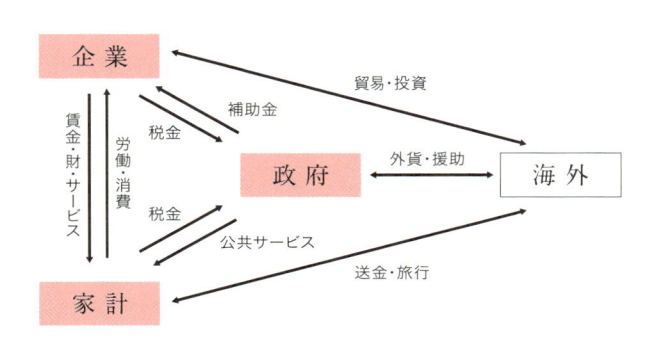

生産・分配の側面から見れば、「GDP（国内総生産）＝民間消費＋民間貯蓄＋租税」という式が成り立ちます。一方で、支出面に着目すると、「GDP＝民間消費＋民間投資＋政府支出＋（輸出－輸入）」となります。この2つの式の右辺を等号で結び、整理すると、これから説明するISバランスの基本式「①（輸出－輸入）＝②（民間貯蓄－民間投資）＋③（租税－政府支出）」が出来上がります。IはInvestment（投資）、SはSaving（貯蓄）の意味で、ISバランスは経済を構成する4者間の貯蓄投資差額と、4者間の資金の流れを集約しています。基本式の①は経常収支（海外部門）、②は貯蓄超過（民間部門）、③は財政収支（政府部門）と言い換えられます。

　この基本式が頭に入っていれば何が分かるのでしょうか。例えば、将来に経済成長が見込める国では現在の経常収支は赤字になる傾向がある、というロジックの正しさを証明できます。経済成長が見込めれば、足元では投資が高くなり、基本式の②がマイナスになるため、左辺の経常収支もマイナスになる可能性が高いことが分かるからです。では、高齢化が進む国ではどうでしょうか。将来不安から②の貯蓄が増加するため、経常収支はプラスに転じやすいことが導き出せるでしょう。このようにISバランスは、貿易など国際的な取引と国民経済との関係性を表す重要な公式と言えます。

日本から消えた？　Jカーブ効果

　以上の論点を踏まえた上で、今の日本の経済状況を考えてみましょう。経済学では、輸出入の為替レート変動に対する価格弾力性（感応度）に注目した理論があります。価格弾力性とは、価格が1％上（下）がれば、売れ行きが何％程度悪化（改善）するかを示す指標です。「需要の変化÷価格の変化」で算出できます。「輸出の価格弾力性」と「輸入の価格弾力性」の和が1より大きければ、自国の通貨安によって経常収支が改善します。これが「マーシャル＝ラーナー条件」です。

　一般的に、為替レートが変動した場合、短期的には調整コストや長期契約などがあるため、すぐに数量を調整できず、輸出入の価格弾力性が

小さい状態が続きます。つまりマーシャル＝ラーナー条件は成立しません。しかし、時間が経てば調整が進み、条件を満たすようになり、経常収支が改善します。この現象を、グラフの形から「Jカーブ効果」と呼んでいます（図I-9-4参照）。

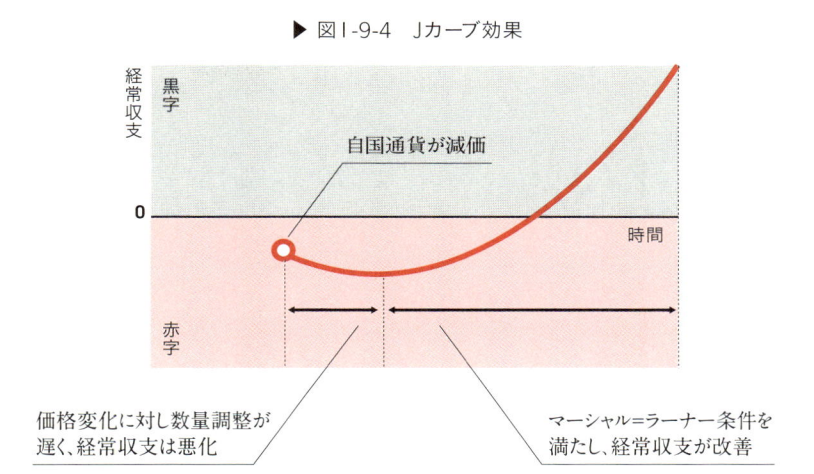

▶ 図I-9-4　Jカーブ効果

2012年末に誕生した第2次安倍政権による掛け声と、日銀による金融緩和によってそれ以前の円高修正が進み、少なくとも為替の面から見た輸出環境は改善しました。それでも輸出が加速度的に増えていくJカーブ効果がなかなか見られず、日銀の黒田東彦総裁をはじめ、みな頭を悩ませている状況にあると言えます。これには、グローバルな生産分業を進め、円安でも海外で値引きを控える「日本企業特有の事情がある」と分析する人もいます。価格設定と輸出数量という効果発動に必要なマーシャル＝ラーナー条件とどう向き合っていくのか。政府や日銀、そして日本企業の戦略も注視する必要がありそうです。

I – 10

—

景気って何なの？

　経済活動の勢いや水準を示す「景気」は、企業の生産活動や、家計の消費意欲と密接に結び付いており、人々の生活に大きな影響をもたらします。景気は、良い状態や悪い状態がずっと続くわけではなく、上昇と下降を繰り返します。この章では、景気の変動が発生するメカニズム、景気の状態を判断するための経済指標などについて学びます。

　「景気」は経済活動の勢いや水準を表す言葉です。経済活動の主体には「家計」や「企業」「政府」「海外」などがあります。それぞれが経済活動——モノやサービスの生産や消費など——をする中でモノやサービスの需要と供給が変動し、経済活動が活発になったり不活発になったりします。この経済活動の勢いの変化を「景気の変動」と呼びます (i) (ii)。

▶ 図I-10-1　景気循環の動き

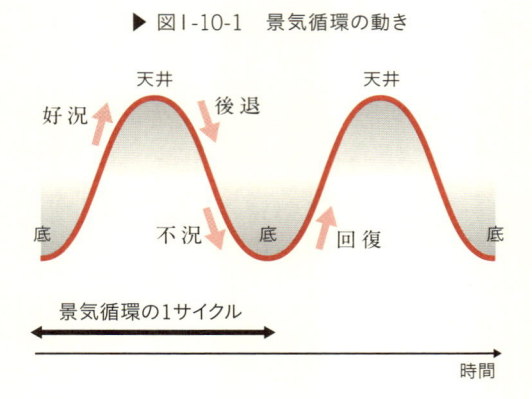

▶ 図I-10-2　日本における戦後の主な好景気

名称	景気の底	景気の天井	景気の底	期間
神武景気	1954年11月	1957年 6月	1958年 6月	43カ月
岩戸景気	1958年 6月	1961年12月	1962年10月	52カ月
オリンピック景気	1962年10月	1964年10月	1965年10月	36カ月
いざなぎ景気	1965年10月	1970年 7月	1971年12月	74カ月
安定成長景気	1975年 3月	1977年 1月	1977年10月	31カ月
公共投資景気	1977年10月	1980年 2月	1983年 2月	64カ月
ハイテク景気	1983年 2月	1985年 6月	1986年11月	45カ月
平成景気	1986年11月	1991年 2月	1993年10月	83カ月
さざ波景気	1993年10月	1997年 5月	1999年 1月	63カ月
IT景気	1999年 1月	2000年11月	2002年 1月	36カ月

出所：日本経済新聞「全図解ニュース解説」など

　景気は、「好況」「後退」「不況」「回復」というフェーズを順に繰り返します。この動きを「景気の波」もしくは「景気循環」と呼びます。景気の上昇局面では、製品やサービスの販売が拡大。企業の業績は向上し、働く従業員の給与も上昇します。このため、さらに消費が増え、新たな生産につながります。つまり、企業や家計などの経済主体が好循環で活発に動きます(i) (ii)。

繰り返す景気局面(i) (ii)

　一方で、景気の下降局面は、上昇時とは反対に、経済活動の活発さが失われます。モノやサービスの販売が停滞し、企業の生産と業績も低迷。従業員の給与も減り、さらに消費が落ち込むという悪循環に陥ります。

　景気循環において、上昇局面の最高点を「景気の天井」もしくは「景気の山」と呼びます。一方、景気が下降する局面の最低点を「景気の底」もしくは「景気の谷」と呼びます。景気の底を起点として、天井を経て次の底に至るまでの経過、循環を、1サイクルと呼びます。

　戦後の日本には幾つかの好景気がありました。比較的、長期にわたっ

て続いた好景気の中で有名なものとして、「神武景気」「岩戸景気」「いざなぎ景気」などがあります。

景気循環の要因 (ii) (iii)

景気循環が起こる要因を説明する理論には様々なものがありますが、いずれも賛否両論があります。ここでは、著名なものを紹介しましょう。

まず経済の需要面に注目する、伝統的な説が4つあります。それぞれ循環を起こす要因や1サイクルの周期が異なり、要因や、提唱した経済学者の名前にちなんだ名称が付いています。

最も周期が短いのが「在庫循環」もしくは「キチンの波」と呼ばれるものです。この景気循環は、40カ月程度を平均的な周期とします。キチンの波では産業界の「在庫」の増減が循環をもたらすと考えます。米国の経済学者ジョセフ・A・キチンが主張したのでこう呼ばれています。

2つ目に短い周期の景気循環は、「主循環」もしくは「ジュグラーの波」と呼ばれるものです。周期は8〜10年で、企業の設備投資の増減サイクルを原因としています。企業の生産設備の耐用年数が一般的に8〜10年程度と考えられることから、多くの企業が設備を更新する際に景気変動を引き起こすという考え方です。これはフランスの経済学者、ジョセフ・C・ジュグラーが提唱しました。

3つ目の説は、住宅やオフィスの建設、公共投資など建設需要の変動に起因する「建設循環」もしくは「クズネッツの波」と呼ばれるものです。周期は約20年。米国の経済学者サイモン・クズネッツが主張しました。

そして最も周期の長い景気循環が「長期波動」もしくは「コンドラチェフの波」と呼ばれるものです。この周期は約50年。大規模な発明やイノベーションなどによって景気循環が起こると考えるものです。旧ソ連の経済学者ニコライ・D・コンドラチェフにちなんで名付けられました。

一方、経済の供給面に注目するものに「実物的景気循環理論」があります。フィン・E・キッドランドとエドワード・C・プレスコットが唱えたものです。こちらは日々起こるイノベーションや金融政策の変更などに

よる予期せぬ経済ショックへの各経済主体の適応が、結果的に景気の循環につながるという考え方です(iv)。

▶ 図I-10-3　需要面に注目した主な景気循環

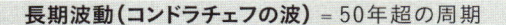

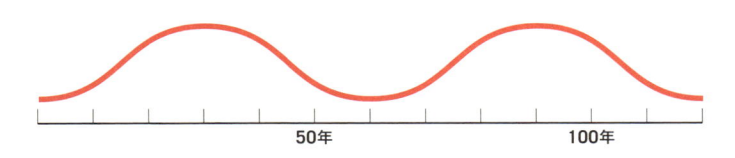

長期波動（コンドラチェフの波） = 50年超の周期

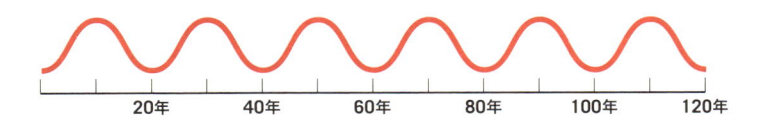

建設循環（クズネッツの波） = 約20年の周期

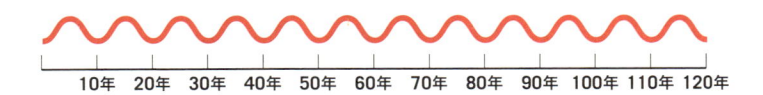

主循環（ジュグラーの波） = 約10年の周期

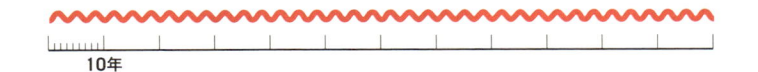

在庫循環（キチンの波） = 約40カ月の周期

　一方、ケインズ経済学やマネタリズムに基づいて景気循環を説明する取り組みもあります。ケインズ経済学は、価格メカニズムは十分に機能しないため、有効需要こそが生産量を決定する、と考えます。つまり、モノが供給過剰になった場合、価格が下がって需要が拡大することを想

定しません。従って企業は生産や設備投資を縮小する必要があります。これが景気の後退につながります。一方マネタリズムは、名目賃金と一般の物価が同じペースで上昇する場合、労働者が名目賃金の上昇を実質賃金の上昇と錯覚するため労働供給が拡大し、実質賃金は低下して失業率が短期的に低下すると考えます(iv)。

景気動向をつかむ指標

では、私たちが景気の動向をつかむにはどうすれば良いのでしょう。景気の指標は数多くありますが、一般の人々がすべての指標を基に景気を総合的に判断するのは至難の業です。このため単一の指標で判断できるよう、内閣府が「景気動向指数」を作成して毎月公表しています(v)。

内閣府は「景気が天井（底）に達した年月」「景気の上昇（下降）が継続した期間の長さ」を判断する役割を担っています。景気動向指数をはじめとする様々な指標を総合的に検討して判断しています(ii)。景気動向指数には2つの指標があります。1つはCI（コンポジットインデックス）、もう1つはDI（ディフュージョンインデックス）と呼ばれるものです。通常、両者を合わせて総合的に景気動向を判断します。

▶ 図I-10-4　景気循環と、CIとDIの動き

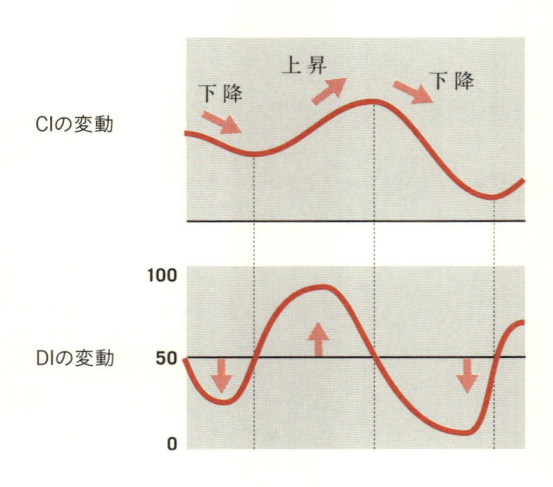

　　　　　　　　　　　　　　　　　日本経済入門

CIはコンポジット（合成）という言葉が示す通り、複数の経済指標における、前月比の変化量を合成した指標です。景気の天井の高さや底の深さ、景気の上昇や下降の勢いといった「量感」を見ることができます。CIの一致指数が上昇している時は景気の上昇局面、低下している場合は景気の下降局面と考えられます[v]。

▶ 図I-10-5　CIとDIの算出に使う指標

先行系列	最終需要財在庫率指数（逆サイクル）
	鉱工業用生産財在庫率指数（逆サイクル）
	新規求人数（除学卒）
	実質機械受注（製造業）
	新設住宅着工床面積
	消費者態度指数
	日経商品指数（42種総合）
	マネーストック（M2）（前年同月比）
	東証株価指数
	投資環境指数（製造業）
	中小企業売上げ見通しDI
一致系列	生産指数（鉱工業）
	鉱工業用生産財出荷指数
	耐久消費財出荷指数
	所定外労働時間指数（調査産業計）
	投資財出荷指数（除輸送機械）
	商業販売額（小売業、前年同月比）
	商業販売額（卸売業、前年同月比）
	営業利益（全産業）
	有効求人倍率（除学卒）
遅行系列	第3次産業活動指数（対事業所サービス業）
	常用雇用指数（調査産業計、前年同月比）
	実質法人企業設備投資（全産業）
	家計消費支出（勤労者世帯、名目、前年同月比）
	法人税収入
	完全失業率（逆サイクル）
	きまって支給する給与（製造業、名目）
	消費者物価指数（生鮮食品を除く総合、前年同月比）
	最終需要財在庫指数

出所：内閣府

内閣府はCIについて、景気に先行して変動する「先行指数」、ほぼ一致して変動する「一致指数」、遅れて変動する「遅行指数」の3つを、「速報値」と「改定値」に分けて公表しています。

▶ 図I-10-6　CIの先行指数、一致指数、遅行指数の動き

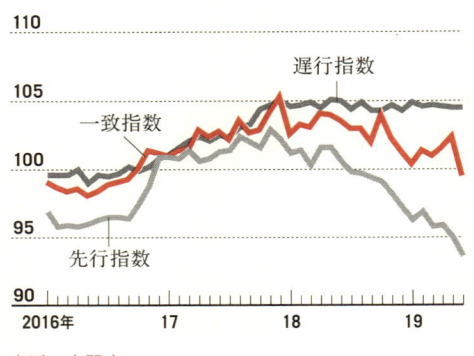

出所：内閣府

　一方のDIは、景気拡大・後退の「方向感」に関心を集中した指標です。大口電力使用量や所定外労働時間指数などDIを構成する指標のうち、3カ月前と比較して改善している指標の割合（%）を算出します。一致指数では、9指標のうち5つが改善していれば、55.6%と算出します。一致指数が50%を上回れば景気が拡大、50%を下回れば景気が後退と判断します。DIの値が大きいほど、多くの分野に景気が波及していることを示します(vi)。

景気をさらに詳しく見るための指標

　景気動向指数以外にも、景気を判断するのに使える様々な指標があります。具体的には、内閣府が四半期ごとに発表するGDP（国内総生産）速報や日銀短観、鉱工業指数や消費者態度指数、貸出約定平均金利など、生産や消費、金融関連の指標が挙げられます。
　例えば実質GDP成長率は、物価変動の影響を除外した国内の付加価

値の成長率を表し、日本の経済規模がどのくらい変化しているのかを把握することができます（詳しくはI-2やI-3参照）。日銀短観は、企業に対してアンケートを実施するもので、企業の業況感を示すものです。

▶ 図I-10-7　景気動向指数以外の主な経済指標

指標の名称		概要
四半期別GDP速報		国内で生み出した付加価値の額として、四半期ごとに内閣府が発表する。「民間最終消費支出」「民間企業設備」「政府最終消費支出」などから付加価値がどう使われたかが分かる（vii）
日銀短観の業況判断DI		企業の業況感を表す数値で、日本銀行が四半期ごとに公表する。最近の業況と先行きについて企業にアンケートし、「良い」と「悪い」の回答割合の差で表す。プラスの場合は景気が良い状態を示す（xvii）
工業関連	鉱工業指数	鉱工業製品の生産・出荷・在庫に関わる活動ぶりを表す指数。「輸送機械工業」「化学工業」「電気機械工業」など業種別に動向を見ることもできる（viii）
消費関連	消費者態度指数	消費者マインドを表し、個人消費の基調を判断する材料になる。「暮らし向き」「収入の増え方」などについての判断などを聞き、算出する。内閣府が発表（vi）（ix）
	商業動態統計	商業における販売活動の動向を示す。卸売業、小売業、百貨店、スーパー、コンビニエンスストアなどの業態別に状況を把握することができる（x）
金融関連	マネタリーベース	「日本銀行券発行高」「貨幣流通高」「日銀当座預金」の総和。資金供給における日本銀行の姿勢を読み取ることができる。日銀は、景気後退期にはマネタリーベースを増やす動きを取る傾向がある（xi）（xii）
	貸出約定平均金利の推移	国内の銀行による貸し出しの約定時の金利を日銀が調査し、平均金利の推移を公表している（xiii）
貿易関連	貿易統計	輸出入金額など貿易の推移を品目別や地域別に見ることができる。財務省と日銀が発表している（xiv）
労働関連	有効求人倍率	労働市場における求人の需給状態を示す。求人数を求職者数で除して算出する。値が1より小さい場合、求人より求職者が多いことを表す（vi）（xv）
	毎月勤労統計調査	雇用と給与、労働時間の状況を把握するために厚生労働省が調査している（xvi）

　景気動向指数に加えて、これらの指標も組み合わせて分析することで、景気の動向をより正確に把握することが可能になります。分析のコツは、本書III-1で詳しく解説します。

I - 11

株価と為替、景気の関係を読む

株価と為替は、企業の生産活動にとって重要な指標です。企業のみならず、特に為替相場は、個人の実生活にも直接・間接的に影響を及ぼす身近な存在。株価や為替が変動することによって、企業の生産活動や個人の消費活動は大きく左右されます。この章では、株価と為替相場がどう関連しながら、景気に影響を及ぼすのかを考えます。

　株式の価格を表す「株価」は、投資家の需要と供給のバランスで決まります。一般に、企業に利益が出れば、株主に配当があるので、当然配当が見込まれる株式の人気が上がります。成長が見込まれる株式にはより多くの資金が集まり、需要が高まることから株価が上がるのです。一方、業績が悪化している企業などの株価は下がることになります。

　株価は、発行済み株式と掛け合わせて企業の時価総額を算出するなど、企業活動全体を捉えるのに重要な数値です。I-10で説明したとおり、企業活動は景気に大きな影響を与えるので、国全体の景気を把握するにも参考になる数値です。

　その際に指標となるのが、日本であれば「日経平均株価」。東証1部に上場している約2150社（2019年9月現在）の中から日本経済新聞社が225社を選び、株価を平均した数値です。米国における同様の指標は「ダウ工業株30種平均株価」です。経済ニュース通信社であるダウ・ジョーンズが米国の代表的な銘柄30社を選び、平均した値です。

　株価指数については、本書のⅢ-2でもまた取り上げます。

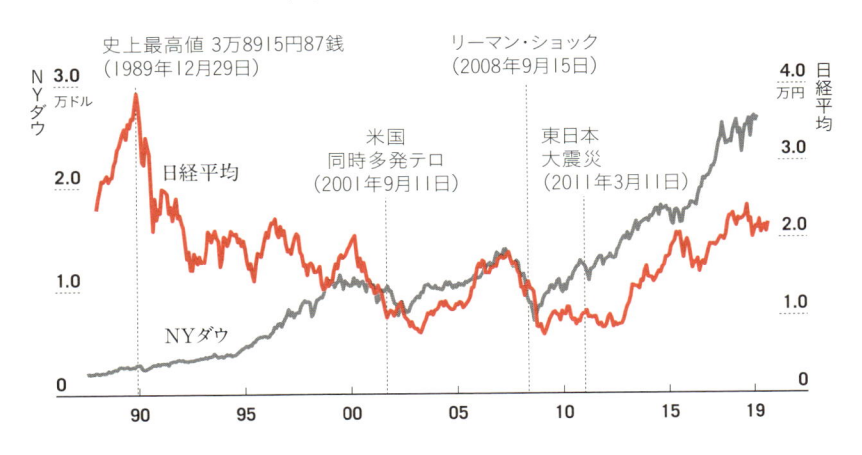

▶ 図I-11-1　日米株価の推移

史上最高値 3万8915円87銭
（1989年12月29日）

リーマン・ショック
（2008年9月15日）

NYダウ
3.0万ドル

米国
同時多発テロ
（2001年9月11日）

東日本
大震災
（2011年3月11日）

日経平均
4.0万円

日経平均

2.0

3.0

1.0

2.0

NYダウ

1.0

0

0

90　95　00　05　10　15　19

米国を中心に為替を見る

　株価と同時に国の経済の指標となるのが外国為替です。「為替」とはそもそも「現金を使わずにお金をやりとりすること」の意味です。その際、例えば円とドルなら、必然的に円をドルという外貨に替えてやりとりする必要が生じます。それが外国為替です。米国が最大の輸出先でもある日本にとって、円とドルの交換比率が最も重要になってきます。この交換比率を「外国為替相場（為替レート）」と言います。米国の景気は今もなお日本の景気に与える影響が大きく、株価であればダウ工業株30種平均株価、為替であれば「円・ドルレート」が最も重要であると言えるでしょう。

　では、これらの株価や為替相場は、景気にどのように影響してくるのでしょうか。一般的には、企業の収益活動が順調になれば、株価が上がります。株価が上がる見込みとなれば、日本株への投資が増強されます。株価の上昇が見込まれる国には、投資家からのお金が集まる傾向があるためです。株価上昇が見込まれるとその国の通貨がより買われることとなり、通貨価値が上がります。結果、外貨が円に替えられる量が増え、

円高傾向になるというわけです。

　しかし「経済は生き物」と言われるように、現実の経済がシナリオ通りに動くわけではありません。日本は輸出主導型の経済ですので、逆に「円安が株高につながった」とする分析も一般的です。しかし株価が上がっても円高にならない場合もあります。株価が上昇した場合、日本の機関投資家が、リスク分散を兼ねて海外投資を増やすことも考えられます。その場合には、円が多く売られ、円安になるケースもあります。

　日本経済は、米国経済に影響されることが多いと前述しました。米国のインフレ率が高くなって米国の物価が上がったとしましょう。物価が上がった分だけ債券の利回りが上がらなければ（債券価格が下落しなければ）債券購入者は減り、結果、長期金利が上がります。すると生命保険会社、年金基金、金融機関といった機関投資家がドルを買うでしょう。

　ドルを買う時には当然自国の通貨を売ります。米国の景気が良くなり米国の金利が上がればドル高、円安になることになります。この際、どれだけ日本の株価が高く景気が良くても、米国経済を中心に日本経済が動いている以上、「日本の景気が良ければ株高・円高になる」というシナリオとは違う現象が起き得るのです。現実の経済は、機関投資家の動きや金利、貿易収支、物価など様々な要因が互いに影響し合うためです。

▶ 図Ⅰ-11-2　円・ドル相場と日経平均の推移

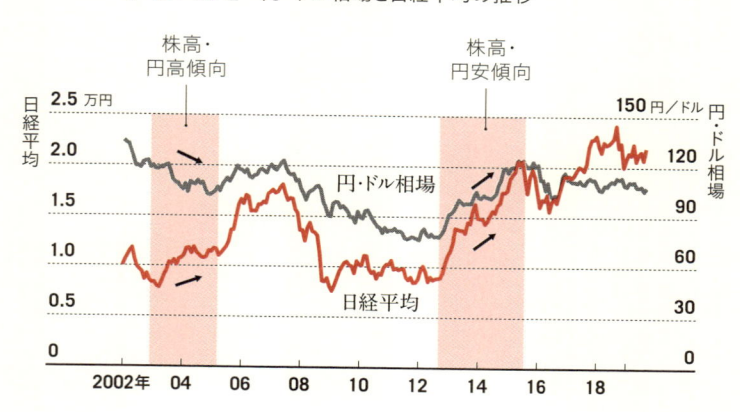

　　　　　　　　　　　　　　　　　　　　　　　　日本経済入門

所得効果と代替効果

　では株価や為替と関係が深い景気を根本的に良くするには、何が必要になるのでしょうか。端的に言えば、企業が収益を獲得するための活動が順調になることによってこそ経済は拡大します。ここからは、ミクロ経済理論に出てくる「所得効果」と「代替効果」という考え方を、マクロ経済に当てはめて考えてみましょう。実は、この「所得効果」「代替効果」という考え方は、マクロ経済の分析にも当てはまりやすいのです。

　所得効果とは、財やサービスの価格が変動したために所得が変化したように感じ、消費者が現時点での財の購入量を増やしたり減らしたりすることです。例えば通常80円のミカンがあります。ところが、今日はミカンが特売で1個60円でした。いつもは240円の予算でミカンを3個買います。しかし今日は、ミカンを4つ買えます。そこで懐具合に余裕ができたように感じて、ミカンをもう1つ買うことにしました。この購入する量の変化が所得効果です。

　所得効果では、ある商品の価格下落がさらなる購買を促し、消費量を増やす効果があります。貿易が活発になり、途上国が経済成長を続けて対外輸出を増やす中、結果として財の価格下落をもたらしていることが、先進国における所得効果を生んでいる部分もあるでしょう。

　代替効果とは、ある財の価格が相対的に変動することで、消費者が購入する財やサービスの組み合わせを変えることです。これを今月と来月で考えてみましょう。例えば来月、スマートフォンの高性能で安価な画期的な新商品が発売されることが分かっていれば、消費者の中には、今月ではなく来月に買おうとする人も増え、今月の収入では別のものを買うかもしれません。このように画期的なイノベーションによる新商品の登場は、往々にして相対的な価格を変化させ、経済活性化の重要な呼び水になると言えます。

　オーストリア出身の著名な経済学者ヨゼフ・シュムペーターは、著書『経済発展の理論』の中で、イノベーションを「新結合」と呼んでいます。

そして「経済における革新は、新しい欲望がまず消費者の間に自発的に現れ、その圧力によって生産機構の方向が変えられるというふうに行われるのではなく、むしろ新しい欲望が生産の側から消費者に教え込まれ、したがってイニシアティヴは生産の側にあるというのが常である」[i]と述べました。つまり経済発展は、人口増加や気候変動などの外的な要因もさることながら、技術などの新しい組み合わせによってもたらされるイノベーションのような内発的な要因が主要な役割を果たすということです。むしろ内発的なイノベーションなくして、経済発展はあり得ないのではないでしょうか。

▶ 図I-11-3　一般的な景気と株価・為替の関係

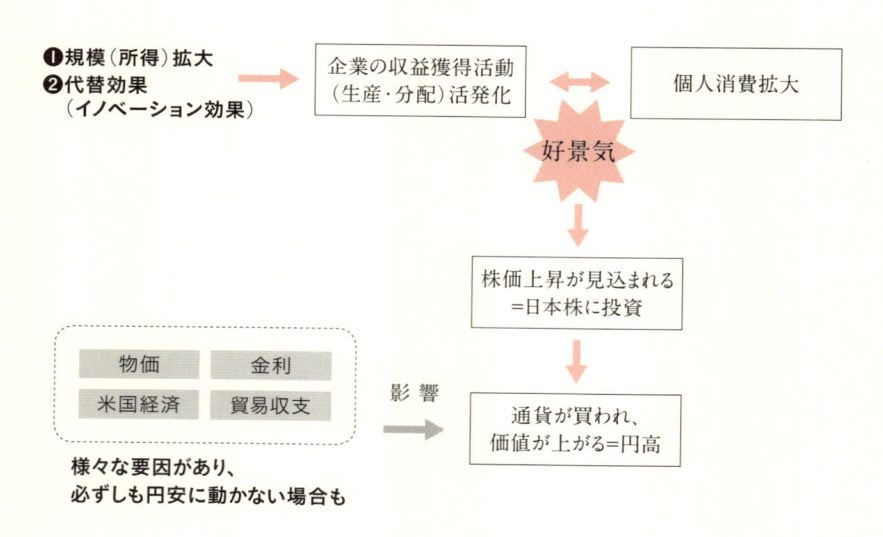

ソニーやトヨタ自動車が日本にもたらしたものは、イノベーションを発端とした経済発展でした。1989年以来日本の株価が下降傾向をたどってきたのは、こうしたイノベーションが停滞し、日本経済に対する世界の期待が弱まっていることが一番の原因かもしれません。

取材協力：熊野英生 第一生命経済研究所首席エコノミスト

少子高齢化と日本経済

　日本をはじめ先進国の多くで、少子高齢化が進んでいます。少子高齢化は「人口転換」によって引き起こされます。人口転換とは、社会の近代化に伴って、多産多死から多産少死へ、さらに少産少死へと変化することを表す用語です。人口転換はまず欧州で始まりました。日本で合計特殊出生率が本格的に2を下回ったのは1970年代のこと。現在、東アジア諸国の多くでは出生率が1.5を下回る超少子化が起こっています。

　このような状況の中、日本の労働力人口は減少しつつあり、経済成長率も低下傾向にあります。80年代は平均で4.7%だった実質GDP（国内総生産）成長率は、90年代には平均で1.1%まで低下。その後は0.8%程度で推移しています。さらに、民間シンクタンクなどが、2020〜40年代に日本の実質GDP成長率はマイナスに陥る可能性があると試算しています。しかも、2000〜10年における日本、米国、英国、ユーロ圏、ドイツ、フランスの実質GDP成長率（年率平均）を比較すると、日本は最下位（図の左）。このため、日本経済には悲壮感が漂っているのです。

見るべき指標は「1人当たり実質GDP」

　しかし、標準的な経済学では、生活水準の向上は「1人当たり実質GDP」の増加で表現するのが適切とされています。この視点で、図を見直すと、日本と米国の1人当たり実質GDP成長率はおおむね同じであったことが読み取れます（図の中）。

　1人当たり実質GDPは需要サイドの概念です。この値は、一国が1年間に生み出した富の総量を国民に均等配分した場合の値を指します。「国民」には生産に寄与しない従属人口（年少者や高齢者）も含みます。一方、

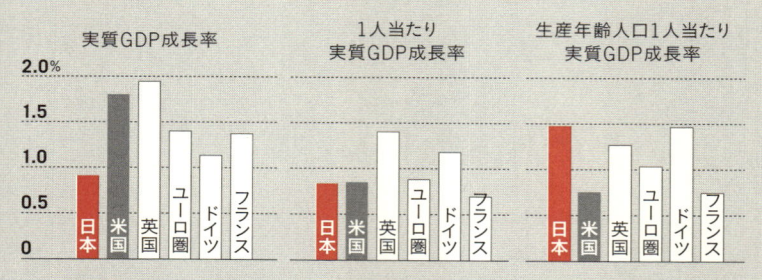

実質GDP成長率　　1人当たり　　生産年齢人口1人当たり
　　　　　　　　　実質GDP成長率　　　実質GDP成長率

注：生産年齢人口は15〜64歳の人口　　出所：World Bank, Haver

供給サイドの生産性の伸びを表す指標として、「生産年齢人口1人当たり実質GDP」があります。実際の生産に寄与するのは労働者です。図の右を見ると、日本の生産年齢人口1人当たり実質GDP成長率は最も高い。よって、実質GDP成長率が低下傾向にあることを過度に悲観する必要はありません。重要なことは、生活水準の向上を表す「1人当たり実質GDP」の増加ペースが、他の先進国と比較して、どの程度であるかです。

　もちろん、少子高齢化が急速に進む日本経済にリスクがないわけではありません。最大のリスクは、財政・社会保障です。社会保障費は膨張し、日本の公的債務（GDP比率）は増加する傾向にあります。社会保障費増の圧力はこれから一層強まります。2025年に団塊の世代のすべてが後期高齢者（75歳以上）となるからです。この時、75歳以上の人口は約2200万人、高齢化率は30％を超えると見られています。

　また、首都圏など都市部では介護難民となる後期高齢者が急増し、2040年には全国で半分の自治体が消滅危機に瀕することが予測されています。解決策として、人口集約を図る「コンパクトシティー」と「地域包括ケアシステム」の融合が有効です。内外の実証研究から、人口の集約は経済成長を促進することも知られています。

小黒 一正

法政大学経済学部教授。世代間衡平や財政・社会保障を中心に研究している。一橋大学で経済学博士を取得。大蔵省（当時）、一橋大学経済研究所准教授などを経て現職。

［理論編］

経済理論入門

知っておきたいフレームワーク

アダム・スミス、マルクス、ケインズ…。
歴代の賢人が発展させてきた経済学。
思考の枠組みとエッセンスを味わおう。

II-1

—

経済学とは何を学ぶ学問か？

「経済学」とはどんな学問か——。経済に関連する学問だとは分かっても、ズバッと答えることができる人は多くないでしょう。経済学を一言で言えば、消費、労働、価格の動きなど日常の経済活動を科学的なアプローチで分析し、法則性を見いだし、最終的に経済を取り巻く様々な問題の解決につなげていこうというものです。

この章では、経済学の根幹をなす考え方と、経済学の2大分野である「マクロ経済」と「ミクロ経済」について学んでいきます。

「経済学」とは、社会全般の"経済活動"を研究の対象とする学問です。明確な定義があるわけではありませんが、広義で言えば「ヒト、モノ、カネの関わるものは全て経済学の研究対象」と言っていいでしょう。経済学の本では一般に、「社会の限られた資源をどう分配していくかを研究するもの」と定義しています。著名な経済学者は以下のように定義しています。

経済学とは…

個人、企業、政府、さらに社会にあるその他のさまざまな組織が、どのように選択し、そうした選択によって社会の資源がどのように使われるかを研究する学問である。

——ジョセフ・E・スティグリッツ
『スティグリッツ入門経済学』(東洋経済新報社)

社会がその希少な資源をいかに管理するのかを研究する学問である。ほとんどの社会では、資源配分は全権を握った1人の独裁者によって決められるのではなく、膨大な数の家計と企業の行動を統合した結果として決定されている。

——ニコラス・G・マンキュー
『マンキュー入門経済学』（東洋経済新報社）

　経済学で扱う事象、例えば、人々の消費、インフレ・デフレ、金利の動きや為替レートなどは、人間が関わるため不確定な要素が極めて多く含まれます。こういった対象の中から法則性を見いだし、モデル化してメカニズムを解明していこうというのが経済学の試みでもあります。

　科学的な観点で「経済」を見ていくうえで、経済学は幾つかの前提や原理をベースにしています。

　2001年にノーベル経済学賞を受賞した米国の経済学者、ジョセフ・E・スティグリッツ米コロンビア大学教授は、5つのキーワードを理解することが、経済学全体を理解する上で重要だと指摘しています。それは、「トレードオフ」「インセンティブ」「交換」「情報」「分配」の5つです。

　ある一つのことに資源を使えば、他のものに使える資源は少なくなります。これがトレードオフの考え方です。インセンティブは、何かを判断、選択する際に各個人が反応し決定することを指します。何かを選択する際、交換ができればその範囲は拡大し、情報があれば賢い選択ができます。どんな職に就くのか、どんな教育を受けるのか、といった選択が、社会の富や所得の分配も決めます。選択という行為に付随するこれらの5つのキーワードの分析こそが経済学の仕事です。

　一方、N・グレゴリー・マンキュー米ハーバード大学教授は「経済学の10大原理」を提示しています（図Ⅱ-1-1を参照）。10の原理は大きく3つに分類できます。1つ目（第1〜4原理）は「人々はどのように意思決定をするか」。経済の動向は、個々人の行動を反映しています。その意思決

定に関連する原理について挙げたものです。そしてその意思決定は、自分だけでなく他人にも影響を与えます。これが2つ目（第5〜7原理）の「人々はどのように影響し合うのか」です。そして、1つ目の各個人の意思決定や2つ目の相互作用が経済全体にどのような影響を与えているのかが、3つ目（第8〜10原理）の「経済は全体としてどのように動いているか」になります。

▶ 図II-1-1　経済学の10大原理

第1原理	人々はトレードオフ（相反する関係）に直面している	
第2原理	あるものの費用は、それを得るために放棄したものの価値である	人々はどのように意思決定をするか
第3原理	合理的な人々は限界原理に基づいて考える	
第4原理	人々は様々なインセンティブ（誘因）に反応する	
第5原理	交易（取引）は全ての人々をより豊かにする	人々はどのように影響し合うのか
第6原理	通常、市場は経済活動を組織する良策である	
第7原理	政府が市場のもたらす成果を改善できることもある	
第8原理	一国の生活水準は、財・サービスの生産能力に依存している	経済は全体としてどのように動いているか
第9原理	政府が紙幣を印刷しすぎると、物価が上昇する	
第10原理	社会はインフレと失業の短期的トレードオフに直面している	

出所：『マンキュー入門経済学』（東洋経済新報社）

「マクロ経済学」と「ミクロ経済学」

　経済学は主に「マクロ経済学」と「ミクロ経済学」の2つの分野に大別できます。

経済学の2つの分野
1. ミクロ経済学：家計と企業の意思決定に焦点を当てるとともに、特定産業の価格や生産の詳細な分析を行う

2．マクロ経済学：経済全体の動きと、失業率や産出量、経済成長、物価水準、インフレーションといった集計された変数に焦点を当てる

——ジョセフ・E・スティグリッツ
『スティグリッツ入門経済学』（東洋経済新報社）

　マクロとミクロという言葉を耳にしたことがある人は多いでしょう。マクロという言葉は「大きい」、ミクロという言葉は、「小さい」を意味するギリシャ語にそれぞれ由来しています。

　簡単に言うと、マクロ経済学は大きな経済全体のメカニズムを分析対象とし、ミクロはより細かい家計や企業、個人の行動などを分析します。「木を見て森を見ず」ということわざがありますが、細かい木は「ミクロ」、全体の森は「マクロ」だと思えば分かりやすいでしょう。個々の企業の動きだけ見ていても、日本の社会全体の動きは分かりません。

　図II-1-2に、分析対象の違いを示してみました。例えば「所得」をテーマにした場合、マクロ的な視点は「国民の所得水準はどう決まるのか」であり、ミクロ的視点では、「公務員や企業の給料はどのように決まるのか」になります。

　「失業」という事象を考察する場合、ミクロ経済学では「Aさんは仕事があるが、Bさんが失業しているのはなぜか」を分析し、マクロ経済学では、「経済全体の失業率はどのくらいか」ということを分析します。

　このように、ミクロ的な見方とマクロ的な見方は、同じ事柄を2つの異なった方法で見ているにすぎません。「ミクロ経済学では経済を下から上に見ており、マクロ経済学では経済を上から下に見ている」（『スティグリッツ入門経済学』）のです。

マクロは経済全体の平均の動き

　次に、マクロ経済学とミクロ経済学について、それぞれもう一段深掘りして説明します。

▶ 図II-1-2　マクロとミクロの違い

マクロ経済学 macroeconomics	ミクロ経済学 microeconomics
大きな経済のメカニズム	家計や企業の行動

	マクロ経済学	ミクロ経済学
具体例	インフレーションや失業、経済成長など、経済全体に関わる現象を研究する学問	家計や企業がどのように意思決定をし、それらが相互にどのように関わり合うか研究する学問
分析対象	■ 国民の所得水準はどのように決まる？ ■ モノやサービスの価格水準はどのように決まる？	■ 公務員や企業の給料はどのように決まる？ ■ テレビや保険の値段はどのように決まる？

　まずはマクロ経済学です。マクロ視点で集計された数値からは、個々の企業や家計が何をしているのかは見えてきませんが、経済全体で平均的に何が起こっているのかを理解することができます。つまり、マクロ経済学を理解すれば、経済全体の動きが分かるようになるのです。

　マクロ経済学における経済主体（経済活動を行う人や組織）は、「家計」「企業」「政府」です。ミクロ経済学では個々の家計や企業などにフォーカスを当てますが、マクロ経済学では家計という経済主体の集合体、企業という主体の集合体が分析対象となります。ミクロ経済学のように、家計と聞いて家庭をイメージすれば分かりやすいですが、マクロ経済学では個々の家計ではなく国全体での平均的な家計を想定しなければなりません。

　またマクロ経済学では、物価水準や利子率、為替レートの動きも見ます。

　財・サービスの価格は急速に上昇する時もあれば安定している時もあります。また、利子率や為替の変動はなぜ起きるのでしょうか。このような疑問に答える上で、「経済全体の動きが経済内の無数の家計や企業の意思決定、さらには政府の意思決定に依存していることを覚えておく

ことが重要」(『スティグリッツ入門経済学』)なのです。

▶ 図II-1-3 マクロ経済学で扱うジャンルの概要

項目	概要	キーワード	参照節
国民経済計算	一国経済の大きさの測り方。財市場に焦点を当てる。物価はどう計算されているのかなどの計算方法やGDPやGNPなどの統計の計算ルールについて学ぶ	GDP、GNPなど	➡I-2 ➡I-3
景気循環	景気が良くなったり悪くなったりすること。短期的な経済規模、国民所得の周期的変動。どのような原理で景気が悪くなり、また良くなるのかを学ぶ	DI、CPI、CIなど	➡I-10
経済予測	財市場や貨幣市場などの分析を通じて、経済を予測する	IS曲線、LM曲線など	➡II-4
失業率と景気	インフレーションなどの経済動向と失業率、雇用環境の関係などについて学ぶ。例えば、名目賃金上昇率が低い時には失業率が高いなど	フィリップス曲線、失業率、労働需要曲線など	➡III-5
経済成長	景気循環よりも長期的な経済規模の変動。労働や産出量などの数字を基に計算する。自然成長率や保証成長率などの考え方がある	産出量、労働力人口など	➡I-4
貿易収支	財貨（モノ）の輸出と輸入による資金の流れ。「輸出－輸入」で計算する。ISバランスから純輸出を割り出すこともできる	経常収支、ISバランスなど	➡I-9

マクロ経済学で扱うジャンルは多く、本書では主に第I部で取り上げています（図II-1-3参照）。例えばI-2では、「SNA（国民経済計算）」という単語が登場しましたが、これは一国経済の大きさの測り方です。GDP（国内総生産）などの数値も、SNAに準拠して算出しています。「景気循環」や「経済成長」などの一国の経済の状態も、GDPの数値変化から読み取ります。「失業率と景気」などもニュースでしばしば取り上げられる

のので身近な話として理解しやすいでしょう。どんな時に失業率は高くなるのか、また低くなるのかを具体的に分析するのです。

ミクロ経済学では「価格メカニズム」を理解する

　英国の経済学者、アダム・スミスは価格が決定される時の「価格メカニズム」を「見えざる手」と表現しています。ミクロ経済学は、この見えざる手を理論的に分析する学問とも言えます。

　ミクロ経済学で扱うジャンルを図II-1-4にまとめてみました。

▶ 図II-1-4　ミクロ経済学で扱うジャンルの概要

				ページ数
基礎	完全競争が成立する時	一般均衡理論、部分均衡理論	消費	➡ II-9
			生産	
	市場の失敗		不完全競争	➡ II-6、II-9
			外部性	
応用			貿易理論	➡ II-5
			不完全情報	➡ II-6
			ゲーム理論	➡ II-8
			行動経済学	➡ II-7

　ミクロ経済学の理論は、大まかに言って「完全競争が成立する時」と、「完全競争が成立しない時」（市場の失敗）の2つの市場に分けられます。完全競争では、需要者と供給者が操作しなくても、市場が均衡を保つように価格が自動調整されます。売り手と買い手が市場に無数に存在することで、完全な自由競争が行われている市場です。ここでは、「情報の不確実性がない」「取引がきちんと履行される」「市場への参入が自由」といった暗黙の前提があります。完全競争が成立しておらず、効率的な資源配分がされない場合、独占や寡占、失業などの市場の失敗が発生します。

このように、ミクロ経済学では需要と供給（生産と消費）をどう分析するのかが非常に重要になってきます。そして、この2つの要素が一致するように、市場メカニズムの下で価格が調整されていきます。つまり、価格がどう決定されているのかも分かるようになります。

　ミクロ経済学の応用編としては、「ゲーム理論」や「不完全情報」など聞きなれない単語も多く出てきますが、あまり難しく考えすぎず、身近な事例を思い浮かべながら読み進めてください。

経済学が分かると、どう役に立つ？

　経済学を学び始めようとする多くの人が抱く疑問。それは、経済学が抽象的で、実社会でどう役立つか分かりにくい、ということでしょう。しかし「機会費用」「比較優位」など、経済学の基本的なキーワードを理解するだけで、これまでとは違った視点で世の中を捉えることが可能になります。経済政策の要点をつかみ、ビジネスパーソンとして賢い判断ができるようになるためのヒントが、経済学の知識に隠れているのです。

　経済学と言うと、直接生活の役に立つというよりは、教養として知っておけばいい、といった程度に思う人が多いかもしれません。しかし、経済学の基本的な考え方を知ることで、例えば新聞を読んでいても、あの政治家が主張している政策は本当に実現可能なのか、それともただの人気取りに過ぎないのか、冷静に考える癖が身につきます。ビジネスの現場で何か選択を迫られた際にも、周りの意見に流されず、きちんとした判断ができるようになるでしょう。逆に、経済学の基礎が分かっていないと、身近な生活にも悪い影響を与えかねません。

　最初にマクロ経済学の視点から、経済学的な考え方が実際にどう役立つのかを見てみましょう。

　経済学では、「モノ」や「お金」の間に成立する関係を、数式を使って、理論的にきちんと定式化しています。その代表例が、政府や家計は所得の範囲内でのみ支出が可能であるということを表した「予算制約式」です。

国の財政は、税金で徴収できる収入に加えて国債発行などで「借金」をすることで支出をまかなっています。当然、借金は将来返せる見込みのある程度にとどめる方が良く、バランス感覚が必要でしょう。ところが実際には、世の中にはこの点を見過ごした議論が多く存在しています。経済学の基本原理を無視し、平気で「増税は反対だが福祉は充実せよ」などと実現不可能な主張をする人もいます。政治に対してこうした無理な要求が続けられれば、大衆迎合的な政策が展開され、膨大な赤字国債が積み上がる一方で、無駄の排除と称して国民のために必要な公共サービスが減ったりといった深刻な弊害が生じる恐れがあります。

　一方、マクロ経済学で広く知られている「乗数効果」についても、知っておくと役に立つでしょう。乗数効果は、例えば「財政支出を増やすと、その結果として一国のGDP（国内総生産）が、増やした額よりも多い額（乗数倍）増える」といった形で説明される、マクロ経済学の基本的な考え方です。政府支出だけでなく、投資支出や純輸出の増加にも、GDPの増減に関わる乗数効果があります。

　政府が財政支出を増やすと、需要と供給が均衡する水準が上下し、それが所得や投資などにも影響を与えます。また財政政策だけでなく金融緩和政策も、貨幣供給量を増やすことで利子率を下げ、投資需要を喚起し、実質所得と物価水準を同時にプラス方向に変化させます。このマクロ経済の理論的なメカニズムについては、II-4でIS-LM曲線やAD-AS曲線を学ぶと、理解できるでしょう。

ビジネス判断に役立つ「機会費用」

　ここまでは国の政策に関係する事例を紹介してきましたが、経済学は仕事や生活など、もっと身近なところでも生かすことができます。基本的な知識を身につけておくと、日々のビジネスなどで複数の選択肢からどれかを選ぶときに、正しい判断を下す助けになります。

　ビジネスマンに有用な経済学の概念の代表例は「サンクコスト」でしょう。サンクコストは、「Sunk Cost（埋没した費用）」の意味で、既に投資

が済んでしまっており、回収不可能なお金のことです。過去の費用はなるべく忘れてしまい、それよりも将来のことを考える方が賢明だということを主張する時に使われる用語です。

かつて仏英が共同開発していた超音速旅客機「コンコルド」は、サンクコストにとらわれてしまった典型的な例です。両国はコンコルドに投じた莫大な開発費と国家の威信を捨てることができず、27年も赤字を垂れ流し続けました。これに限らず、「ギャンブルで大金をすったので、もう一度挑戦して取り返そう」「高いお金を払って買った商品だから、古くなってもなかなか捨てられない」などと、いろいろな意味で過去にとらわれ、合理的な行動ができない人は少なくありません。だからこそ、サンクコストの概念をきちんと理解することが重要なのです。

「機会費用」も、重要なキーワードです。複数の選択肢から1つを選ぶ時、選ばなかった選択肢のことを経済学ではコストと考え、それを機会費用と呼びます。

▶ 図II-2-1　機会費用の考え方

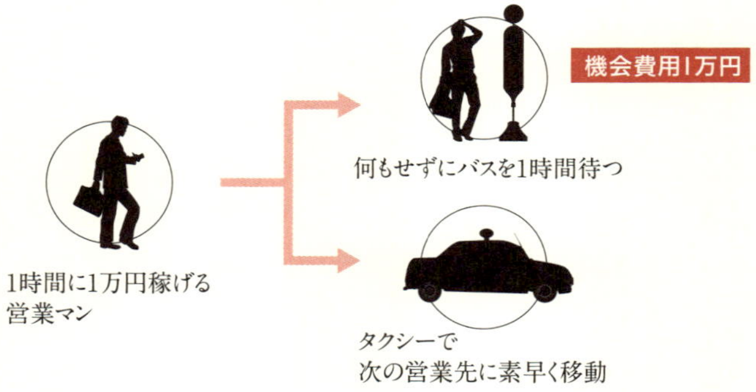

機会費用1万円

何もせずにバスを1時間待つ

1時間に1万円稼げる
営業マン

タクシーで
次の営業先に素早く移動

例えば、1時間に1万円を稼ぐ営業マンがいたとしましょう。この営業マンが、次の営業先に移動するため、バスを1時間待って何もしない場合の機会費用は1万円です。その機会を無駄にするよりも、多少料金が高くてもタクシーに乗って時間を節約する方が、メリットが大きいこと

が分かるでしょう。

　機会費用について知っておくと、一見不合理と思えるような経済現象もスムーズに理解できるようになります。例えば、従来は夜だけ営業していた個人経営の居酒屋が、激安価格でランチを始めるとしましょう。もともと昼間は店も人も遊んでいたので、増えるのは食材費と光熱費くらいです。従って、例え激安でもランチを始めた方が、売り上げも利益も増えるのです。同様のことは、スーパーのプライベートブランド（PB）商品や100円ショップにも当てはまります。本来は値のはる商品が割安な価格で売られているのは、ナショナルブランドの商品を製造している会社が、小売業者が大量に仕入れてくれることを条件に、工場の空き時間などを活用して低コストで生産を請け負っているからです。

　機会費用に関連して、もう一つ役に立つのが「比較優位」の考え方です。比較優位は、米国を代表する経済学者であるポール・サミュエルソンが「経済学はこれ以上含蓄のある原理をほとんど発見していない」と書いたほどに重要な概念です。

▶ 図II-2-2　比較優位の考え方

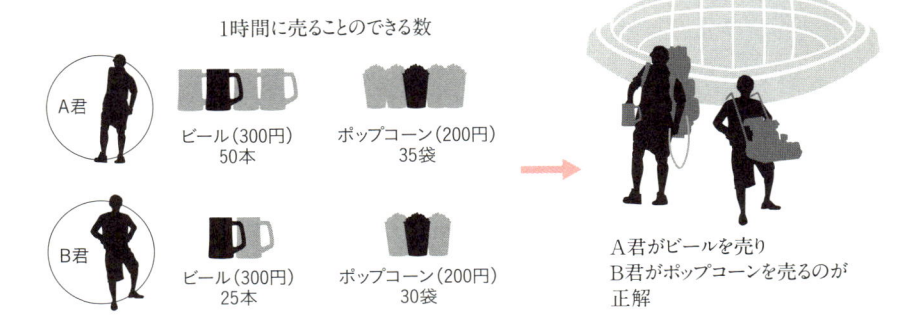

1時間に売ることのできる数

A君　ビール（300円）50本　ポップコーン（200円）35袋

B君　ビール（300円）25本　ポップコーン（200円）30袋

A君がビールを売り
B君がポップコーンを売るのが
正解

　誰にとっても1日は24時間と決まっているので、あらゆる面で能力が高いスーパーマンのような人でも、すべての仕事を1人でこなすことはできません。従って、すべての面で能力がスーパーマンより劣る人でも、

「相対的に」なら、何らかの貢献ができるわけです。

　野球場で1時間にビール（300円）を50本、ポップコーン（200円）なら35袋売るA君と、ビールは25本、ポップコーンなら30袋売るB君がいるとします。どちらもA君が勝っていますが、ビールの売り子もポップコーンの売り子も1人ずつ必要だとするなら、A君がビール、B君がポップコーンを売るのが正解です。A君はビール売り、B君はポップコーン売りにそれぞれ比較優位があるからです。

　また、最近発展の著しい経済学の一分野に、行動経済学があります。行動経済学は、一見合理的でない人間の行動に含まれる法則性を見つけ出し、説明を試みる学問です。心理学や脳科学の成果を反映した行動経済学から生まれた成果にも、実社会に役立つものが少なくありません。

　最近の行動経済学では、多重債務や過食のような「選択」の失敗をうまく説明できるようになってきました。従来の理論では、人々はモノ（財）やサービスを消費して得られる効用（満足度）を最大化するように選択すると仮定してきました。しかし、そうした合理的な選択を妨げるような何らかのメカニズムが存在して、人は多重債務に陥ったり、ダイエットに失敗して肥満になったりすることが解明されてきたのです。

ジェネリック普及を促した行動経済学

　人には選択に失敗してしまうメカニズムが存在するという事実が明らかになると、今度はそれを是正するために、「どうやって人々の行動に介入していくか」という問題が生じます。その介入の仕方についても、研究が進んできています。

　その1つが、「緩やかな介入主義」とも呼ばれるリバタリアン・パターナリズムです。無理強いしたりすることなく、「料理長のお任せコース」のように、より望ましいと思える方向に人々を導くという考え方です。具体的には選択肢の順番やデフォルト（初期設定）といった枠組みを変えることにより、人の選択を良い方向に仕向けるのです。初めからきちんと選択できる人は枠組みが変わっても影響を受けませんが、選択を失敗し

がちな人には改善効果があり、ある意味狙い撃ちができるのです。

　その具体的な成功例に、後発（ジェネリック）医薬品の普及率向上があります。従来、ジェネリック医薬品は医師が「許可する」と言わなければ買えなかったのですが、2008年に処方箋の書き方が変わり、医者が「許可しない」と言わない限りジェネリックに変更できるシステムになりました。つまり、「ジェネリックに変更してもよい」をデフォルトにしたのです。一般に、製薬メーカーとの関係が深い医師は、患者に対して新薬の使用を薦める傾向にあります。しかし、わざわざ「ジェネリックは使ってはいけません」と言わねばならない状況になると、それに対して心理的なコスト（負担）を感じるようになったのです。この施策により、ジェネリックの利用率は大きく上昇しました。

▶ 図Ⅱ-2-3　リバタリアン・パターナリズムの応用例

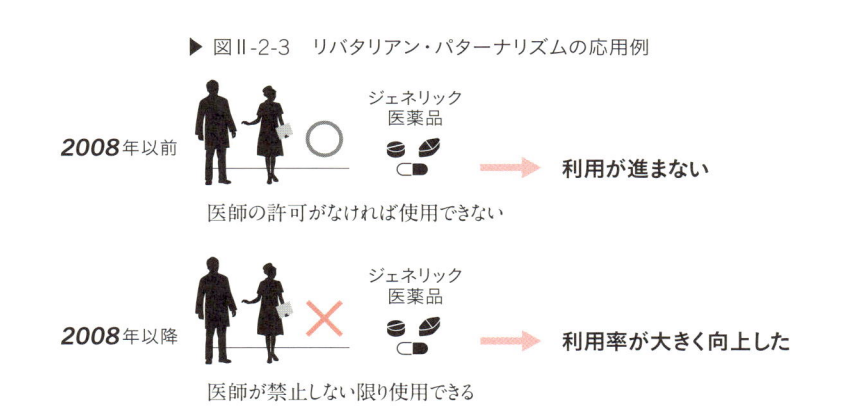

　われわれは会社でも家庭でも、日々さまざまな選択を迫られています。経済学の基本を学ぶことは、こうした場面でより理にかなった判断をするための助けになります。経済学の考え方は、国の政策に応用されるだけでなく、日常生活の行動ひとつをとっても十分役に立つ場合もあるのです。

II - 3
—
「見えざる手」って何?
(経済学、必修4賢人)

経済学を学ぶ時、知っておく必要のある歴史や、経済学者の存在があります。いつ、誰の手によって「経済学」が生まれ、彼らは世界の枠組みをどう変えていったのか。本章では多くの経済学者の中から、必修の4賢人(アダム・スミス、マルクス、ケインズ、サミュエルソン)を選びました。時の社会背景などを交えて、その偉業を紹介したいと思います。

見えざる手——。この言葉を、誰しも一度は聞いたことがあるのではないでしょうか。18世紀の英国で活躍した思想家、アダム・スミスが著書『国富論』の中で述べた有名なフレーズです。しかし、この「見えざる手」の意味を問われて答えられる人は多くはいないはずです。本論に入る前に少し、『国富論』を見てみましょう。

(i)《個人は公共の利益を推進しようと意図してもいないし、どれほど推進しているかを知っているわけでもない。どの個人も生産物が最大の価値を持つような仕方で方向づけることによって、儲けだけを意図している。そして他の多くの場合と同様に、見えざる手に導かれて、自分では意図の中に全くなかった目的を推進するようになる》(一部編集)

要するにスミスはこう言いたかったのです。「人はそれぞれ己の利益のために動こうとするが、市場という目に見えない調整機能が働いて、世の中の経済はうまく回る」と。

スミスは近代経済学の祖と呼ばれる人物です。英国の20ポンド紙幣の肖像画にも使われてきました。こうして見ても、同国にとっていかに大

きな存在かが分かります。いや、英国だけではありません。スミスが存在しなければ、現在の「資本主義」「社会主義」「共産主義」といった近代国家の枠組みは成立していなかったかもしれません。

アダム・スミス
（写真＝Newscom/アフロ）

市場原理に任せよ

　スミスが53歳で発表した『国富論』は世界に衝撃を与えました。1776年のことです。当時、英国やオランダなどを中心とする欧州諸国における経済学の常識は「重商主義」と呼ばれるものでした。つまり、国家は、金や銀をため込むことで豊かになるという考え方です。逆に、国内にある金や銀を海外へ流出させるということは、経済を弱体化させる、と。

　ですから、この重商主義の下では国を豊かにするには、外貨を「ため込む」、つまり輸出産業を拡大させることが欠かせません。国家は輸出奨励金なるものを出して、輸出を促進しようと介入し出します。

　一方で輸入は自国が保有する金や銀を流出させることになるので、政府主導で国内の産業を保護するなど様々な保護政策が取られてきました。これらの重商主義の考え方をスミスは否定します。国家の富は、何も金・銀に限ったことではない。様々なモノ（消費財）が流通すれば、国が豊かになるという考え方です。このスミスの理念に基づけば、輸出だけでなく輸入も同じように重要だということになります。

　そしてスミスは、輸出奨励金のような国家の介入はやめて、市場原理に任せればおのずと経済は活性化する、と主張します。つまり「見えざ

る手＝市場のメカニズム」に委ねよ、ということです。見えざる手の説明は冒頭にした通りです。

　さて、「自由放任」を唱えたスミスですが、政府は一切、何もするなと言っているわけではありません。①防衛 ②司法 ③公共事業。この3つだけは政府が主導しなければならないとスミスは主張しています。この3つまでも自由放任にしておけば、諸外国に攻め込まれるかもしれませんし、ルールなき経済活動が跋扈することにもつながり、あるいは、防災対策を疎かにすれば経済活動どころではなくなります。市場経済を円滑にするためにもこの3つだけは、政府の介入、致し方なしということなのでしょう。

▶ 図II-3-1　本節で取り上げる経済学者の系譜

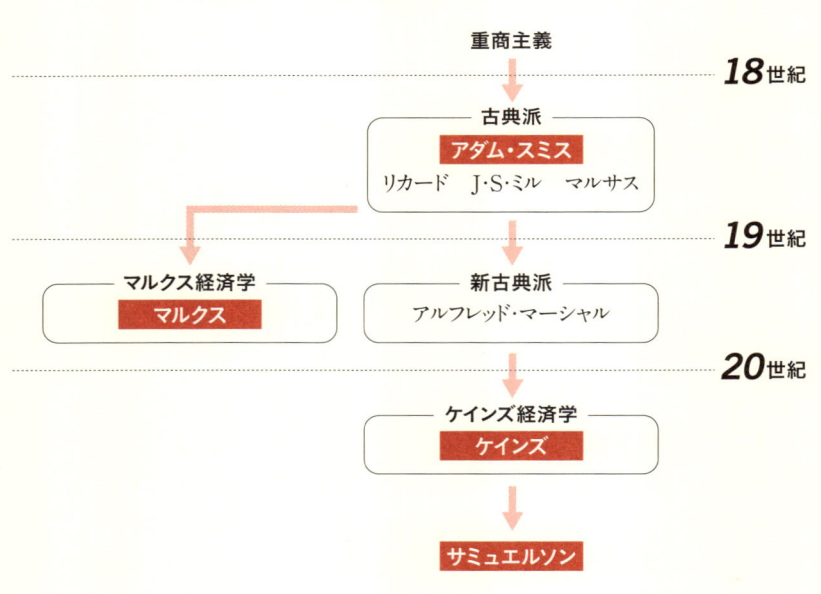

　さて、市場経済に委ねた時、より生産性を上げる方法がある、とスミスは述べています。「分業」です。スミスは『国富論』の中で、ピンの製造を例に挙げて分業の大切さを説いています。鉄の塊を細く引き延ばして

ピンを作る全ての工程を1人でやるのと、工程ごとに10人で手分けしてやるのでは生産効率が雲泥の差です。分業が進めば、労働者は限られた技術のみ要求されることになります。全ての工程を1人でやっていた頃よりも、専門性が身に付き、一人ひとりのスキルが向上します。また、道具交換の時間などを短縮させる効果も生まれます。さらにより生産効率を上げようという発想が生まれ、機械の発明にもつながっていきます。

　結果的に分業は、モノが速く、安価に、大量に生産できる仕組みを作り上げることになります。それは社会の底辺層にもモノが行き渡ることを意味します。貧困層を縮小していくことは、すなわち、国を豊かにする、国を強くしていくことにつながるというわけです。

　分業は、「交換」という概念も生み出します。分業の結実として、大量のモノが生産されるようになります。すると自分たちで消費できない分は、別のものと交換するという行動が生まれます。

　そして、人間社会では本能的に、より裕福な生活を得ようと、交換があちこちで行われるのです。スミスの考え方で重要になるのは、果たして各人が効率性や社会的役割を考えて行動した結果、分業や交換が行われているのでは決してないということです。つまるところ、スミスの言う「富」は、人間の英知が生み出すものではなく、自己の利益を追求した果実として、自然と生み落とされるのです。

マルクスが唱えた資本主義の限界

　続いて18世紀後半から19世紀にかけての英国。ここでは工場制機械工業の導入が進むにつれ、産業の構造が大きく変わり、産業規模も飛躍的に拡大していきます。大量生産・大量消費の時代の幕開け、いわゆる産業革命です。この産業革命を支えたのが資本家と労働者です。

　この両者の関係を明らかにし、「労働者は資本家から搾取されている。資本主義は格差を生み、結局は恐慌を引き起こす」と指摘したのがカール・マルクスです。マルクスは1818年、ドイツ生まれ。弁護士の父親の後を継ぐはずでしたが、大学時代に共産主義運動に目覚め、国外追放さ

れます。そして亡命先の英国で20年間をかけて『資本論』を発表し、世界に大きな影響を与えます。

『資本論』第1巻ではまず、経済活動の根幹である「商品」について述べています。資本主義の構造を解明するには、商品の分析が不可欠だとマルクスは考えました。マルクスによると商品には2つの価値があります。使用価値と交換価値です。使用価値は、使うことで得られる価値のこと。例えば、高い万年筆は持ちやすく、書きやすい。これが使用価値です。

一方で交換価値とは、例えば万年筆が腕時計に交換することができるといった価値のことです。後者の交換価値を突き詰めていけば、「モノの価値＝そのモノを作るのに必要な労働の量」ということに行き着くとマルクスは考えました。そして労働力の価値は、賃金で示されます。マルクスは、「モノ・労働力・賃金」はそれぞれ価値を一致させる必要があると主張しました。万年筆1本が腕時計1個に相当すれば、それは、労働力の価値が同じだということになります。

カール・マルクス
（写真＝アフロ）

モノの価値に対して、労働力の価値が等しいならば、では、資本家が「利益を得る」ということは何を意味するのでしょう。労働力の価値に上乗せされた利益。それをマルクスは「搾取」だと主張します。この搾取されている労働力を剰余価値と言います。資本家たちはおのずと剰余価値を最大限、膨らませようと考えます。

結果的に資本家は労働時間を延ばし、賃金を下げることで剰余価値を

増大させようとします。資本家の懐はますます増え、労働者は困窮していきます。そうして格差はどんどん広がっていく。これこそ資本主義の弊害である。こうマルクスは唱えました。貧しい労働者の不満は増大し、そして、ある時、「革命」が起き、資本家の財産は剥奪されるというのです。

同時に資本主義は競争を生みます。資本家同士の競争は剰余価値を押し下げます。資本家はより利潤を生み出そうと、生産性を追い求め、技術革新を試みます。しかし、新しい技術はその後、他者がマネをし、再び、剰余価値は低下していく。社会全体としても剰余価値が低下する、つまり利潤率が低下するジレンマに陥っていく。生産を拡大し、モノがあふれ、その結果、需給バランスが崩れれば大量の売れ残りが生じる。景気が一気に後退し始める。これが恐慌です。マルクスは資本主義を続ける限り、恐慌は繰り返すと指摘していますが、歴史を振り返れば確かにその通りになっています。

そうして資本主義の限界に気付いたマルクスは、社会主義による計画経済を目指します。資本家に搾取されることのない理想社会——。その後、旧ソ連や旧東ドイツなどの国家がマルクスの考えた理想国家を目指しましたが、結果的に多くの社会主義国家が崩壊していったことは言うまでもありません。

マクロ経済学の旗手

マルクスの指摘した資本主義の欠点を、経済への政府の介入という手段で補おうと考えたのが、英国の経済学者ジョン・メイナード・ケインズです。ケインズは「マクロ経済学」を構築した人物だと言われています。

ケインズはスミスなどの古典派経済学を否定します。例えば失業者問題。古典派は失業者が増えるのは、労働者が安い賃金で働くことを拒否しているからと主張していました。自発的に仕事をしないから、失業するのだと。

ケインズはこの古典派の考え方に対し、失業は「非自発的」に起きると指摘します。つまり、失業の背景には働きたくても働けない状態がある

ということです。そこで国の政策として仕事を創出するという仕組みを、ケインズは考えます。財政出動・金融政策などによって、失業率を下げ、景気を維持させることが必要だということです。道路やダムや鉄道といった公共事業を実施することで、広く社会に利潤が行き渡るようになります。公共工事の原資は赤字国債で賄いますが、結果的に景気が好循環を始めれば、次第に赤字は解消されるという理論です。こうしたケインズの理論は米国のニューディール政策やドイツのアウトバーン建設などで一定の効果を上げたと言われています。一方、戦後の日本では族議員が台頭し、税金の無駄遣いを引き起こす要因にもなりました。

ジョン・メイナード・ケインズ
（写真＝Ullstein bild/アフロ）

近代経済学の巨人

　近代経済学を学ぶ上で欠かせない人物がポール・サミュエルソンです。1915年、米国インディアナ州に生まれ、29年の世界恐慌を目の当たりにしたことが彼の経済学者としての第一歩でした。著書『経済学』は、経済学の基本的教科書として、41カ国語に翻訳され400万部を売り上げる大ロング・ベストセラーになっています。

　サミュエルソンはジョン・F・ケネディ、リンドン・ジョンソンの2人の米大統領の経済顧問を務めたことでも知られ、公共事業の増加や財政出動、住宅ローン金利の引き下げなどを提唱しました。このようにサミュエルソンの経済理論はケインズの理論に近いといえます。また、市場を重視する新古典派経済学との融合を目指し、新しい理論「新古典派総合」

を立ち上げました。

　サミュエルソンは経済の分析に、数学の証明を初めて用いたことで知られています。そしてそこには、物理学の模倣があります。例えば、静止している状態を物理学では「静態」と呼びますが、サミュエルソンは市場均衡のことを静態と位置付けました。また、物理学では動いている状態を「動態」と呼びますが、これは彼にしてみれば「経済成長」です。こうした、物理学の考え方を経済分析に応用した実績が評価され70年、ノーベル経済学賞を受賞しています。

ポール・サミュエルソン
（写真＝Agencia EFE/アフロ）

　米国の経済政策の舵取り役を任され、世界経済にも大きな影響を与えたサミュエルソンですが、2009年に94歳で死去。膨大な研究成果は今もなお、色褪せることはありません。サミュエルソンは晩年、低迷する日本経済にエールを送っていました。日経ビジネスの取材でサミュエルソンが語っていた、日本に対するメッセージを紹介しましょう。

　「経済の低迷を嘆くことはない。日本は成熟国だ。日本は長期にわたった経済不況を自力で抜け出した。そのことに胸を張って再び自信を取り戻せ。そうした力を持った日本を私は悲観していない」

Ⅱ-4
—

経済学者の予測がばらつくワケ

Ⅱ-3でアダム・スミスの『国富論』について読み解きました。個々人が利益を追求することで社会全体の利益が達成されるという「見えざる手」の理論は、「古典派」と呼ばれる経済学派の基礎になっています。もっとも、マクロ経済学の研究におけるアプローチは一つではありません。それ故に、報道番組などで持論を展開する経済学者たちの意見は割れるのです。このⅡ-4では代表的なものを学びます。

　マクロ経済学は「社会」全体を鳥の目で俯瞰して見る学問です。企業や個人に注目するミクロ経済学と比べてとっつきにくく感じるかもしれませんが、経済の全体像や政策の効果を考察する上でとても大切です。

　マクロ経済を構成するのは、「家計」「企業」「政府」「海外」という4つの主体です。それぞれが、自動車などのモノや、旅行などのサービスを売買する「財市場」、働き手と雇い主が賃金や勤務時間といった労働契約を結ぶ「労働市場」、資産を売り買いする「資産市場」の3つの市場に参加をしています。

　まずは、マクロ経済の見方に大きな影響を与えた代表的な経済学者を紹介します。Ⅱ-3で触れたアダム・スミス以外にも覚えておくべき学者がいます。1人は1810年代に活躍したデビッド・リカードです。Ⅱ-5で詳しく触れますが、リカードは貿易の有用性を論じました。各国が比較優位に立つ製品を重点的に生産して輸出することで、全体の経済の規模は大きくなるというものです。彼は古典派で最も影響力の大きな経済学者の

一人です。

　例えば、クルマよりも農作物を作るのが得意なA国と、農作物よりもクルマを作るのが得意なB国があります。A国は農作物に、B国はクルマに特化して生産・輸出することで効率が高まり、それぞれが農作物と自動車の両方を作るよりも全体の生産規模が増えます。

　これは現在の貿易でも基本的な考え方です。例えば最近では、TPP（環太平洋経済連携協定）が注目されました。国内農家の反対を浴びていますが、これは比較優位のモノ作りを優先することになり、農業従事者が職を失うと懸念しているからです。つまり、日本にとって農業が比較劣位であると認めているということです。

　カール・マルクスが『資本論』の中で、資本主義の問題点を指摘しました。資本主義は労働者階級に貧困をもたらし、それによって自壊するとマルクスは説いています。1960年代までは日本でもマルクス経済学を教える大学が多くありましたが、社会主義国だったソビエト連邦が崩壊したため、現在はこれを経済理論として支持する人は少なくなりました。今では、思想の一つとして捉えられています。

政府の役割を説いたケインズ

　30年代になると、ジョン・メイナード・ケインズが『雇用・利子および貨幣の一般理論』を書きました。ケインズは「供給ではなく、需要が国民所得を決定する」という立場を取り、需要と減税や公共投資などの政策がもたらす効果を分析しました。詳しくは後述しますが、ケインズはこうした分析を通じて、マクロ経済のパフォーマンスを改善するには政府の役割が必要だと主張しています。前章で見た「見えざる手が働くから、政府の役割は限定的だ」と論じる古典派とはアプローチが大きく異なるのが分かるでしょう。ケインズの理論を踏襲する経済学者は「ケインジアン」と呼ばれます。

　ケインジアンと、古典派の流れを汲む「新古典派」は時代によって支持を得たり、懐疑的に見られたりを繰り返してきました。例えばケインズ

の登場以降、60年代まで、米政権に対してケインジアンが圧倒的に強い影響力を持っていました。それが、70年代の石油ショックやスタグフレーションによって失業率が上がると、ケインズ経済学への懐疑的な見方が広がり、新古典派への揺り戻しが起こりました。リーマンショック後はまたケインズ経済学が注目されています。両者の間では絶えず、意見交換や融合が起きています。

▶ 図II-4-1 　代表的な経済学者

名 前	アダム・スミス	デビッド・リカード	カール・マルクス	ジョン・メイナード・ケインズ
年 代	1770年代	1810年代	1860年代	1930年代
著 作	『国富論』	『経済学および課税の原理』	『資本論』	『雇用・利子および貨幣の一般理論』
特 徴	個々人が利益を追求すると、「見えざる手」によって社会全体の利益が達成されるという論を提唱	古典派経済学者の代表。各国が比較優位に立つ産品を重点的に生産・輸出することで経済厚生は高まると主張した	資本主義は労働者階級に貧困をもたらすメカニズムを内包するとし、それが資本主義の崩壊ももたらすと説いた	今日のマクロ経済学の祖。有効需要は減税や公共投資などの政策により、回復可能であることを示した

ケインズ理論を「見える化」したIS-LMモデル

　マクロ経済学には大まかに2つのアプローチがあるという点を押さえた上で、モデルを使った学習に入りましょう。最も基本的なのが「IS曲線」「LM曲線」と呼ぶ2つの曲線です。もともとはケインズの理論を簡潔に説明するために、ジョン・ヒックスという経済学者が作りました。

　IS曲線とは財市場（モノ・サービスの取引市場）を表す右下がりの曲線グラフです。縦軸は利子率（r）、横軸は国民所得（Y）。冒頭に挙げた3つの市場のうちの1つである財市場で、需要と供給を均衡させるような、

国民所得と利子率の組み合わせを表しています。ちなみに、ISのIは
Investment（投資）、SはSaving（貯蓄）の頭文字です。

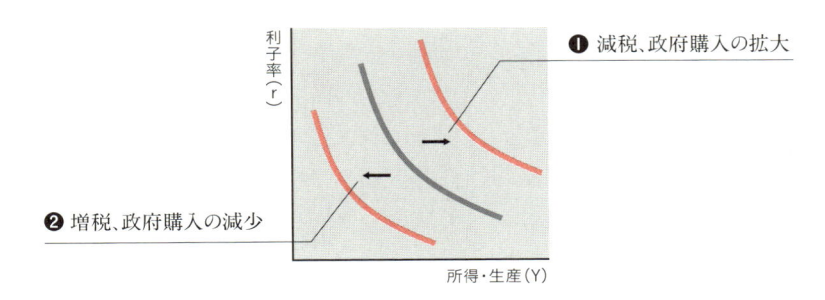

IS曲線 = 財・サービス市場で生じる利子率と所得の関係を描く

IはInvestment（投資）、SはSaving（貯蓄）の頭文字

利子率（r）

❶ 減税、政府購入の拡大

❷ 増税、政府購入の減少

所得・生産（Y）

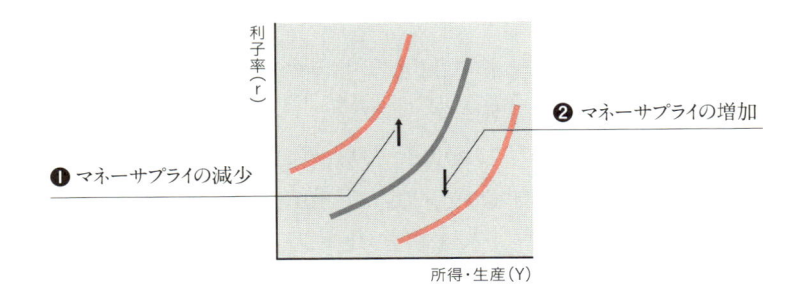

LM曲線 = 貨幣市場の均衡をもたらす、利子率と所得水準との組みあわせを描く

LはLiquidity Preference（流動性選好）、MはMoney Supply（貨幣供給量）の頭文字

利子率（r）

❷ マネーサプライの増加

❶ マネーサプライの減少

所得・生産（Y）

　IS曲線が右下がりになる理由は、企業は利子率が上がるほど投資に対
して慎重になるからです。銀行から借りるお金の金利負担が増すため、
収益性の良いプロジェクトにしか投資しなくなるからです。逆に利子率
が下がれば投資は活発になり、モノやサービスの総需要も増えて国民所
得も上がります。

一方のLM曲線は、「資産市場」において、需要と供給が均衡する国民所得と利子率の組み合わせを表しています。LはLiquidity Preference（流動性選好）、MはMoney Supply（貨幣供給量）の頭文字です。こちらは通常、右上がりの曲線になります。

　なぜなら、国民所得が増える景気の上昇局面では、投資やモノ・サービスの購入に振り向ける資金を銀行から借りたい人が増えるからです。貨幣の需要が大きくなれば、利子率は上がります。このため、LM曲線は右上がりなのです。

　IS曲線やLM曲線は政策などによって曲線そのものが動きます。IS曲線をシフトさせる代表例が「政府調達の増減」や「増減税」といった財政政策です。

　例えば、減税を実施するとIS曲線は右に動きます。利子率の条件がこれまでと同じでも、税金が減る分、可処分所得が増えるからです。消費が増えて、国民所得が増大します。政府調達の拡大によっても同じシフトが起こります。反対に、増税や政府調達の縮小はIS曲線を左にシフトさせます。

　ではLM曲線に影響を及ぼすものは何かと言うと、金融政策です。例えば、金融緩和策によって貨幣供給量が増えた場合、需要に変化がない前提に立つと利子率は低下します。このため、LM曲線は下にシフトします。金融引き締め政策を打ち出せば、LM曲線は上方にシフトします。

　財市場の均衡点を表すIS曲線と資産市場の均衡点を示すLM曲線の2つを重ね合わせると、財市場と資産市場が共に均衡する国民所得と利子率が定まります。「IS-LMモデル」と呼ばれているこのモデルをベースにすることで、金融政策や財政政策を実行した際に、国民所得にどんな影響が出てくるのかが視覚的に分かるようになります。

　このため、IS-LMモデルは政策の全体像を見るのに適していると言われます。もちろん、不確実性のある現実社会ではこれで全てを説明できるわけではありません。

　先ほどはIS曲線とLM曲線を個別に見て、財政政策と金融政策による

影響を観察しました。ただ両方を組み合わせて考えると、見え方は変化します。

　まずは財政政策です。減税を実施した場合、IS曲線は右にシフトし、同時にLM曲線と均衡する国民所得と利子率は共に上がります。しかし、利子率の上昇は企業の借り入れ負担を高め、民間投資を慎重にさせてしまいます。この結果、IS曲線は左にシフトして、政策効果は弱められてしまうのです。一方の金融政策はどうでしょうか。金融緩和策を実行した場合、LM曲線を下方にシフトさせます。そして国民所得が増え、利子率が下がったところで均衡します。ここでは、金融政策は機能すると言えます。

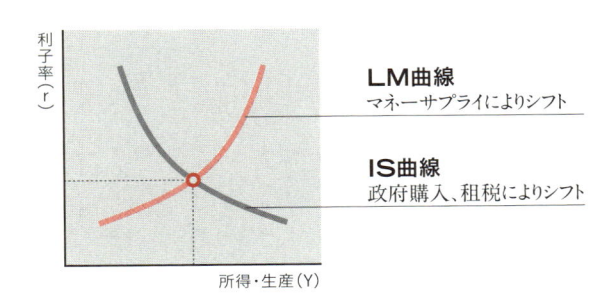

IS-LMモデル ＝ IS曲線とLM曲線の交点が経済の均衡点。物価水準一定時の短期の国民所得を決定する。

利子率（r）

LM曲線
マネーサプライによりシフト

IS曲線
政府購入、租税によりシフト

所得・生産（Y）

労働市場も加味するAD-ASモデル

　IS-LMモデルでは考察できないのが労働市場です。そこで、財市場、資産市場に加えて、労働市場まで均衡する点を導くために「AD-ASモデル」を使います。ADはAggregate Demand（総需要）の頭文字で、算定式の詳細は割愛しますが、先ほど見たIS-LMモデルによってAD曲線（総需要曲線）が導かれます。ASはAggregate Supply（総供給）の頭文字で、労働市場の均衡点からAS曲線（総供給曲線）が導かれます。

このモデルの横軸は国民所得ですが、縦軸は利子率ではなく、物価水準になります。

　この章の最初に、ケインジアンと新古典派という2つのマクロ経済学の派閥を紹介しました。この2派では、AS曲線の捉え方が大きく異なります。ケインズ理論は「短期的には物価水準は一定だ」と考えるので、AS曲線は水平です。一方の新古典派は長期的に「完全雇用」を前提とするので、AS曲線の国民所得は一定になると考えます。このため、AS曲線は垂直になります。

　これを踏まえて、AD-ASモデルを見てみましょう。AS曲線を水平と捉えるケインズ理論にのっとれば、総需要を拡大するような政策、つまりAD曲線を右にシフトさせる政策は国民所得を増大させます。

AD-ASモデル = 財市場、貨幣市場、労働市場を同時に均衡させる水準で実現する、国民所得と物価水準（価格）との関係を表す。

ADはAggregate Demand（総需要）、ASはAggregate Supply（総供給）の頭文字

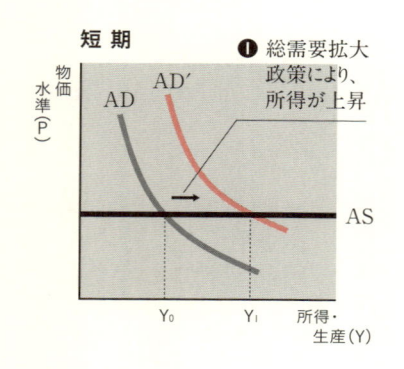

短期　❶ 総需要拡大政策により、所得が上昇

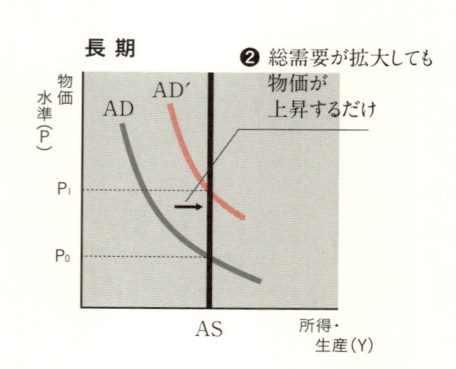

長期　❷ 総需要が拡大しても物価が上昇するだけ

　逆に、新古典派では総需要拡大政策を打ったところで物価が上昇するだけという結果をもたらします。「経済政策は有用でない」ということになり、この章の初めに説明した彼らの主張と重なります。

　IS-LMモデルもAD-ASモデルも経済を極めて簡略化したモデルです。

実際の経済を全て、これらのモデルの通りに説明できるわけではありません。ただ、ミクロ経済学と比べてイメージがわきにくいマクロ経済学を学んでいく上で、理論を視覚化できるツールは貴重です。だからこそ、今でも内閣府やシンクタンクなどがこのモデルを経済分析のベースに活用しているのです。

Ⅱ-5

—

私たちはなぜ全部自国で
モノを作らないの？

現在、私たちの生活は貿易によって支えられています。農産物や資源を輸入して工業製品を輸出してきた貿易大国の日本はもとより、世界中の多くの国々が市場を開放して世界の貿易額は増加の一途をたどっています。2017年の全世界の輸出入額の合計は1980年に比べおよそ9倍の水準になっています。ではなぜ、貿易は起こるのでしょうか。なぜ、自国で全てのモノを作らないのでしょうか。ここでは国際貿易の基本理論でありⅡ-2でも触れた「比較優位の原則」を学び、その理由について考えていきます。

国境を越えた取引を貿易と呼びます。国際貿易は増加の一途をたどっています。国際通貨基金（IMF）の調査によると2017年の全世界の輸出入額はそれぞれ17兆ドルに上ります（図Ⅱ-5-1）。これは1980年と比べるとおよそ9倍になります。2008年に起きたリーマンショックの影響から輸出入額はいったん落ち込みましたが、それ以降、再び増加傾向となり、15兆〜18兆ドル台の水準を確保しています。

世界の人口が増え続け、新興国や発展途上国が著しい経済発展を遂げているため、今後、ますます貿易額の増加が見込まれます。国際貿易が盛んになる理由には自由化の流れもあります。1995年に世界貿易機関（WTO）が設立され、2001年には、後に世界最大の貿易国になる中国が加盟しました。それぞれの国や経済地域の間ではFTA（自由貿易協定）、EPA（経済連携協定）が多く結ばれるようになりました。日本を含む環太平洋諸国ではTPP（環太平洋経済連携協定）も動き始めました。

ではなぜ、貿易が行われるのでしょうか。なぜ、自国で全てのモノを作らないのでしょうか。

▶ 図Ⅱ-5-1　世界の貿易額の推移

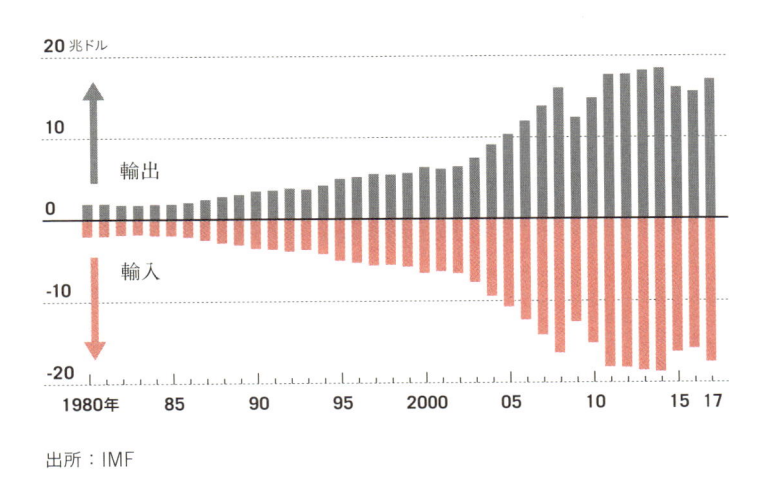

出所：IMF

「絶対優位」と「比較優位」

　国際貿易を理解する上で欠かすことのできないのが「比較優位の原則（比較生産費説）」です。これは19世紀初頭に活躍した英国の経済学者デビッド・リカードが発表し、自由貿易論の根幹をなす考えです。

　ここではA国、B国の2国間の貿易を想定して説明します。図Ⅱ-5-2を見てください。両国ともトウモロコシと自動車を生産していますが、その生産性には差があります。①の場合、両国とも1000人体制でトウモロコシと自動車を作っています。生産量を比較すればトウモロコシはB国の、自動車はA国の生産性が高いことが分かります。この時、トウモロコシの生産はB国がA国に対して絶対優位、逆に自動車はA国がB国に対して絶対優位にあると言います。お互いに得意分野があるのですから、それぞれ得意なものを作った方が生産性が上がります。②のように、A国は自動車を、B国はトウモロコシを専業で作った方が、どちらも生産

量が上がります。そして、A国とB国が自由に貿易すればお互いを補完
できます。

　次に③を見てください。この想定では、トウモロコシ・自動車ともA国
の方が生産性が高く、B国に対して絶対優位にあります。ですが、トウ
モロコシと自動車の生産性を比較すると、B国はA国に対してトウモロ
コシは1.75倍の差をつけられている一方で、自動車は1.2倍の差にとど
まっています。この時、B国の自動車生産はトウモロコシ生産と比較す
れば優位にあります。つまり比較優位にあると言います。

▶ 図II-5-2　絶対優位と比較優位

①

	とうもろこし 労働者　生産量	自動車 労働者　生産量
A国	1000人　800	1000人　1200
	↓絶対優位	↑絶対優位
B国	1000人　1400	1000人　1000
	合計　2200	合計　2200

②

	とうもろこし 労働者　生産量	自動車 労働者　生産量
A国	0人　0	2000人　2400
B国	2000人　2800	0人　0
	合計　2800	合計　2400

③

	とうもろこし 労働者　生産量	自動車 労働者　生産量
A国	1000人　1400	1000人　1200
	↑絶対優位	↑絶対優位
B国	1000人　800	1000人　1000
	合計　2200	合計　2200

④

	とうもろこし 労働者　生産量	自動車 労働者　生産量
A国	1700人　2380	300人　360
B国	0人　0	2000人　2000
	合計　2380	合計　2360

　A国がトウモロコシ・自動車ともB国に対して絶対優位であっても、B
国は比較優位な自動車に労働者を振り向けた方が、両国の合計では生産
性が上がります。それを示したのが④です。B国は自動車生産に専念し、
A国はトウモロコシ生産に重点を移した結果、どちらも合計では生産量
が上がりました。

つまり、自国で全てを生産するよりも比較優位なモノ（財）を生産して貿易をした方がよいことになります。

　ノーベル経済学賞を受賞した米国の経済学者、ポール・クルーグマンは『クルーグマンの国際経済学』（丸善出版）で「『自由貿易が有益なのは、自分の国の競争力が外国よりはるかに優れている場合だけである』という誤解があるが、貿易の利益は絶対優位ではなく比較優位に基づくというリカード・モデルの最も重要なポイントを理解していない」（一部要約）と指摘しています。

▶ 図Ⅱ-5-3　多数材のケースにおける比較優位

	自動車	電気製品	繊維製品	農産物
A国	200	180	150	120
	↑4倍	↑3倍	↑2倍	↑1.2倍
B国	50	60	75	100

A国が比較優位　　　　B国が比較優位

リカード・モデルとヘクシャー＝オリーンの理論

　生産する製品が多岐にわたる（多数材）場合、それぞれの生産性の差を比較することで比較優位性を導きます。図Ⅱ-5-3は同じ労働力をかけた時の生産量の差を比較したものです。ここでは4製品ともA国が絶対優位です。しかし生産性の差は違います。差が一番少ないのは1.2倍の農産物。次に少ないのは繊維製品の2倍です。この場合、農産物や繊維製品は電気製品や自動車に対してB国に比較優位性があります。

　このようにリカード・モデルは労働生産性の差によって比較優位が生じると説明しています。しかし現実には、各国が持つ資源の差も比較優位性に影響します。スウェーデンの経済学者、エリ・ヘクシャーとベルティル・オリーンの2人は、各国の生産要素の差で比較優位が決定づけられ

るとする「ヘクシャー＝オリーンの理論」を確立しました。労働だけではなく土地、資本などの生産要素も考慮に入れる必要があるとし、生産要素の相対的な賦存量（授け与えられたものの量）とそれをどれだけ集約的に使うか次第で比較優位が決定づけられると説いています。

▶ 図II-5-4　日本の貿易相手国・地域の変化

1990年

輸出相手国・地域

	国・地域名	割合（%）
1位	米 国	31.5
2位	ドイツ	6.2
3位	韓 国	6.0
4位	台 湾	5.4
5位	香 港	4.6

輸入相手国・地域

	国・地域名	割合（%）
1位	米 国	22.4
2位	インドネシア	5.4
3位	オーストラリア	5.3
4位	中 国	5.1
5位	韓 国	5.0

2018年

輸出相手国・地域

	国・地域名	割合（%）
1位	中 国	19.5
2位	米 国	19.0
3位	韓 国	7.1
4位	台 湾	5.7
5位	香 港	4.7

輸入相手国・地域

	国・地域名	割合（%）
1位	中 国	23.2
2位	米 国	10.9
3位	オーストラリア	6.1
4位	サウジアラビア	4.5
5位	韓 国	4.3

出所：財務省「貿易統計」

　具体的に農産物と工業製品の生産で比べてみましょう。一般に農産物の生産は工業製品の生産と比べて土地を多く使います。逆に工業は農業に比べて一般に労働者を多く使います。この場合、1人当たりの労働者に対して広大な農地がある国は農業製品の生産に比較優位があります。一方、安価な労働力が豊富な国は工業製品の生産に比較優位があります。

▶ 図Ⅱ-5-5　日本の貿易品目の変化

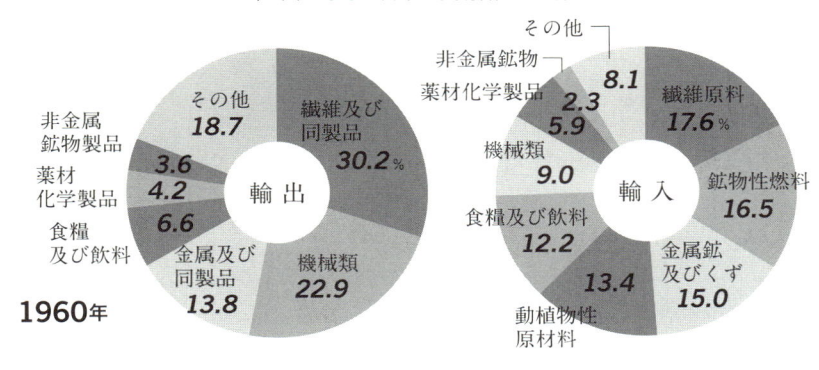

輸　出（1960年）
- その他 18.7
- 繊維及び同製品 30.2%
- 非金属鉱物製品 3.6
- 薬材化学製品 4.2
- 食糧及び飲料 6.6
- 金属及び同製品 13.8
- 機械類 22.9

輸　入（1960年）
- その他 8.1
- 非金属鉱物 2.3
- 薬材化学製品 5.9
- 機械類 9.0
- 食糧及び飲料 12.2
- 動植物性原材料 13.4
- 繊維原料 17.6%
- 鉱物性燃料 16.5
- 金属鉱及びくず 15.0

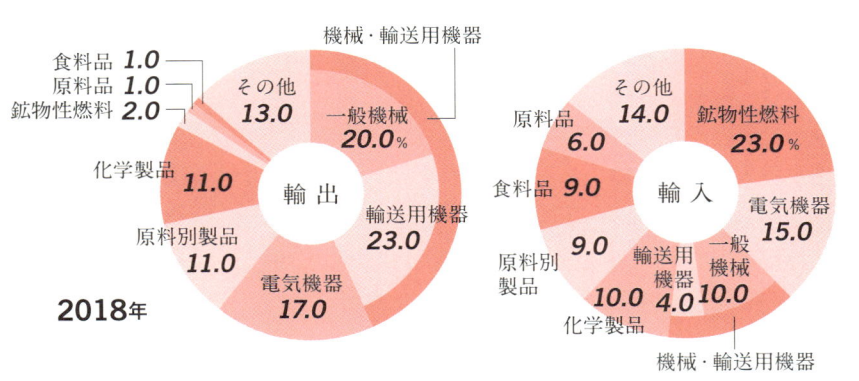

輸　出（2018年）
- 食料品 1.0
- 原料品 1.0
- 鉱物性燃料 2.0
- 化学製品 11.0
- 原料別製品 11.0
- その他 13.0
- 一般機械 20.0%
- 輸送用機器 23.0
- 電気機器 17.0
- 機械・輸送用機器

輸　入（2018年）
- 原料品 6.0
- 食料品 9.0
- 原料別製品 9.0
- 化学製品 10.0
- 輸送用機器 4.0
- その他 14.0
- 鉱物性燃料 23.0%
- 電気機器 15.0
- 一般機械 10.0
- 機械・輸送用機器

出所：日本関税協会、日本貿易会資料

　日本の貿易を見てみると過去に比べて大きく変貌していることが分かります。図Ⅱ-5-4は1990年と2018年の日本の貿易相手国・地域の上位5位を示したものです。輸出入とも中国の存在感が増していて、米国に替わって最大の貿易相手国になっていることが分かります。図Ⅱ-5-5は1960年と2018年の貿易品目を比べたグラフです。かつては繊維業が輸出の主力産業で原料も多くを輸入していました。現在は自動車などの輸送用機器や電気機器に取って代わりました。TPPなど新たな貿易自由化の枠組みが動き始める中、日本の貿易のあり方を検証するためにも比較優位の考え方を理解することは重要なのです。

II - 6

ダメな中古車ばかり流通する理由 （情報の経済学）

経済活動の中では、売り手と買い手の持つ情報が異なることが普通です。情報の非対称性は、経済効率を悪化させることが知られています。これを解消するために情報を伝えることを「シグナリング」と呼びます。ここでは、そのような「不完全情報の経済学」について実例を交えながら学びます。

「今度入社する人は、A大学を出たらしいよ」「優秀な人が入ってきてうれしいね」

会社などで交わされる何気ない会話ですが、こんなところに「シグナリング」と呼ばれる経済理論が関わっています。

なぜA大学を出たからといって、その人が優秀であると我々は考えるのでしょうか。

例えば企業が人を雇おうとする時、そこには情報の非対称性が存在しています。労働者は自分の「技能」という、本人しか知らない情報を持っていますが、企業は雇ってみないと労働者の能力を知ることはできません。

企業は優秀な人材には高めの報酬を支払いたいと考えています。ですが、信頼できる情報がなければ、有能な人にもそうでない人にも同じ金額の報酬を提示するしかありません。同じ報酬では優秀な人材を引きつけることはできません。

ここに「学歴」というシグナルがあればどうでしょうか。企業は求職者の能力に応じた報酬を提示することができます。こうして企業は優秀な

人材をふさわしい報酬で雇うことができるというわけです。

　では、なぜ学歴が信頼できるシグナルと言えるのでしょうか。高校卒業を前にしたBさんが、高卒で働くか、大学に進学するかと迷っている場面を想定してみましょう。

　Bさんは大学教育を受けることで将来得られるようになる給与の上乗せ分が、進学や受験勉強にかかる総コストを上回れば、大学に進学します。ですが、Bさんの能力が低ければ大学進学にかかる総コストは膨れ上がります。すると、学歴取得にかかる総コストが将来受け取る給与の増分より高くなっていますので、大学に進学せずに高卒で就職した方が得です。

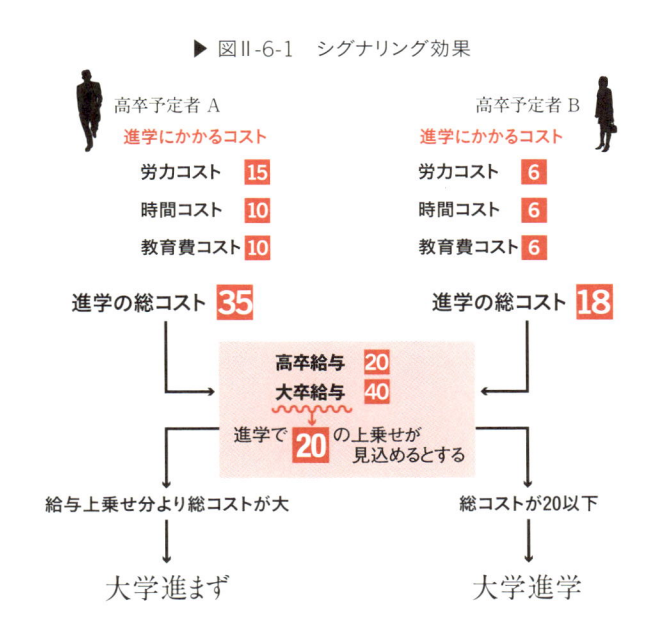

▶ 図Ⅱ-6-1　シグナリング効果

高卒予定者 A
進学にかかるコスト
労力コスト　15
時間コスト　10
教育費コスト　10
進学の総コスト　35

高卒予定者 B
進学にかかるコスト
労力コスト　6
時間コスト　6
教育費コスト　6
進学の総コスト　18

高卒給与　20
大卒給与　40
進学で **20** の上乗せが見込めるとする

給与上乗せ分より総コストが大

総コストが20以下

大学進まず

大学進学

学歴が優秀さを示すシグナルとして機能する理由

　つまり、有能な人でなければコストをかけて学歴を取得しようとはしないということになります。ですから学歴は、その人が有能であること

を示すシグナルとして機能するわけです。

　一方が持つ情報をもう一方が得られないという「情報の非対称性」は経済効率を悪くします。それを軽減するために、情報を持っている方の当事者が、何らかのシグナルを出します。これを「シグナリング」と言います。

　遺伝子や人種は変えられませんが、学歴は変えられます。シグナルとは、こうした努力次第で変えられるような属性を指します。

　では、学歴以外にはどのようなシグナルがあるでしょうか。例えば、企業が経営の健全性を伝えるために、株式配当を高くすることもシグナリングの一つ。新商品の良さを伝えるために、多額の広告費用をかけるのもシグナリングの一種です。売れない商品に高額な広告を打っても採算が合わないため、結果的に広告費用の高さが商品の良さを伝えるシグナルとなっているのです。

　ルイ・ヴィトンやシャネルのような高級ブランド品がなぜ人気なのかも、シグナリングで説明できます。「私はセンスがあって、ほかの人とは違う」というシグナルを発信しようという気持ちが、ブランド品を持つことにつながるわけです。

　「シグナリング理論」は、2001年にノーベル経済学賞を受けたマイケル・スペンス米ニューヨーク大学教授が1970年代に生み出しました。スペンス教授は、一緒にノーベル経済学賞を受けたジョセフ・スティグリッツ米コロンビア大学教授らとともに、情報の非対称性などを扱う「情報の経済学」という分野を切り開いた人物として知られています。

　情報の経済学でよく知られているのが中古車市場を題材にした「レモン」です。2001年にノーベル経済学賞を受賞した、ジョージ・アカロフ米カリフォルニア大学バークレー校名誉教授が初めて分析したもので、ここでいう「レモン」とは質の悪い中古車を指しています。

　いわく、情報の非対称性が、市場に出回る中古車を結果的にレモンだらけにしてしまうというのです。なぜそんなことが起きるのでしょうか。

　中古車の売り手はクルマの品質をよく知っています。ですが、買い手

は実際に購入するまで本当の品質は分かりません。今、市場に質の悪い中古車と良い中古車が、同数存在しているとしましょう。売り手は質の良い中古車なら30万円、質の悪い中古車なら10万円で販売してもよいと考えています。一方、買い手は高品質のクルマに35万円、質の低いクルマなら15万円の価値があると考えています。

　仮に高品質のクルマと低品質なクルマが半数ずつ出品されていたとしましょう。情報の非対称性がなければ、高品質のクルマも低品質のクルマもともに取引され、売買の利益がそれぞれ5万円ずつ発生します。

　一方ここで情報に非対称性があると、買い手は最大限でも、平均的な価値である25万円までしか払いません。高品質のクルマの売り手は30万円以上でなければクルマを手放さないので、結局は高品質なクルマが市場から退出してしまうことになります。そうして、最終的に市場に出回るのは低品質のクルマ、すなわちレモンばかりとなるわけです。

　では、品質の良い中古車を売るには、どうすればよいでしょうか。良い品質の中古車であることを示すシグナルを送ればよいのです。

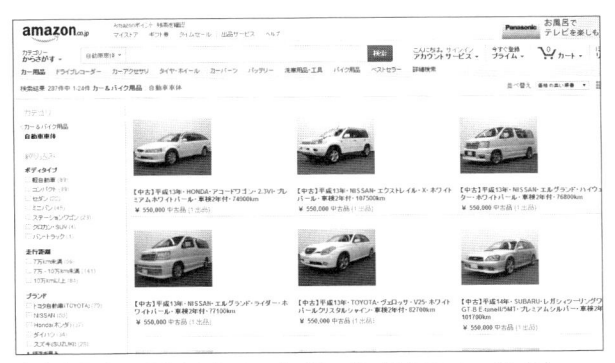

中古車販売に乗り出したアマゾンジャパン（参入時のウェブサイト）

　アマゾンジャパンは2014年6月、中古車販売のネクステージと提携して中古車販売事業を始めました。全車のタイヤ、バッテリー、ブレーキパッドなど8つのパーツを新品に交換し、1年間、走行距離1万kmの保

証を付けました。さらに、納車から1週間以内は返品可としました。

　質が悪い中古車にこうした条件をつけることは誰が考えてもあまり合理的ではありません。ですから、アマゾンはこうした条件を付加することによって、自社が扱っているのは質が良い中古車である、というシグナルを送っていたのです。

保険市場とモラルハザード

　レモンの事例では最初、情報の非対称性があるために高品質な商品を売ることができず低品質な商品ばかりが市場に出回ることになりました。こうした現象は「逆選択」（もしくは「逆淘汰」）と呼ばれます。

　逆選択とはもともと、保険市場で使われる用語でした。例えばクルマの盗難にかける保険の例を考えてみましょう。

　治安が悪い地域と、安全な地域では、クルマが盗まれる確率は大きく異なっています。この状況で、ある保険会社が平均的な盗難発生率に基づいて保険を提供しようとしていたとします。恐らく、この保険会社は破産することになるでしょう。

　めったに盗難が起きない安全な地域の人にとって、この保険を購入することは合理的ではありません。一方で、治安が悪い地域の人は喜んで保険を購入するでしょう。つまり、様々な地域で満遍なく、平均的に顧客を集めたいという保険会社の意図とは逆の選択を引き起こしてしまうわけです。

　同様の問題は健康保険でも発生します。健康保険料を全員が病気になる確率や治療代を単純に平均して決めることはできません。保険を最も必要としている人、つまり健康に不安がある人ほど加入率が高くなるからです。保険会社が経営を成り立たせる一つの方法は、健康不安を抱える人ばかりの保険加入を想定することですが、料率が高くなります。

　日本に国民皆保険制度があることは、ご存じの通りです。この制度は、逆選択のリスクを回避する方法の一つを示しています。詳細はⅢ-10でも取り上げます。

強制的に全員を健康保険に入らせることによって、すべての人がメリットを受けることになるのです。健康に不安を抱える人は実際のリスクよりも低い料金で保険を購入することができます。また、今は健康に不安がない人にとってもメリットがあります。健康不安がある人のみを想定した保険よりも低い料率で保険に加入できるからです。

　情報の非対称性が引き起こす、もう1つの大きな問題があります。「モラルハザード」と呼ばれるものです。

　クルマの盗難保険の例に戻りましょう。クルマの盗難が起きても全額が補償されるなら、保険の利用者はそれほどクルマの管理に注意を払わなくなるかもしれません。カギをかけなかったり、ひどい場合は故意に盗難を起こしたりして現金を手に入れたいと思うかもしれません。

　利用者の行動を保険会社が知ることはできない、という情報の非対称性に由来したものです。

　では、モラルハザードを防ぐには、どうしたらよいでしょうか。例えば監視を強めたり、盗難の挙証責任を負わせたりすることが考えられます。もっと一般的なのは、保険に「控除額」を設けることです。消費者に請求額の一部を負担させることで、消費者に多少は注意深い行動を期待できるからです。保険会社が消費者の望む「完全な保険」を提供するわけにはいかないという事情がお分かりのことと思います。

　市場における情報の非対称性が、様々な非効率を生み出すことを見てきました。情報化が進む現代社会においては、この問題を解消するところに、新たなビジネスチャンスが隠れているのかもしれません。

II-7
—
社会の理不尽が、意外に合理的な理由
（行動経済学）

　人間の行動や、経済活動は必ずしも理論通りとは限りません。そこで、従来の経済学のような合理的な人を前提とするのではなく、実際の人間の心理や行動、実験などを通じて経済活動を分析する行動経済学が発展してきました。行動経済学はどんな局面で生かすことができるのでしょうか。実例を挙げて解説します。

　あなたの月給が30万円だと仮定して、月々5万円、ボーナス時に20万円ずつ貯蓄すると年間100万円が貯められ、10年間では少なくとも1000万円の大金が手元に残ることになります。

　月々、残りの25万円は家賃が10万円、外食費が3万円、衣服代が3万円、光熱費が3万円、交際費が5万円、雑費が1万円とすると、給料の残りがきっちり消え、家計上、ムダは一切なし——。

　しかし、人生、本当にそううまくいくのでしょうか。外食費3万円と決めていても、ついつい酒席が盛り上がって、想定外のはしご酒をしたり、衣服代の上限が3万円でもたまにはデパートで衝動買いをしてしまったりすることもあります。気が付けば、同じ服を買っていた…なんていう無駄遣いをした経験がある人は少なくないのではないでしょうか。

　「経済学の父」と呼ばれたアダム・スミスの出現以降、経済学では冒頭のような「超合理的」な人間の活動が前提として語られてきました。しかし、実際の人間の行動は、感情やその場の気分に左右されることが多いのが実情です。とても「合理的」とは言えないことの連続です。

当初の消費計画

予算 1000円	1日目 残金1000円 **400円**	2日目 残金600円 **200円**	3日目 残金400円 **200円**	4日目 残金200円 **200円**
1日目 残金1000円	**400円** 使う	計画より多く 使ってしまう		
2日目 残金600円		**300円** 使う		
3日目 残金300円			**200円** 使う	
4日目 残金100円			計画より 少ない消費	**100円** 使う

実際の消費行動

そこで、従来の経済学とは異なる「行動経済学」では、実際の行動や実験、アンケートなどで検証していくことがスタートラインになります。

「月々5万円の貯蓄をしているはずなのに、5年経っても100万円しか貯蓄できていない」。あるいは「貯金をしていくうちに守銭奴になってしまい、3年で500万円も貯まってしまった」。では、それが、なぜ合理性から外れたのか、その理由を検証していく。これが行動経済学の言いたいこと、なのです。

ヒューリスティックは「いいかげん」

では、行動経済学の具体的な内容に入っていきましょう。まずは「ヒューリスティック」です。ヒューリスティックは、米国の社会心理学者のダニエル・カーネマン博士とエイモス・トヴェルスキー博士によって唱えられた行動経済学上の考え方です。

ダニエル・カーネマン博士
（写真＝AP／アフロ）

　例えば、デパートで子供が親からはぐれ、迷子になったとしましょう。

　親はデパートにいる一人ひとりの子供の顔を確かめて、その中から自分の子供を探すでしょうか。そんなことをしていては、膨大な情報の取捨選択が必要になり、しまいにはデパートが閉店を迎えてしまいます。

　そこで親は例えば、子供の服装や顔の特徴、髪形、歩き方など幾つかの情報を瞬時に選び、視界に入る子供が自分の子供か、そうでないか、見分ける作業をします。ひょっとして見落としてしまう危険もありますが、それが最善の方法であり、目的を達する上で「近道」と考えるのです。

　精度は100％ではないが、あるレベルで正解に導くことのできる方法論、これがヒューリスティックなのです。

　当然、このヒューリスティックは万能ではありません。判断結果に偏り（バイアス）が伴うことがあります。迷子の子供の場合、「きっと我が子はゲームが好きだからゲーム売り場にいるはず。そこで待っていれば必ず子供は来る」と親が信じているとすれば、子供に出会えない可能性も出てきます。

　このバイアスの応用例として、野球のバッターの打率があります。打率3割のバッターが、5回連続三振を喫しているとしましょう。さて、6度目の打席。打率3割は変わらないのに、観客には「次こそヒットだ」という思い込みが生じてしまう。そんな経験、誰しもあるのではないでしょうか。このように意思決定の際には、自分に都合の良いバイアスを取り除くことが必要になります。

前の数字に影響するアンカリング

さて、カーネマンとトヴェルスキーによる、ある実験を見てみましょう。

0〜100の数字が書かれたくじがあります。このくじで、「10」を引いた人は、次の設問に答えます。

問 題

国連に加盟している国で、アフリカの国の割合は何%か。

この場合の回答者の平均値は、「25%」でした。

次にくじで「65」を引いた人に対して、同じ質問を投げかけます。この場合の回答の平均値は「45%」となりました。

最初に引いたくじの数が少なければ少ないほど、その後の質問の答えも少なくなる傾向が示されています。これはくじで出た数字と、アフリカの国連の加盟国数との関係はないのに、解答の手掛かりにしてしまっていることを示しています。これをアンカリングと言います。

アンカリングは販売の現場でもよく見られます。買わせたい商品の価格をいきなり提示する前に、先により高価な商品を見せておいてから本来の商品を見せる。すると割安感を与えられ、セールスが成功する確度が上がるという商法です。

同じことを言っているのに…

次にフレーミング効果を説明します。フレーミング効果というのは言語の表現の仕方によって、受け取り方が異なる現象のことを言います。以下の質問に、直感で答えてください。

問 題

1000人が死亡する伝染病が発生している。あなたはどちらのワクチンを選びますか。

　言っていることは同じなのですが、結果は多くがワクチンAを選びます。表現上、プラスの印象を与えるかマイナスの印象を与えるかで、判断が異なる現象は、次に紹介する「プロスペクト理論」でも説明が可能です。

リスクを回避したがる人間

　先述のカーネマンとトヴェルスキーが提唱したのが「見込み」や「予期」を意味するプロスペクト理論です。

▶ 図Ⅱ-7-2　プロスペクト理論の価値関数

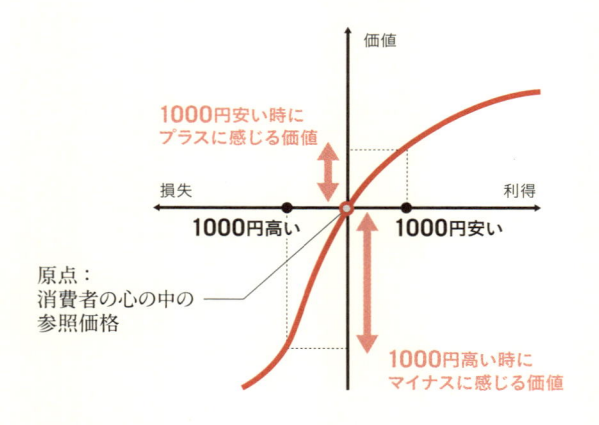

　「山登り」を例に挙げてみましょう。片道5時間かかる高さ2000mの山があるとします。Aさんは10kgの荷物を背負って登山を開始しました。

　スタートから2時間、3合目あたりに差し掛かる頃が、登山では最もキツい場面です。登頂まで残り3時間もあり、延々と同じ景色の森の中を歩き続けていると、10kgの荷物が20kgにも感じられるかもしれません。

　そしてスタートから4時間半。ようやく9合目です。周囲にはお花畑

が広がり、近隣の山々が見晴らせる最高の景色です。頂上も目の前に見えています。Aさんの足取りは急に軽くなってきました。背中の10kgの荷物も背負っていないかのように軽く思えます。

　この際、荷物の絶対値は10kgです。しかし人間は置かれた環境の変化によってそれを重くも軽くも感じてしまうのです。実はこの現象が、プロスペクト理論を理解する出発点なのです。

　プロスペクト理論は、人間の非理性的な側面を捉えた理論と言えます。ひと言で言えば、利益の獲得よりも、損失の回避を優先させるということです。

　以下の2択問題に答えてください。

問 題

あなたはどちらのくじを選びますか。

A. 当選すれば100万円を手に入れられるが、外れれば、10万円を支払わなければならない。当選率50%。

B. 必ず30万円が手に入る。

この選択で、ほとんどの人はBを選ぶのではないでしょうか。つまり、損失を回避する方を優先するということです。

問 題

あなたは100万円の借金をしています。どちらのくじを選びますか。

A. 当選すれば100万円が手に入れられるが、外れれば、10万円を支払わなければならない。当選率50%。

B. 必ず30万円が手に入る。

　この場合、50%の割合で借金がチャラになるわけですが、逆に借金が10万円増えるリスクもある。

　しかし、この場合はAを選ぶ人の割合が高くなります。つまり、少し

でも損失を減らしたいという手堅い選択よりも、リスクを取って借金そのものをなくしたいという、よりリスク愛好的な選択になるのです。

これは、株取引やギャンブルなどで、損失が出ている際の投資額の「取り戻し」行動にもよく表れます。

現状維持バイアス

バイアスについては少し、先述しましたが、世の中には様々なバイアスが存在します。ここでは行動経済学の中でも重要な、「現状維持バイアス」について説明します。

端的に言えば、人間は現状維持に努める性向を持ち合わせている。これが現状維持バイアスです。あなたの職場でもこういうことがないでしょうか。

同じ部署で同じ仕事を続けて10年の人がいます。そこに会社から新規事業のプロジェクトの募集がかかります。このプロジェクトは海外出張を伴い、予算もふんだんに使え、将来の出世も約束されます。

一方で、プロジェクトへ参加すれば、これまでのライフスタイルを変えざるを得なくなります。出張で子供と遊べる機会が減り、職場人脈を一からつくり上げ、新しい分野を勉強する必要性に迫られます。

さらに、ビジネスパーソンの日常では、こういうこともあるかもしれません。職場の周辺にはレストランが何十軒もあるのに、決まった3〜4カ所の店か、決まった弁当屋の決まった弁当しか買わない。毎日、ランチの場所を替えていく方が、将来的な選択肢も増え、ランチタイムを楽しむことにつながっていくことは分かっているのに、実際はそういうチャレンジングな選択をする人はほとんどいないのではないでしょうか。

つまり、現状への愛着、一方で、現状を変えることへのリスクが人間の行動を保守的にさせているのです。

経済の世界にこの現状維持バイアスを置き換えれば、説明がつくこともあります。

例えばマンションの売買。売値と買値が合致すれば、売買が成立しま

すが、そうはうまくいきません。

　10年前に5000万円で買った人がいるとします。10年間住んだので、この土地の利便性や地域性の良さが身にしみています。間取りも使いやすいし、窓からは富士山が見える…。だから、「まだ少なくとも4000万円の価値がある」「4000万円での売買が相場」と信じきってしまいます。

　しかし、客観的にはこの地域の築10年の中古マンション相場と比較すればせいぜい3000万円がいいところです。この物件に何の愛着もない、買い主や不動産業者から見れば、売り主の提示は「高過ぎる」ということになります。

行動経済学は何の役に立つ？

　これまで行動経済学の要素を、実例と共に説明してきましたが、では、これら行動経済学がどのようにビジネスに応用できるのでしょうか。

　米デューク大学経営大学院の行動経済学者ダン・アリエリー教授は、2014年、経済誌「日経ビジネス」のインタビューにこのように答えています。

　「例えば、車を設計する時、人々がどれだけの時間、何かに集中できるかを知っておくことは重要だ。健康保険制度を設計する時はどうすれば服薬を守れるかについて知っておいた方がいい。学校で成績をつける時に、生徒が成績を気にする動機を知ることも役に立つだろう。対人のビジネスに関わる人は全て、人の動機の源や意思決定をする時の癖、人の能力に着目する必要がある。そんな時、行動経済学が役に立つ」

　経済は、感情的で不完全な人間が回しているからこそ、面白い――。行動経済学は、経済は人間そのものである、ということを示唆しているのかもしれません。

相手の出方を読むゲーム理論
「囚人のジレンマ」と「ナッシュ均衡」

経済活動の舞台では、互いに自分の利得を考えて行動し、それが結果的に成功したり、失敗したりするケースがあります。このメカニズムを解き明かすのが、米国の天才数学者ノイマンやナッシュです。彼らが提唱した「ゲーム理論」は、経済だけでなく政治や軍事の世界、交渉事、男女の駆け引き、家庭問題などにも応用できます。

経済学の基礎であるゲーム理論を誕生させたのは、数学者ジョン・フォン・ノイマンです。ノイマンは1903年生まれのハンガリー系ユダヤ人。彼は幼い頃から神童と呼ばれ、数学のみならず、物理学、心理学、気象学、軍事学、経済学、政治学など幅広い分野で大きな実績を残した人物として知られています。

ノイマン
（写真＝Science Photo Library／アフロ）

ノイマンの功績は数多いですが、彼が「コンピューターの父」と称され

るように、今につながるコンピューターの動作原理を構築したことがよく知られています。「ノイマン型コンピューター」という名称を聞いたことのある人は少なくないのではないでしょうか。

　一方、ノイマンの業績には負の側面も指摘されています。第2次世界大戦下、米国における原子爆弾の開発プロジェクト、マンハッタン計画の中心人物として参画しました。彼の数学理論が、原爆の効果的な爆破法に生かされたのです。

　ノイマンは28年に発表した経済学の論文『室内ゲームの理論』に始まり、その後、44年に『ゲーム理論と経済行動』を経済学者オスカー・モルゲンシュテルンと共に出版。ノイマンの一連のゲーム理論はその後、米国人数学者のジョン・ナッシュによって応用され、世界的に認められることになります。

3つの要素を知る

　最初にゲーム理論の基本を紹介します。ゲームと聞くと何を連想しますか。テレビゲーム、トランプ、囲碁・将棋、ダーツ、ビリヤード、花札、様々なスポーツ…。いずれも相手に対して「勝つ」ための戦略を立て、自分を優位に進めようと考える人が多いと思います。

　ゲームの前提として欠かせない要素が、「プレーヤー」「戦略」「利得」の3つです。

▶ 図II-8-1　ゲームの3要素

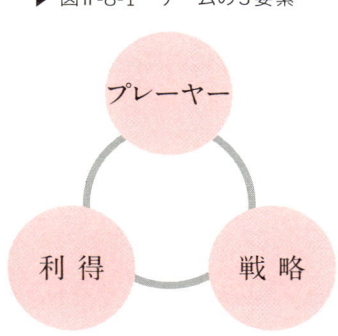

まず、ゲームの参加者であるプレーヤーの前提条件について記しましょう。①自分が損することはしない　②思い違いや考え違いなどのミスはしない——この2つがプレーヤーには備わっています。

　次に戦略です。ゲームに勝つ上で、戦略、すなわち行動計画は欠かせません。トランプのポーカーで言えば、相手より強い手を考案し、一番先に自分が上がれば「勝ち」です。その場合、相手の捨て札を読む必要が出てきます。次に利得。ゲームに勝って得る利益のことです。スポーツで言えば勝ちであり、経済活動で言えば、企業の利益がそれに該当します。

　プレーヤー、戦略、利得。この3要素をきちんと押さえることが、経済や企業の動きを的確に捉え、効果的に利益を出していくことにつながっていきます。では、いよいよ、ゲーム理論の最も有名なモデルである「囚人のジレンマ」を取り上げることにします。

囚人のジレンマ

　ある時、窃盗を犯した2人の男が逮捕されました。ここでは容疑者A、容疑者Bと名付けます。

　2人は警察で別々の部屋で取り調べを受けます。しかし、両方とも黙秘を続けています。決定的証拠はなく、状況証拠だけです。彼らが黙秘を続けても、懲役2年には問えるでしょうが、全てを自白すればより重い罪にすることができます。

　そこで取調官はAとBに対し、それぞれこう提案します。「どちらかが自白すれば、自白した方は無罪にしてやる。この場合、自白しなかった方は刑期が10年になる。AもBも自白した場合は、2人とも5年の刑期だ。さあ、どうする」。図II-8-2が利得表です。

　容疑者AとBは必死で考えます。相手は自白するのだろうか。黙秘を続けるのだろうか、と。相手の行動次第で自分の刑期に関わってきます。最も自分が利益を得るのは、自分が自白し、相手が黙秘することです。しかし、そうはうまくいくでしょうか。

容疑者Aの視点で見てみましょう。容疑者Bが黙秘の場合、自分は自白の方が利益を得ることができます。一方で容疑者Bが自白した場合、自分が自白しなければ、より重い刑になってしまいます。容疑者Aは黙秘よりも自白が有利と言えます。容疑者Bの視点で見ても同じことが言えます。

▶ 図II-8-2　囚人のジレンマの利得表

		容疑者A	
		黙秘 （協調）	自白 （裏切り）
容疑者B	黙秘（協調）	容疑者A：懲役2年 容疑者B：懲役2年	容疑者A：無罪 容疑者B：懲役10年
	自白（裏切り）	容疑者A：懲役10年 容疑者B：無罪	容疑者A：懲役5年 容疑者B：懲役5年

　つまり、相手と協調することのできない環境で合理的にものを考えれば、おのずと自白を選んでしまう。結果的に相手を裏切り、その結果、双方が損をする。これが「囚人のジレンマ」なのです。

サントリー躍進の理由

　さて、この囚人のジレンマは理論の世界だけの話ではありません。実際、ビジネスの世界ではよくあることです。

　近年で有名なのは、サントリー酒類のビール販売戦略のケースです。2000年代後半、ビール大手4社のシェア争いは1位からアサヒビール、キリンビール、サッポロビール、そして4位にサントリーがつけていました。

　2008年に入り、ビールの値上げは原料高の影響で各社、避けられない情勢になっていました。法的な問題はさておき、囚人のジレンマの視

点から言えば、4社が話し合い、揃って値上げすれば、自社・競合他社共に売り上げアップが狙えたはずです。実際、同年の年明けからキリン、アサヒ、サッポロと順次、値上げをしていきました。ところが、サントリーだけが価格据え置きを決定。結果、値上げした3社の売り上げは激減し、サントリーだけが売り上げを大幅に伸ばし、シェア3位に浮上するという結果を招きました。

　品質に大きな違いがなく、価格が消費者の判断材料になっている消費材を扱う企業の価格競争の際には、常に囚人のジレンマが付きまとっていると言っても過言ではないでしょう。

　さらに言えば、囚人のジレンマはビジネスの世界だけではありません。軍縮・軍拡競争における国家間のせめぎ合いなども、まさに囚人のジレンマの戦いであると言えるのではないでしょうか。

　ゲーム理論では、囚人のジレンマは「非協力ゲーム」と呼ばれています。非協力ゲームの特徴は、各プレーヤーが自分の損得を考えて独立して意思決定することと、拘束力のある合意がプレーヤーの間ではできないことの2点です。非協力ゲームには囚人のジレンマの他にもチキン（臆病者）ゲーム、男女のバトルなどがあります。

▶ 図Ⅱ-8-3　企業の価格競争における利得表

		自社	
		値上げ （協調）	据え置き （裏切り）
競合企業	値上げ （協調）	自社：**売上アップ** 競合：**売上アップ**	自社：**売上大幅アップ** 競合：**売上ダウン**
	据え置き （裏切り）	自社：**売上ダウン** 競合：**売上大幅アップ**	自社：**売上横這い** 競合：**売上横這い**

　非協力ゲームに対し、「協力ゲーム」もあります。こちらは、複数のプ

レーヤー間で拘束力のある合意をすることができ、その上で一定の基準を満たす利得の配分を議論する、というゲームです。例えば、2人の乗った船が遭難したとします。1人は缶詰を持ち、1人は缶切りを持っているといった状況で、どのように缶詰の中身を配分するかといった理論です。非協力ゲームに比べて政治的な側面を持っています。

至る所にナッシュ均衡

さて、非協力ゲームにおいて、ゲームを解決に導いたのが米国の数学者ジョン・ナッシュです。彼の名前を取った「ナッシュ均衡」という概念があります。ナッシュ均衡とは、「相手プレーヤーの戦略が変わらない時に、自分1人だけ戦略を変えても利得が増えない状態」のことです。ナッシュ均衡を分かりやすく示すゲーム例として、男女のバトルがあります。交際歴が浅く、趣味の異なる2人がどのようにすれば、満足のいくデートができるか、というゲームです。男性の趣味はアウトドア、女性の趣味は映画鑑賞とします。

仮に2人でアウトドアを楽しむ場合、男性の満足度は100%ですが女性の満足度は60%。逆に2人で映画鑑賞する選択では男性の満足度は60%で女性は100%。しかし2人が好きなことを別々に楽しむと、デートとしての満足度はお互い0%です。つまりこの場合ナッシュ均衡(解)は「映画を一緒に見る」「アウトドアを一緒に楽しむ」の2つです。アウトドアと映画のどちらかを選ぶことはあっても、「別々に楽しむ」という選択をどちらかが持ち出すことは起こりにくそうです。

ナッシュ均衡は小売りの現場によく見られます。例えば大通りにコンビニエンスストアが隣接し、向かい側にもライバル店が…といった状況を見かけることがあります。値段や品揃えに大差がなく立地だけが差別化要因なので、店主はより人通りの多い好立地に出店しようとし、各店にとってその場所を選ぶことがナッシュ均衡となるのです。

ライバル関係にある航空会社のサービスや、クルマのデザインが類似するようなことも、同様にナッシュ均衡で説明できます。

誰も傷つけずに、
誰かを幸せにすることはできる?

人間は、誰しも幸せに生きたいものです。消費は、幸せになるための活動の一つです。人は、買い物やサービスの利用から満足感を得ています。人々に満足感を提供するため、企業はモノやサービスを生み出しています。しかし誰かを幸せにするための行動が、誰かを傷つけたりすることがあります。あちらを立てればこちらが立たぬ…と、誰かが得をすれば誰かが損をするのが世の常です。そんな人間社会のありようについて、経済学ではどのように整理し、分析しようとしているのでしょうか。「幸せ」や「満足」をキーワードに、経済学の概念を追ってみましょう。

「効用」という考え方

　経済学には「効用(utility)」という概念があります。人が何かを買ったり、サービスを受けたりしたいと思うのは、そのことによって幸福感、満足感を得たいからです。効用とは、このような消費による満足度や喜びのようなものを指します。そうした満足度を数字で表すのは不可能のように思えますが、経済学ではこれを金額などで表現して、様々な経済活動を分析しています。

　図Ⅱ-9-1は、1カ月基準で見積もった、ケーキ好きなAさんのケーキに対する需要です。このグラフを、どのように読めばいいのでしょうか?

　縦軸にはケーキの値段が書かれています。もし、ケーキが1000円より高かったら、Aさんには割高で、1カ月にケーキを1個も食べないかもしれません。しかし金額が700円から1000円の間だったら、1個ぐらい食

べるかもしれません。さらに400円から700円の間だったら、2個食べる
かもしれません。つまりAさんは、ケーキを食べるために月に1000円程
度は払ってもいい、1000円払ってケーキを食べることに十分満足感を覚
える、ということになります。そのため需要曲線は、右下がりになりま
す。ケーキは1個単位でしか消費できないので、グラフでは階段状にな
っています。

　この需要曲線は、価格と需要の関係を表すだけではなく、その個人が
そのモノやサービスについてどのぐらいと評価しているかについても表
していることになります。

消費者余剰

　経済学では、消費者は「効用」の水準を最大化するように行動すると
考えます。これを、「効用最大化仮説」と呼びます。例えばAさんは、月
に1回ケーキ1個を食べるため1000円払ってもいいと思っていて、実際
には300円で買えたとしましょう。すると、Aさんは700円得したことに
なりますね。このような、支払う意思はあるけれどもAさんが実際には
支払わないで済んだ700円を、「消費者余剰」と呼びます。つまり消費者
余剰は消費者の「支払意欲」と考えられるので、ここでは「金額」で考えて
みましょう。

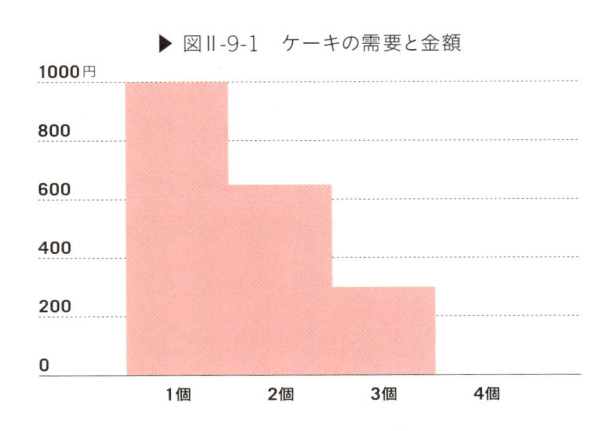

▶ 図II-9-1　ケーキの需要と金額

さて好物だからといって、一度に3個も4個もケーキを食べたら、3個目、4個目と食べ進めるに従い、支払意欲は徐々に下がっていくのではないでしょうか。

1個目のケーキには1000円払う価値があると感じても、3個目には300円程度でなければ食べる気がせず、4個目には1円も払いたくなくなるかもしれません。つまり追加で同じものを消費した時、個人の「金銭で測った効用」が変化していくことが分かりますね。

このように、追加で同じものを消費していく中で、同じものに対する効用が変化していく度合いを、「限界効用（marginal utility）」と言います。

様々な消費活動の中でも、そこには効用の大小の違いがおのずと存在します。そこで、効用を数値化して表現するための式を「効用関数」と言います。

機会費用

さて、私たちはいつでも欲しいものが手に入れられるとは限りません。収入は限られ、買いたいものを買うために取っておける予算も限られています。Aさんには今1500円しか予算がないとしましょう。

Aさんが400円のシュークリームを3個買うと、ケーキは諦めなければいけません。一方、800円のケーキを1個買うと、シュークリーム2個は諦めなければいけません。この、1つを選んだ時に諦めなければならないものを「機会費用（opportunity cost）」と言います。

これは、消費だけでなくほかの分野でもよく使われる考え方です。例えば、ずっと働いてきた女性が子育てに専念するため、仕事を辞めて専業主婦になったとします。当然ながら、かけられる労力にも労働時間にも限りがあるからです。一方にかける時間と労力を増やしたければ、もう一方は諦めなければいけません。もともともらっていた賃金が高ければ高いほど、得られるはずだった所得が得られなくなるわけですから、仕事を辞めることによる金額的な損失は高くなることになります。

つまり辞めずに働いたら得られたであろう給料は、主婦になることを

選ぶ際の機会費用（＝時間の価値）、といえるわけです。このテーマは、Ⅲ-11の労働の項目でもう一度、詳しく触れることにします。

徒歩通勤か、さらなる長時間の通勤か

　では、この効用という概念を使うと、現実社会をどのように分析することができるのでしょうか。例えば交通経済学の分野では、交通機関の利用者による通勤を研究する上で、この効用関数を使った有名な分析があります。参考までに、米グーグルのチーフエコノミストである著名な経済学者、ハル・ヴァリアン氏が著した『入門ミクロ経済学』（勁草書房）に紹介されている内容を少しご紹介しましょう[i]。

　ほとんどの大都市の通勤者は、公共交通機関を利用するか、マイカーを利用するかで通勤しており、どちらを選ぶかの選択を抱えています。代替手段との比較は、それぞれの異なる特徴、例えば乗車時間、待合時間、出費、快適性、便宜性などの項目で表現できると考えられます。

　ここで仮に、所定の通勤時間帯や費用などのもとで、マイカー通勤とバス通勤のどちらかを選んでいる、大勢の同じような通勤者を観察するとします。統計的な手法を使えば、その集団が、何を決め手にしてその通勤手段を選んでいるのかが数値で表現でき、その数値を比較すれば何が一番大きな決定要因になっているのかを探り出すことができます。

　例えばある研究[*1]では、通勤の効用関数を次のページの数式のように表現しています。この数式は、通勤の効用は通勤における総徒歩時間、総通勤時間、総通勤費用の関数である、ということを表しています。それぞれの変数に影響の強さを示す係数が掛け合わされていて、通勤の効用に影響を与える度合いの大きさが測れます。そしてある係数のほかの係数に対する比率は、それを1つ選ぶぐらいだったらもう一方をどれぐらい多く選んでもいいと感じているか、というようなことも表現しています。

　例えば、ここでは平均的な通勤者にとって、徒歩の時間の長さ（係数は−0.147）は、通勤時間の長さ（係数は−0.0411）より大ざっぱに言っ

て3倍強厄介なものであるということです（総通勤費用についてはここでは省略します）。これを言い換えると、通勤者は、徒歩時間を1分少なくするためには3分の追加の通勤時間を喜んで引き受けると言えるのです。経済学ではこうして、値段のないものについても個々人の活動の満足度を数値で見積もり、消費行動の分析などにつなげようとしています。例えば日常的にも、大きな買い物を1つ諦める代わりに、金額の小さなものをたくさん手に入れて満足を得る場合もあるでしょうし、その逆もありそうです。

$$U_{(TW, TT, C)} = -0.147_{TW} - 0.0411_{TT} - 2.24_C$$

$TW =$ バスやマイカーまで・からの総徒歩時間（分）
$TT =$ 総通勤時間（分）
$C =$ 総通勤費用（ドル）

人間の行動を分析する上で、示唆に富むのではないでしょうか。

パレート効率

ここまでは個人の満足度などについて見てきました。次は、異なる経済制度が、経済的に効率的か否かを判定するための、経済学の概念を紹介しましょう。パレート効率、あるいはパレート効率性、パレート最適などと呼ばれているものです。考えたのは、19世紀のイタリア人経済学者であるヴィルフレッド・パレートという人です。個々の価値判断から独立して、経済的に望ましい資源配分を判定するために提唱した概念だということです。

パレート効率とは、資源配分が定まった時、その配分を動かすことで誰か1人が得をしたら、代わりに誰かが必ず損をするような資源配分のことを指します。パレート効率である場合は、経済全体から見ると、「最低限満たしてほしい」という効率的な資源配分が実現していることになります。一方で誰かの状態を今より少なくとも悪化させることなく、何

人かの人々の経済状況を改善できる余地がある配分の場合、そのような
状態を「パレート改善」と言います。「パレート効率ではない」という言い
方もします。

　ここでAさんとBさんの物々交換を例に、パレート効率を考えてみま
しょう。限られたリンゴとミカンをどう分けるかがテーマです。今、A
さんがリンゴを10個、Bさんがミカンを30個持って物々交換をします。
リンゴ1個につきミカン3個で交換した結果、AさんとBさんの取り分が、
図II-9-2のようにA(6,12)、B(4,18)になりました。この時の2人にとっ
て、追加で1単位リンゴをもらうことと、3単位ミカンをもらうことの間
には差がない、つまり「無差別」だとします。言い換えると1単位のリン

▶ 図II-9-2　AさんとBさんの無差別曲線

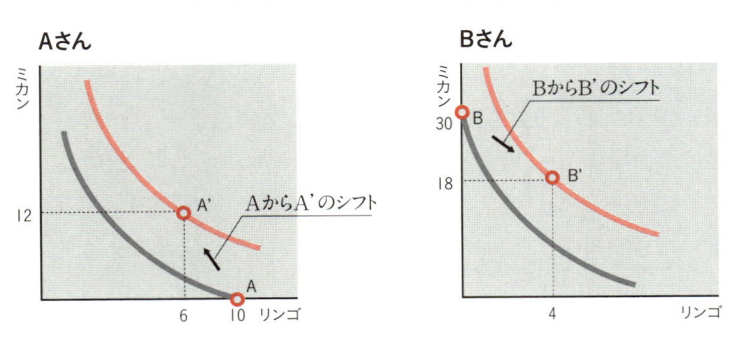

注：限界代替率は無差別曲線の傾きに一致する

ゴを諦め、3単位のミカンを代わりにもらっても、満足度（効用）が変わ
らない、ということです。ここでいう1個対3個というような比率を、限
界代替率と呼びます。取引の参加者間、ここでいうAさんとBさんの間
で限界代替率が等しくなっている配分は、「パレート効率」です。この配
分で追加の取引をしても交換による利益は発生しないため、2人の満足
度を共に引き上げることが不可能なので、パレート効率なのです。この
時に、2人の限界代替率が等しくない場合は、必ず交換の利益が発生す
る余地がありますので、パレート効率ではありません。

図Ⅱ-9-2の曲線は、AさんとBさんのそれぞれの無差別曲線です。無差別曲線は、地図や天気図で使われる等高線と同じ考えに基づいて考えられたもので、同じ程度の効用をもたらす消費の水準を示します。図を見ると、2人の無差別曲線がそれぞれ交換前よりも高い水準にシフトし、効用が引き上げられたことが分かります。パレート効率である時、その配分に参加する人の限界代替率は、すべて同じになります。

　資源配分を表すこのパレート効率の概念はミクロ経済学全般で使われており、資源配分の効率性を定義する上でとても重要です。市場を通して資源を配分してもパレート効率ではない時は、何らかの市場の失敗が起こっています。市場の環境などを含む現実の経済問題を考えると、パレート効率的な配分は無数にありますが、必ずしも公平性と一致するわけではありません。そこで「どの配分を選ぶのか」が重要なテーマです。

幸福度の計測

　さて、当然ながら「満足感」や「幸福感」は経済活動だけから得られるわけではありません。愛するパートナーや家族と過ごす時間や、一見何かを生み出しているわけではない空白の時間も、幸福感、効用をもたらす要素になり得ます。また給料が少なくても社会的意義のある仕事に取り組む人は、使命感に燃えてある種の幸福感を覚えているでしょうし、ボランティア活動に幸せを感じる人々はお金が目当てではありません。効用の中身を金額換算できるものとそれ以外に分別しようとしている経済学者もいますが、それは事実上困難とするような議論が多いようです。

　そのように、数値化することが極めて難しい「効用」ですが、インタビュー調査などを通じて人の幸福感を直接計測しようという研究が、経済学の分野でも1975年頃から進められてきました。なぜでしょうか。

GNH（国民総幸福量）

　本書のI-2、I-3では、GDP（国内総生産）について詳しく説明しました。GDPは基本的に値段のついたモノやサービスの価値しか測りません。

つまりGDPだけで「効用」が測れるわけではないのは、経済学者も昔から認識していたのです。研究の機運が高まったのは、74年に経済学者が「GDPが増えても、国の平均幸福度は上がっていない」という研究結果を出したのがきっかけです。この頃から、経済学者による幸福度の研究が本格的に始まったのです[ii]。

GDPを補完するような国民の幸福度を測ることに対して、2008年のリーマンショック後に世界的な関心が高まりました。2009年には、ノーベル賞経済学者のジョセフ・スティグリッツ米コロンビア大学教授らが中心になって、GDPに代わる経済指標が真剣に検討されたりもしました。その中で、インドと中国に挟まれた君主制国家ブータンが、1970年代から活用してきたGNH（国民総幸福量）が注目を浴びました。

GNHを政策目標として推進してきたのは、72年に16歳でブータンの最年少国王となった、第4代のジグメ・シンゲ・ワンチュク国王でした。ワンチュク国王は30年あまりの在位中、国中の全ての人が受けられる無償医療と教育制度をほとんど独力で導入しました。そして在位中に、ブータンの平均年齢を38歳から66歳へと飛躍的に伸ばしたのです。

ワンチュク国王が打ち出したGNHの概念は、公平で持続性のある社会経済の発展、文化的価値観の保持と促進、自然環境の保全、理想的な統治形態の確立——からなっていました。そして、テレビチャンネル数の制限、広告宣伝の制限（個人の願望が高まりすぎるため）、ビニール袋やたばこの禁止（環境や個人の健康を損ねるため）などの急進的な政策を推し進めたのです[iii]。

2008年に第5代ジグメ・ケサル・ナムギャル・ワンチュク国王が戴冠し、そのタイミングでGNH指数が完成しました。インタビュー調査を基に9領域（心理的幸福・文化の多様性・教育・良い統治・時間の使い方とバランス・生活水準・健康・環境の多様性・地域の活力）について72の指標を使いながら、国民の満足度の広さと幅、深さと格差を測っています[iv]。

*1 = Thomas Domencich and Daniel McFadden "URBAN TRAVEL DEMAND – A BEHAVIORAL ANALYSIS" (North-Holland Publishing Company,1975)による

どうして同じ相手に
仕事を頼んでしまうのか

　伝統的な経済学では、「ブラックボックス」として扱われてきた企業内の組織行動。ここにフォーカスを当てるのが「組織の経済学」です。故ハーバート・サイモン博士とオリバー・ウィリアムソン米カリフォルニア大学バークレー校教授の2人が提唱し、1980年代に大きく発展した比較的新しい経済学の領域です。

　この章では、組織の経済学の根幹をなす考え方である「限定合理性」、その応用理論である「取引費用理論」「プリンシパル＝エージェント問題」について学んでいきます。

組織の経済学

　本書ではここまで、主に「市場経済」を中心とする伝統的な経済学について紹介してきました。伝統的な経済学では、企業は市場に参加し、資本や労働力、原材料などを駆使して商品やサービスを提供する主体として登場します。一方、組織が内部でどのような力学を働かせ、活動しているかは考慮されず、人の感情や行動と同様に企業行動もまた「ブラックボックス」として扱われてきました。企業を「人やお金が入ると、自動的に商品になってくる装置のようなもの」と考えたのです。

　そのような企業内の組織経済にフォーカスを当てたのが「組織の経済学」と呼ばれる分野です。この分野を専門とする伊藤秀史・早稲田大学大学院経営管理研究科教授は、「組織の経済学では組織を市場のような『取引の場』と見なし、権限委譲のあり方など、組織デザインについて研

究されてきた」と説明します。

　組織の経済学は比較的新しい概念で、1980年代に大きく発展しました。しかし組織そのものへの関心は昔から高く、「経済学の父」と呼ばれるアダム・スミスも、企業行動の本質、組織と市場との「境界」に関心を持って考察していました。

　実際、アダム・スミスからポール・サミュエルソンに受け継がれる形で伝統的な経済理論が進化する過程の中でも、組織への考察はしばしばなされてきました。市場が失敗した原因を分析していく中で、資源配分がうまくいかなくなって市場が「失敗」したにもかかわらず、組織の内部では資源配分がうまく回っていたりするような事例が増えてきたからです。経済学者たちは、市場と企業の間の境界がどこにあるのかを考えるようになり、組織の内部がどのような法則で動くのかを掘り下げるようになってきたのです。

　組織の経済学という概念を作り上げる上で中心的な役割を果たしたのは、ハーバート・サイモン博士とオリバー・ウィリアムソン米カリフォルニア大学バークレー校教授の2人です。彼らの功績により、組織行動を分析する動きが70年代に広がりました。これらの功績により、サイモン博士は78年に、ウィリアムソン教授は2009年に、それぞれノーベル経済学賞を受賞しています。組織の経済学はその後、人間の限定合理性や不完全な情報などを念頭に、組織のあり方、機能やその改善方法を説明する理論モデルを作ってきました。

限定合理性

　具体的に組織の経済学とはどのような理論なのでしょう。サイモン博士は理論を展開するに当たって、まず「限定合理性」と呼ぶ概念を提唱しました。これは、「人間の能力には限界があり、限定された認識能力の範囲内で合理的に行動する」という考えです。

　伝統的な経済学では、「人は完全に合理的である」と仮定する「完全合理性」の下で理論が展開されていました。しかし、現実に目を向けると

このような世界は存在していないことは分かるはずです。サイモン博士は著書『経営行動』（ダイヤモンド社）の中で、実際の行動が完全合理性の下に成り立たない点として以下の3つを指摘しています。

(1)合理性は、各選択に続いて起こる諸結果についての完全な知識と予測を必要とする。実際には、結果の知識はつねに断片的なものである。
(2)これらの諸結果は将来のことであるため、それらの諸結果と価値を結び付ける際に想像によって経験的な感覚の不足を補わなければならない。しかし、価値は不完全にしか予測できない。
(3)合理性は、起こりうる代替的行動の全てのなかから選択することを要求する。実際の行動では、これらの可能な代替的行動のうちのほんの二、三の行動のみしか心に浮かばない。

　これらの指摘からも分かるように、人間は主観的にしか判断できないし不完全にしか行動できません。もちろん、人間は完全に非合理的に行動するわけではありませんので、限られた範囲内で最善を尽くし合理的であろうと努めます。限定合理性は、現実世界に即した人間の行動を特徴づける概念と言えるでしょう。

取引費用

　組織を市場のような「取引の場」と見なすと言っても、実際にはどのような取引が存在するのでしょうか。実は経済活動の中では、市場を介した会社間の取引（市場取引）に加えて、市場を介さない企業や組織内での取引（組織内取引）も数多く存在します。日本の電機メーカーが家電を作る際に、基幹部品を社内の別の事業部門から調達することはよくあります。広義では、日本の自動車業界の「ケイレツ」も組織内取引と言えるでしょう。
　一見すると、商品やサービスを取引する際に、複数の候補先から比較して選べる市場取引の方が効率的に見えます。それでも、企業の多くが

組織内取引を優先するのはなぜでしょうか。実は市場取引では、実際に商品やサービスを調達する費用以外にも様々な費用が発生します。取引相手に関する情報収集、適切な価格水準の設定、取引に関連する不測の事態への対策、契約案の交渉・作成にかかる費用や労力などがそれに当たります。これらの費用を組織の経済学では「取引費用」と言います。

▶ 図Ⅱ-10-1 「取引費用」から考える組織的な判断

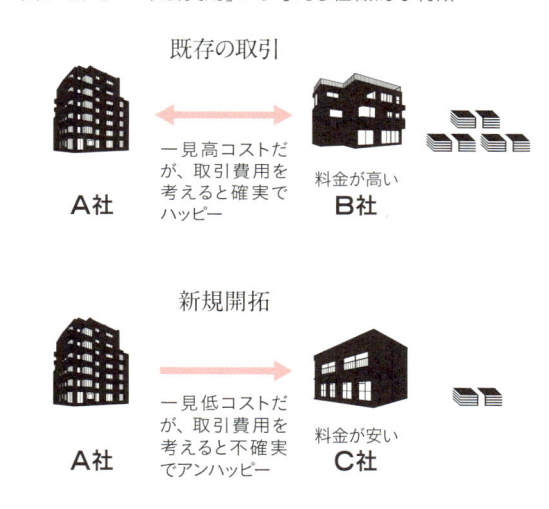

既存の取引

一見高コストだが、取引費用を考えると確実でハッピー

A社　B社　料金が高い

新規開拓

一見低コストだが、取引費用を考えると不確実でアンハッピー

A社　C社　料金が安い

　このような取引費用があると、将来起こり得る事態を契約に記載したり、それぞれの事態にどのように対処したりするかを事前に取り決めていく必要があります。それは時間と労力の大きなムダになり、取引全体のコスト上昇につながりかねません。

　市場取引か組織内取引のどちらが効率的かについて、取引費用理論を用いて分析したのが、サイモン博士の弟子であるウィリアムソン教授、そしてロナルド・コース博士の2人です。ウィリアムソン教授が提唱する取引費用理論の基本的原理では、「人は取引費用を下げるように行動する」と指摘しています。新しい取引先を開拓するよりも付き合いのある相手の方が、時間や労力を低減できるようになるわけです。垂直統合のよう

に取引を「内部化」して組織内に取り込めば、取引費用を抑制できます。不測の事態が起こってからどう対処するかを決める際にも、交渉が決裂する可能性は低いと言えるでしょう。

　もちろん組織内取引にもデメリットはあります。取引相手の商品やサービスの生産性が相対的に低くても、投資や意思決定で特別な個別対応をさせ続けてきたため、関係を解消しづらいかもしれません。取引相手が硬直化した組織であれば、意思決定が遅れるかもしれません。また情報の囲い込みなどにより、ガバナンス（統治）上の問題が起こるかもしれません。取引費用が高くない取引は市場で、不確実で複雑な交渉が必要な取引は組織内でというような、上手な使い分けが理想かもしれません。

プリンシパル＝エージェント問題

　組織の経済学は、組織運営の効率化にも役立ちます。ビジネスの世界では、利益を得るために仕事を依頼する「プリンシパル（依頼人）」と、実際に労務を行う「エージェント（代理人）」が存在します。この関係を組織の経済学では「エージェンシー関係」と呼びます。経営者と労働者、株主と経営者、親会社と子会社、上司と部下の関係などが挙げられます。

　経営者と労働者がどのような関係にあるか見てみましょう。経営者（プリンシパル）は少しでも効率的に経営して会社全体の利益を高めたいと考えますが、労働者（エージェント）は与えられた仕事の達成だけに関心があるとします。

　企業がどれだけ効率的に利益を得られるかは、労働者がどれだけ効率良く、たくさん成果を上げるか次第です。しかし労働者は少しでも楽な仕事で高い賃金を得、プライベートを充実させたいかもしれません。経営者と労働者の目的が一致せず、エージェンシー関係がうまくいっていないのです。互いの本音、相手の能力が分からない、すなわちII-6で学んだ情報の非対称性が存在することも原因です。

　この状況では、エージェントはプリンシパルの利益のために労務を依頼されているにもかかわらず、自分自身の利益を優先した行動を取るか

もしれません。プリンシパルとエージェント間に生じるモラルハザードを、組織の経済学では「プリンシパル＝エージェント問題」と呼びます（Ⅱ-6も参照）。解決するには、仕事を委任する経営者（プリンシパル）と労務に当たる労働者（エージェント）の利益を一致させる必要があります。

▶ 図Ⅱ-10-2　エージェンシー関係の概念図

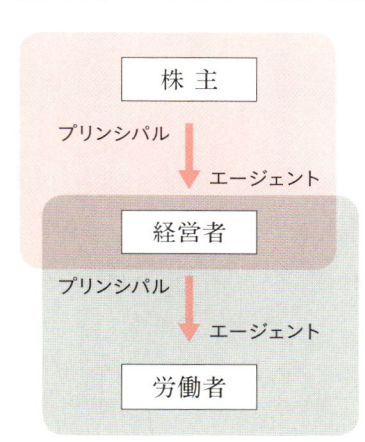

　プリンシパルにとって最も単純な解決策は、報酬を高めてエージェントのやる気を高めることです。例えば米自動車大手フォード・モーターの創業者である故ヘンリー・フォード氏は1914年、転職率の高い自動車工場の労働者の報酬を約2倍にし、労働者の士気と定着率を高めました。

　とはいえただ報酬を上げても、エージェントである労働者の作業効率を最大化できるわけではありません。多額の報酬を手にしたことで、酒やギャンブルなどの誘惑に惑わされる可能性もあります。するとエージェントが労務を遂行するかどうかを監視する必要がありますが、それには膨大なコストが掛かります。また、たとえエージェントを監視できても、プリンシパルが行動の是非を判断するのは困難です。プリンシパルは報酬体系のバランスを見極めながら、エージェントに委託する職務のあり方に工夫を凝らす必要があると言えるでしょう。

Column.2

—

経済学と経営学は、何が違うのか？

「経済学と経営学の違い」と聞くと、「一国の経済・産業を分析するのが経済学で、個別の企業を分析するのが経営学」程度のイメージの方がほとんどではないでしょうか。実は両者の関係はかなり複雑で、専門家でもその違いを理解している人は少ないかもしれません。

以下、「分析対象と理論」「以前と現在」の2軸を使って説明しましょう。なお、筆者は欧米などの「海外で標準化された経営学」を専門にしているので、経営学についての記述はその知見に基づいていることを付言しておきます。

以前の経済学と経営学

まず「以前」から始めます。これは大雑把に30年ぐらい前までの状況と考えてください。

■以前の分析対象

初期の近代経済学の主要な分析対象は、「市場・産業の（資源配分）メカニズム」を理解することでした。労働経済学なら労働市場が対象ですし、国と国の間の市場を分析するのは国際経済学です。それが国レベルに積み上がれば、マクロ経済学となります。他方で当時の経済学は、市場を構成する「企業・人」にはシンプルな仮定を置き、その複雑な行動を分析することへの関心はそれほど強くありませんでした。

一方で経営学は、複雑な行動に強い関心があります。例えば「どうすれば企業は安定して高い収益を出せるのか」「組織内の円滑な人間関係を作るには」などが経営学者の関心対象です。これは今でも変わりません。

このように、冒頭で述べたような「ステレオタイプな経済学と経営学の

経済学と経営学：以前と現在

	以 前	現 在
分析対象	● 経済学は主に市場が対象 ● 経営学は個々の企業や、企業内の人間関係が対象	● 経済学が市場レベルの分析から降りてきて、企業・人の行動を説明するようになっている
理 論	● 経済学は、「人・企業は合理的な行動をする」という基本原理を持つ ● 経営学は、人・企業の行動の基本原理を、「経済学」「心理学」「社会学」から借りている	● 従来は心理学・社会学で説明されてきた考えを、経済学でも説明しようとしている

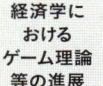

経済学におけるゲーム理論等の進展

違い」は、この「以前」の「分析対象」という条件にだけ当てはまるのです。上図でいえば左の象限がそれに当たります。

■以前の理論

　近代経済学には、そもそも「人・企業は合理的に行動する」という独自の基本原理があります。この原理があるからこそ、「人は効用を最大化する」といった合理的行動を数学的に記述できます。数式によって複雑な論理の整合性が取れるのです。

　他方で、経営学は独自の基本原理を持っておらず、代わりにそれを「経済学」「心理学」「社会学」から借りています。例えば、有名な『マイケル・ポーターの競争戦略』は経済学に大きく影響されています。『知識創造企業』で著名な野中郁次郎氏の研究は、認知心理学に基づいています。企業と企業の関係性を分析するには、社会学のネットワーク理論が使われます*1。このように3つの基本原理が入り交じっているのが経営学であり、従って数学的な表現も使いにくくなります。

現在

　実は本稿で強調したいのは、近年になって経済学と経営学が融合しつつあることです。その大きな背景は、経済学でゲーム理論が飛躍的に発展したことにある、というのが筆者の理解です。

ゲーム理論の発展は、経済学者に企業・人の複雑でダイナミックな行動を説明することを可能にしました。すなわち、これまで市場レベルの分析を中心にしていた経済学者が、ゲーム理論を使って経営学の領域に入り込んでいるのです。

経営学者も、今やその知見を大いに活用しています。例えば、企業ガバナンス（統治）や上司・部下の関係を説明するのに、経済学のプリンシパル＝エージェント理論が欠かせないのは、経営学でも常識です。アライアンス戦略を説明する時の取引費用理論も同様でしょう。

■理論

理論面でも、経済学が心理学・社会学と融合しつつあります。例えば「人と人の信頼関係」を分析するのは、かつては心理学・社会学の範疇でしたが、今では、例えばゲーム理論の「繰り返しゲーム」で説明できます。もともとは社会学で始まったネットワーク理論も、経済学者により精緻化が進んでいます。さらに近年の行動経済学の進展は、経済学と心理学の境界を急速に低めています。

このように、多くの皆さんがお持ちの「ステレオタイプな経済学と経営学の違い」は、実は図表の左上象限だけを捉えていることをご理解いただきたいと思います。特に現在は両者の融合が進みつつあり、関係はかなり曖昧になってきているのです。

*1 = 人と人、組織と組織などを結ぶネットワーク構造が人・組織の行動や成果にどう影響するかを分析する分野。社会学では米スタンフォード大学のマーク・グラノベッター教授や米シカゴ大学のロナルド・バート教授の研究などが有名である。

入山 章栄

早稲田大学ビジネススクール教授。三菱総合研究所を経て米ピッツバーグ大学で経営学博士号取得（Ph.D.）。米ニューヨーク州立大学バッファロー校助教授を経て現職。

[実践編]

経済の先行きを分析しよう

ビジネスパーソン必修の分析スキルを学ぶ

経済分析には、スキルと背景知識が必要だ。
財務分析、企業価値評価、統計分析…。
分析スキルと必修知識を総ざらいしよう。

—

景気指標の読み方ガイド

> 　経済活動の勢いを示すのが景気です。「I-10　景気って何なの?」で見た
> ように、たくさんの指標が景気の判断材料となっています。これらの指標を読
> み解くことで、景気の良し悪しを見極めることは、日々の仕事や暮らしにも役
> に立ちます。この章では経済指標をどう組み合わせて読めばいいのかについ
> て学びます。

　経済活動の勢いを示す「景気」は様々な指数を基に判断します。経済
動向を見るための指標は実にたくさんあります。代表的な指標は、日本
経済新聞の朝刊・夕刊、日経電子版などで記事やデータとして掲載され
ており、経済全体のマクロの指標から海外の市況、商品相場などの情報
が載っています。

▶ 図Ⅲ-1-1　景気を読むための代表的な指標

マクロで景気を 読むための指標	企業の動きを 読むための指標	家計の動きを 読むための指標
景気動向指数	法人企業統計	現金給与総額
日銀短観	機械受注統計	所定外労働時間
GDP	設備投資関連の指数	有効求人倍率
鉱工業指数	など	完全失業率
ESPフォーキャスト調査		家計調査

　景気を読むことは天気予報と似ています。天気予報は気象衛星や天気
図などから天気を予想します。景気も様々な経済指標を読み込んで、見

通しを考えます。景気を読むことを専門にするエコノミストは、よほど
のことがない限り、3カ月先ぐらいまでの予測なら可能だそうです。半
年や1年先となると不確定要素が増えるため、3カ月先と比べると精度
が悪くなります。ただしエコノミストの間で、どの経済指標を重視すべ
きかが完全に一致しているわけではないので、意見はばらつきます。専
門職のエコノミストですら、数多くの経済指標をしっかり読み解いて総
合的に判断することは難しいのです。

12マスで経済活動を分類

　景気を読む経済指標を解説する前に、経済活動はどのようにして成り
立っているのかを確認しましょう。経済を読み解くには、経済の構造が
どうなっているのかをまず理解することが不可欠です。

▶ 図Ⅲ-1-2　経済活動をつかむ「12マス」

	家計	企業	政府	海外
支出	家計消費	設備投資	政府支出	輸出
生産	雇用	生産活動		輸入
収入	賃金	企業の収益	税収	経常収支

　経済主体には「家計」のほか「企業」「政府」「海外」の4つがあります。
これらは「需要（支出）」「供給（生産）」「所得（収入）」の3つの経済活動を
します（図Ⅲ-1-2）。例えば「家計の支出」は消費者の買い物や娯楽など
を指し、「政府支出」は公共投資などを指します。この12マスで経済活動
の大枠をつかめます。12マスそれぞれの動きを示す経済指標がありま
す。

5つの指標で大局をつかむ

　まず経済活動の大局をつかむ経済指標から見ていきましょう。全体像

をつかむうえで役に立つ主な指標は5つあります（図III-1-1の左）。「景気動向指数」、「全国企業短期経済観測調査（日銀短観）」、「GDP（国内総生産）」、「鉱工業指数」、そして「ESPフォーキャスト調査」です。

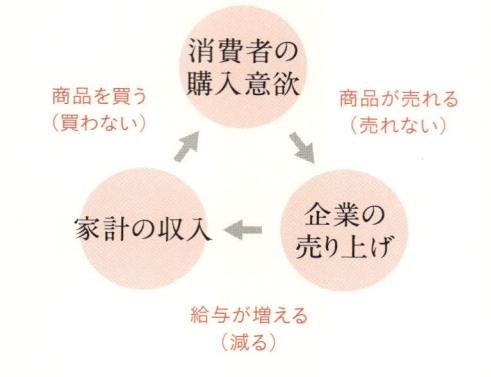

▶ 図III-1-3　経済活動はすべて関連付けられている

　経済の先行きを知りたい市場関係者が注目するのがGDPです。日本国内で生産された財やサービスなどの合計（付加価値ベース）を捉えたものです。景気を読むために活用するのがGDPの速報値です。「4～6月期」といったように四半期ごとに発表されます。GDPの速報値は四半期が終わった2カ月後に1次速報として発表されます。

　GDPは金額そのものよりも変化が注目されます。この変化率が経済成長率とも言い換えられていることから分かるように、経済活動全体の変化を俯瞰したものと言えます。

　景気指標としてGDPを活用するには、全体の数字よりも、海外需要と公的需要を除いた民間需要を見る方が景気実感が得られます。I-10でも説明した「景気動向指数」は、景気の方向性のほか、将来を予測するために使うものです。内閣府経済社会総合研究所が毎月公表しています。景気の大きさなどを示すコンポジットインデックス（CI）と、景気拡張の動きがどの程度波及しているのかを測るディフュージョンインデックス（DI）があります。2カ月後の上旬に速報値を出し、中旬に改定値を発表

します。消費者態度指数や鉱工業指数など29種類の指標を合成して判断します。先行指数が11、一致指数と遅行指数がそれぞれ9つの指標から作成します。現在の29指標は、2015年7月におおむね採用が決まりました。指標の入れ替えは、おおむね景気サイクルが一巡した時に検討します。景気の山や谷などの転換点（方向性）を探るためのディフュージョンインデックス（DI）、景気の強さ（水準）を示すコンポジットインデックス（CI）は重要です。

　また、「日銀短観」の業況判断DIは、企業に対し景気について「良い」「さほど良くない」「悪い」の3択で現在の景況感をアンケートした結果を基に集計します。

　「鉱工業指数」は国内における鉱工業製品の生産、出荷、在庫の水準について、経済産業省が業種ごとに毎月発表しています。GDPの速報値や景気動向指数をはじめとした指数の判断材料の一部にも使われます。生産指数は企業の生産量の水準を示しており、出荷指数は販売量の水準を示しています。

　「ESPフォーキャスト調査」は非営利の民間研究機関である日本経済研究センターが調査するものです。経済指標の多くは公的機関が算出しますが、こちらは民間が見たマクロ経済の指標で、国内のエコノミスト約40人による経済成長率など16項目の予想を集約したものです。エコノミストによる推計値の平均を取ったものなので、前月と何が変わったのか、変化を確認するのに適しています。

好況への転換は企業活動がカギ

　経済指標は一見するとバラバラに見えますが、密接に関連しています。先ほど紹介したマクロ視点の5つの指標も同様です。例えばGDPは企業や消費者の動向も指標に反映されます。後ほど詳しく説明しますが、様々な経済指標の動向が反映されています。

　I-10で触れたように景気にはパターンがあります。「好況」「後退」「不況」「回復」を繰り返します。これらのどこのフェーズに入ったのかどう

かも、指標から読み解けます。

　指標は景気に先行して動く「先行指標」、景気に一致した「一致指標」、景気に遅れて変化が表れる「遅行指標」の3つに分類できます。景気サイクルが好転するには、何らかの需要が増えて、企業の行動が活発になることが重要です。景気浮揚の種火となる役割を果たしますが、実際には輸出や公共投資など外的要因によって需要がもたらされることがほとんどです。

　輸出が活発になると、先の需要増を見越して製造業の設備投資意欲が増します。すなわち景気が拡大し始めている時は設備投資が大幅に増加し、景気が後退し始めている時には設備投資が大きく減少するという傾向を示すのです。

▶ 図III-1-4　一般的な景気浮揚のサイクル

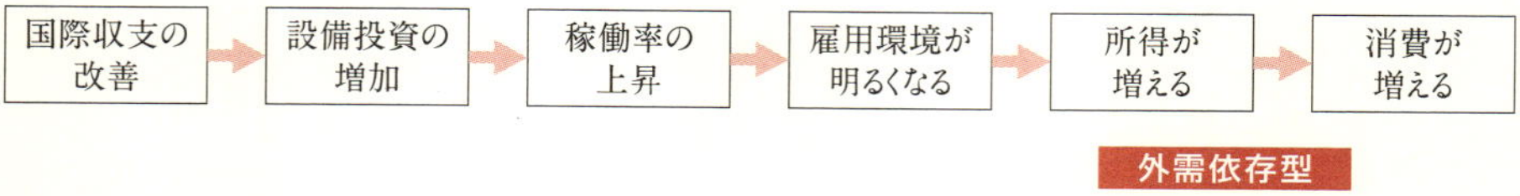

| 国際収支の改善 | → | 設備投資の増加 | → | 稼働率の上昇 | → | 雇用環境が明るくなる | → | 所得が増える | → | 消費が増える |

外需依存型

　さらに経済活動が拡大し、設備の供給能力が足りなそうだと、さらに積極的に投資します。しかし必要十分な設備が整うと、設備投資が止まります。景気が後退局面に入ると供給過剰となる恐れがあり、在庫が積み上がってしまうからです。つまり設備投資額は、景気の先行きに対する企業の見立てが直接反映されやすいのです。

　そのため最初に景気の変化を反映しやすいのが、法人企業統計の設備投資や機械受注統計ということになります。機械受注統計は、機械メーカーの設備用機械の受注額を集計したものです。企業の設備投資よりも6カ月から9カ月程度の先行性を持つと言われています。

　ただし最近は設備の小型化が進んできたため、準備期間が短くなってきているとも言われています。

　鉱工業指数の中の稼働率指数は、生産能力に対する生産量の比率から

求められた製造工業の設備の稼働状況を示す指数です。景気が本格的に拡大する局面だと、設備投資による増産分以上の需要に対応するために生産が増え、設備の稼働時間も伸びます。逆に景気が後退すると、生産の減少を受け稼働率も低下します。

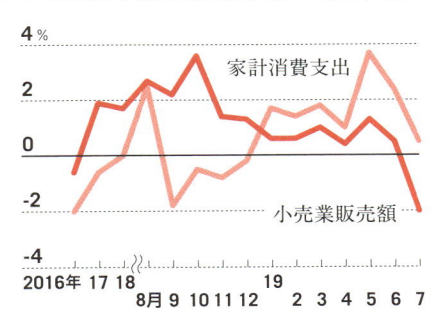

▶ 図Ⅲ-1-5　小売業販売額と家計消費支出の増加率（前年比）の推移

景気が良くなり消費も活発に

　企業の景気が良くなると労働環境の指標も良くなります。企業からどの程度人を求めているかを指す有効求人倍率が高まり、完全失業率が改善、所定内・外労働時間も増え、現金給与総額を押し上げます。

　所得が増えることで消費意欲が高まります。個人消費の動きを示す経済指標として一般的なのは家計調査です。家計調査は総務省が世帯の収入と支出の動向について毎月調査し発表します。食費や家事用品、教育費など費用科目別に消費支出を集計しています。全国から約9000世帯を抽出し、家計簿を記入してもらって集計しています。ただし調査協力へのハードルが高いことなどから実態と乖離しているとの指摘があります。一方、家計消費状況調査は家計調査と似た経済指標ですが、調査対象が3万世帯と多く、家計調査より実態に近いとされています。

　消費者物価指数(CPI)では、全国の世帯が購入する財やサービスの平均的な価格の変動を測定します。経済政策を推進する上で重要な指標と

して使われ、「経済の体温計」とも呼ばれます。国民年金や厚生年金の支給額を物価変動に応じて見直す時にCPIが判断材料として使われるほか、日本銀行が金融政策を検討する時の判断材料としています。家賃や公共料金の改定にも参考情報として使われます。

　CPIには主に「総合」と「生鮮食品を除く総合（コア）」があります。生鮮食品の価格は天候で大きく変動するため、後者はこれを除くことで、物価の動きをより正確に把握します。西暦の末尾が0と5の年に5年ごとに改定し、指数に採用する品目も見直します。2015年基準の指数には585品目を採用。品目の価格は小売物価統計調査を基にしています。

　家計が潤うと小売業の調子も上向き、小売業販売額や全国百貨店売上高や旅行取扱状況なども改善します。

米国の動向が日本の景気に影響

　国内だけではなく海外の動向も、景気の良し悪しに影響を及ぼします。日本経済は輸出に対する依存が大きく、その動向が経済成長を左右します。例えば2002年からの日本の景気回復は、中国経済を中心とした世界経済の拡大に伴う輸出主導によるものでした。

　2009年から2012年までの輸出相手国は中国が1位でした。2013年は米国が一時的にトップになりましたが、18年も中国が最大の輸出相手国になっています。昨今、米国と中国の間は「米中貿易戦争」と呼ばれるほど関係がぎくしゃくしています。この動向が日本経済、米国・中国それぞれの経済、ひいては世界経済の行方にどのような影響を及ぼすのか、より注視が必要になりそうです。

　海外との経済取引の全体像を把握するための指標が、国際収支の統計です。財務省が毎月公表しています。モノやサービス、お金の流れを把握できます。国際通貨基金(IMF)の定めた基準に従って対外取引を集計しています。海外とのやりとりの収支が経常収支です。詳しくはI-9を参照してください。

　経常収支は外国為替相場にも影響を与えます。輸出が輸入より多いと、

外貨が潤沢になってくるため、円高・ドル安になりがちです。輸入の方が多いと円安・ドル高に振れます。経常黒字であれば外国に支払う額が増えます。経常収支のほかに為替に影響するのが米国経済の動向です。

　米国のGDPは個人消費が7割を占めます（日本のGDPのうち個人消費は6割程度です）。家計の収入や雇用が個人消費に大きな影響を与えるため、米国では非農業部門の雇用者数と失業率が注目されています。毎月第1金曜日に発表されますが、エコノミストたちはこの数字を重視しています。米国は日本と異なり景気が悪くなると人員整理したり、逆に良くなると雇用を増やしたり、景気とかなり連動しているからです。米国における個人消費関連の動向は、企業の設備投資など日本の経済指標にも間接的に影響が出てきますので、米国の雇用情勢の悪化も対岸の火事ではないのです。

　さて、様々な指標とその特徴をご紹介しました。指標を活用して、景気の先行きや、興味を持つ業界の動向を自分で予測してみませんか。

取材協力　永濱利廣　第一生命経済研究所首席エコノミスト

III - 2

—

株価指数はどう使う?

　日経平均株価（日経225）、TOPIX（東証株価指数）、ダウ工業株30種平均、NASDAQ総合指数…。世界には様々な株価指数が存在します。株価指数とは、世界の様々な株式市場に上場される企業の株式の値動きを一定の計算方法で総合して、数値化したものです。ある時点の株価を「指数」としたり、上場する全銘柄や特定グループの銘柄の平均株価を算出する「平均値」で示したりするものがあります。個別企業の株価は、業績などへの将来の期待に基づいて変動します。しかし株価指数は、市場全体の株価変動が反映されるため、より大きな全体観として株式市場の変化を捉えられます。個別銘柄に投資するよりもリスクが低くなるといった考え方に基づき、株価指数に採用されている銘柄を対象に投資する投資信託（ファンド）は、年金などにも広く買われています。

株価指数とは

　「米中貿易交渉が一部で合意したのを背景に、日経平均が今年の高値を更新しました」「インターネット関連企業への期待が高まり、NASDAQ総合指数の上昇が続いています」…。

　テレビの経済ニュースや新聞報道では、「日経平均株価（日経225）」や「TOPIX（東証株価指数）」「ダウ工業株30種平均」「NASDAQ総合指数」など、「株価指数」の変動が日々報じられています。

　それでは株価指数とはどのようなものなのでしょうか。簡単にいうと、株式市場に上場する全銘柄や特定グループの銘柄の株価を、一定の計算

式に基づいて総合化して、平均値を算出したり、ある時点を100や1000とする指数として算出したりするものです。

> **株価指数** = 株式相場の歴史的な水準や、前日に比べた変動状況がひと目でわかるように、一定の計算方法で個々の株価を集計して指標化したもの。

▶ 図Ⅲ-2-1　株価指数の種類

株価平均型株価指数	組み入れ銘柄の株価の合計を、銘柄数で割って求める。株式分割等でも連続性が保たれるよう除数を調整。
時価総額加重平均型株価指数	組み入れ銘柄の時価総額の合計を、基準となる時点における時価総額の合計で割って計算。
浮動株基準株価指数	ある株式市場に上場している銘柄の「浮動株」だけを計算の対象にする株価指数の計算方法。時価総額加重平均型から浮動株基準に移行するケースが目立つ。

　なぜ株価指数が必要とされるのでしょうか。個々の企業の株価は、業績に対する投資家の将来的な期待に基づいて変動します。株式市場では、ある銘柄の株価は100円や200円値上がりする一方、別の銘柄は100円や200円値下がりしているといったことが起きます。こうした個別銘柄の値動きだけを見ても、市場全体や特定の業種のグループなど、より大きな枠組みでの変化は把握できません。しかし株価指数からは、全銘柄や特定の銘柄グループの株価動向を捉えられ、より総合的な株式市場に対する投資家の見方を知ることができます。

　株式市場における総合的な値動きは、世界各国の経済情勢や先行きの見通しに影響されます。株式を売り買いする投資家だけでなく、一般の人にも重要な指標になるため、ニュースとして日々報じられるのです。

株価指数の種類

　それでは株価指数にはどのような種類があるのでしょうか。
まず「株価平均型株価指数」という算出方法があります。対象として組み

入れる銘柄の株価を合計して銘柄数で割って求めるものです。ただし権利落ちや減資、銘柄の入れ替えなどの理由で、連続性に問題が起きないように、修正を加えることになっています。

▶ 図III-2-2　世界の主な株価指数

日本	日経平均株価（日経225）	株価平均型
	東証株価指数（TOPIX）	時価総額加重平均型（浮動株基準）
米国	ダウ平均株価 （ダウ工業株30種平均）	株価平均型
	NASDAQ総合指数	時価総額加重平均型
英国	FTSE100種総合株価指数 （FTSE100）	時価総額加重平均型（浮動株基準）
ドイツ	ドイツ株価指数（DAX）	時価総額加重平均型（浮動株基準）
香港	ハンセン株価指数	時価総額加重平均型（浮動株基準）
シンガポール	ST指数	時価総額加重平均型（浮動株基準）

代表格が米国のダウ工業株30種平均です。米ダウ・ジョーンズ社が、米国を代表する様々な業種の銘柄を選んで、平均株価を公表しています。工業株という名称ですが、メーカー、流通、IT（情報技術）関連など、幅広い銘柄を組み入れています。

コカ・コーラ、ボーイングなどのメーカー、マイクロソフト、AppleなどのIT、エクソンモービルなど石油関連、ファイザーなど医薬品、プロクター・アンド・ギャンブル（P&G）などの日用品、ゴールドマン・サックスなど金融、さらにウォルマートなど流通も含まれています。ニューヨーク証券取引所に上場される銘柄が大半を占めますが、AppleなどIT関連企業ではNASDAQに上場する銘柄も含まれています。

株価平均型株価指数は、日本では日経平均株価が代表的です。日経平均と省略して呼ばれる場合が多く、東京証券取引所第一部に上場されている約2000銘柄のうち、日本を代表する225銘柄を対象にして平均株価を算出しています。

トヨタ自動車やホンダなど自動車、日立製作所、パナソニック、ソニーなど電機、セブン＆アイ・ホールディングス、イオン、ファーストリテイリングなどの小売、キリンホールディングスや日本ハムなど食品、日本製鉄など鉄鋼、武田薬品工業など医薬品、三菱UFJフィナンシャル・グループや野村ホールディングスといった金融、ANAホールディングスやJR東海、JR東日本のような運輸、NTTやソフトバンクグループなど通信ほか、日本を代表する多くの企業が採用銘柄となっています。

　株価平均型株価指数は、株価の単純平均で算出するため、株価が高い値がさ株の価格変動の影響を大きく受ける傾向があります。例えば、2019年10月下旬時点の日経平均の構成比率はファーストリテイリングが約11％、ソフトバンクが約4％、東京エレクトロンが3.5％ほどと、上位3社で2割近くを占めます。これに対して、株式時価総額で上位のトヨタの構成比率は1％強で、NTTドコモに至ってはわずか0.05％にすぎません。特定の銘柄の変動が日経平均全体に与える影響が大きいため、株式市場全体の価格変動を反映しているのかという点では議論もあります。

　日経平均は、株価の連続性を重視するために、原則として225の同一銘柄を採用してきました。もちろん合併や倒産による上場廃止や銘柄の入れ替えで顔ぶれは変化していますが、銘柄数が限られるのでカバー率に限界がありました。市場全体の変化を反映しきれないという欠点を補うために、日本経済新聞社が考案して、1982年から公表しているのが「日経500種平均株価（日経500平均）」です。採用銘柄を500に広げることで、カバー率を高めました。採用する銘柄も固定せずに、市場における有力な銘柄を随時選択し直してきています。売買高や売買代金、時価総額でランキングを付け、それに基づいて総合順位を決めます。この総合順位を過去3年分合計して、上位の500銘柄を採用しています。

時価総額加重平均型から浮動株基準型へ

　もう1つの代表的な株価指数の算出方法が「時価総額加重平均型株価指数」です。組み入れる銘柄の時価総額の合計を、基準とする時点の時

価総額の合計で割って算出する仕組みです。

　株式市場の全銘柄を組み入れている場合、時価総額の合計がどのような水準にあるのかが指数として一目瞭然です。一部の値がさ株の値動きの影響を受けにくく、株式市場全体の株価水準がどのように変化しているのかが分かりやすいという特徴があります。

　時価総額加重平均型を採用している代表的な株価指数が、米国のNASDAQ総合指数です。IT企業が数多く上場する米証券取引所のNASDAQで取引されている3000以上の銘柄が組み込まれています。日本では、TOPIX（東証株価指数）が時価総額加重平均型の株価指数に分類されます。東証一部に上場する全銘柄が対象で、基準日となる1968年1月4日の時価総額を100として計算されます。ただし、新規上場や上場廃止、増資や減資、企業分割なども織り込む形で修正を加えて算出されています。

　ただし、時価総額加重平均型の株価指数には課題がありました。時価総額が大きい一方で、親会社による保有や金融機関との持ち合いなどで安定株主が多く、売買が活発でない銘柄の影響が大きくなることです。

　とりわけ株価指数を対象にする「株価指数連動型投資信託（インデックスファンド）」が注目を集める中、この問題がクローズアップされてきました。インデックスファンドが、時価総額加重平均型の株価指数に連動するように投資する場合、売買する銘柄の数量は、個別銘柄の時価総額に比例する形で、コンピューターが自動計算するなどして決めます。このため市場に流通する株式の数量が少ない銘柄は、株価が乱高下しやすい傾向がありました。

　この課題に対応するために進んでいるのが、時価総額加重平均型株価指数の「浮動株基準株価指数」への移行です。安定株主に保有されて市場に流通していない株式は売買できないため、投資家にとっては実質的に存在しないも同然です。このため、市場で実際に流通している株式（浮動株）だけを対象にして算出する株価指数が求められるようになってきました。

東京証券取引所はTOPIXにおける浮動株基準の導入を2005年から2006年にかけて段階的に実施しました。海外では「ドイツ株価指数（DAX）」や米S&Pダウ・ジョーンズ・インデックス・エル・エル・シー社が算出する「S&P500」といった株価指数が、浮動株基準に移行しています。

「インデックスファンド」とは

　ここで株価指数連動型投資信託（インデックスファンド）についてより詳しく説明します。簡単にいうと日経平均やTOPIXなどの指数＝インデックスに連動するように設定された投資信託（ファンド）です。個別銘柄に投資する場合は、株価が大きく上がれば利益が出る反面、大幅に下落すると損失が出るリスクも大きくなります。これに対して、株価指数に連動するように様々な銘柄に投資をすれば、大きな利益を上げることは難しい一方、損失リスクも低減されます。「ローリスク、ローリターン」ですが、日経平均やTOPIXなど株価指数のパフォーマンス並みの運用成績が期待できます。

株価指数連動型投資信託（インデックスファンド） ＝	日経平均や東証株価指数など特定の株価指数に連動するように運用される投資信託。指数の構成銘柄とほぼ同じ銘柄を同じような構成比で組み入れる。銘柄選びの手間が省け、管理はコンピューター任せのため、信託報酬が安いのが特徴。分散投資効果も見込める。上場投資信託は「ETF」と呼ばれる。

　インデックスファンドには、ほかにも様々な特徴があります。株価指数の動きに連動するように、コンピューターなどを使って各銘柄を機械的に売買するため、申込み手数料や信託報酬などの手数料が安めに設定されています。また日々報道される株式指数の動向から損益の状況も把握しやすくなります。「世界的な金融緩和で株価が上昇しそうだ」といった局面では、個別銘柄ではなく、インデックスファンドを買うのも選択肢です。もちろん総合的な相場の変動により運用成績は変化するため、株価指数の下落が続くと損失が膨らむのは言うまでもありません。

会社の財務を分析しよう

　ある企業がこれまでどのように資金を集めて、どのような資産を持っているのか。また、その資産を使ってどれだけ売り上げや利益を上げているのか。資金繰りはうまくいっているのか――。経営状態を知るためには、その企業の決算書を読み解くことが不可欠です。ここでは、財務諸表の基本的な読み方や、それを使った財務分析の方法を学びましょう。

貸借対照表は資金をどう集め、どう使ったかを表す

　財務分析の基となるのが貸借対照表（バランスシート）です。貸借対照表の右側で企業がどのように資金を集めたかを、左側は、その資金で投資した結果、どのような資産を保有しているかを表します（図Ⅲ-3-1）。

　右側を見てみると、負債と純資産に分けられています。負債は社債や借入金など、他人から借りた資金です。一方、純資産は株式の発行によって調達した資金や、企業活動で得られた利益で構成されています。

　企業は集めた資金で工場を建てたり、生産設備を買ったり、将来の投資に備えて預金したりします。貸借対照表の左側を見ると、右側で集めた資金が、現在どのような資産に換わっているかが分かります。左側は右側の結果なので、常に同じ金額になります。図Ⅲ-3-1の資生堂の貸借対照表を見ると、買掛金や長期借入金などで、負債の部の合計は5411億円、純資産は4684億円で、右側は合計1兆96億円です。左側の現金や土地、建物など資産の合計は1兆96億円で、同じになっています。

　さらに、資産、負債ともに、「流動」と「固定」に分けられています。現

金化しやすいものが「流動」です。例えば、1年以内に返済する借入金は流動負債、返済期限が長い社債は固定負債です。一方、資産も売却してすぐに現金化できる有価証券は流動資産ですが、すぐに売却できない工場などは固定資産です。

▶ 図Ⅲ-3-1　資生堂の貸借対照表（2018年12月期）

総資産 （①+②=1,009,618）		総負債 （①+②=541,156）	
①（流動資産　計512,684）		①（流動負債　計339,940）	
現預金	125,891	支払手形、買掛金	56,870
受取手形、売掛金	166,491	短期借入金	2,725
棚卸資産	149,788	など	
など		②（固定負債　計201,215）	
②（固定資産　計496,933）		社債	30,000
建物	87,607	長期借入金	28,105
機械装置	22,188	など	
土地	49,795	純資産 （468,462）	
商標権	111,001	資本金	64,506
など		利益剰余金	319,001
		など	

負債と純資産の合計は、資産と必ず一致

注：単位は百万円

一定期間の儲けを表す損益計算書

　損益計算書は、一定期間に企業がどのくらい売り上げを計上し、費用をいくら使っていくら利益や損が出たかを表します。

　資生堂を例に順に見てみましょう（図Ⅲ-3-2）。売上高1兆948億円（①）から、原材料などの原価（②）を引いたのが、売上総利益（③）で、これは粗利とも呼ばれます。そこから従業員の給与や広告宣伝費などの販売費及び一般管理費（④）を除いたのが、営業利益（損失）（⑤）です。営業利益（損失）は、本業でいくら儲けたか（損したか）を表します。資生堂は2018年の1年間で、本業で1083億円の利益を稼いでいます。

項目	金額	番号
売上高	1,094,825	①
原価	231,928	②
売上総利益（粗利）	862,896	③
販売費及び一般管理費	754,545	④
営業利益	108,350	⑤
営業外収益	7,113	⑥
営業外費用	5,974	⑦
経常利益	109,489	⑧
特別利益	5,641	⑨
特別損失	10,821	⑩
税引前当期純利益	104,310	⑪
税金などの費用	39,405	⑫
当期純利益	61,403	

注：単位は百万円

本業による儲け（①−②−④）

投資などの儲けを加えた利益（⑤＋⑥−⑦）

不動産の売却など儲けを加えた最終的な利益（⑧＋⑨−⑩−⑫※）

※：実際は少数株主の利益などを引く

　営業利益（損失）に、利息や配当金の支払いや受け取りなど、本業以外の損益を加えたのが、経常利益（損失）（⑧）になります。そこから固定資産や有価証券の売却益・損など、その期しか発生しない一時的な利益や損失である特別利益（⑨）と特別損失（⑩）を加えたものが、税引前当期純利益（⑪）です。そこから、税金などを引くと、最終的な利益を表す純利益になります。2018年の資生堂の最終的な儲けは614億円でした。

現金の流れはキャッシュフロー計算書で把握

　一定期間の資金の流れを把握するためにあるのが、キャッシュフロー計算書です（図Ⅲ-3-3は資生堂の例）。損益計算書は一定期間の損益を表しているのだから、資金の流れも分かるだろうと思うかもしれませんが、損益計算書は必ずしも現金の流れと一致しません。損益計算書では、売り上げは取引が成立した時点で計上されます。例えば、A社が1億円の製品を販売したとします。損益計算書上では、その時点で1億円の売上高を計上しますが、すぐの現金取引ではなく物を受け渡して一定期間の

のちに代金を受け取る取引では、取引しただけでは手元に現金は入ってきません。

▶ 図Ⅲ-3-3　資生堂のキャッシュフロー計算書（2018年12月期）

税引前当期純利益	104,310
減価償却費	41,994
売上債権の増減額（△は増加）	△10,659
棚卸資産の増減額（△は増加）	△24,291
法人税などの支払い	△43,347
など	
営業キャッシュフロー	**92,577**
有形固定資産の取得による支出	△80,596
投資有価証券の取得による支出	△1,694
など	
投資キャッシュフロー	**△103,112**
短期借入金の増減額（△は減）	△5,140
社債の発行による収入	-
配当金の支払い額	△13,940
財務キャッシュフロー	**△29,722**

フリーキャッシュフロー

注：単位は百万円

　さらに、例えばB社が5000万円の機械を購入した場合、現金は取引時点で5000万円減ります。一方で、この機械で製品を作り、毎年4000万円の売り上げをあげるとしましょう。仮に1年目に費用を全て計上してしまうと、1年目は赤字になってしまい、翌年からは逆に費用がゼロになります。そうならないために、損益計算書では、売り上げの計上時期に合わせて費用を配分します。この費用を「減価償却」と言います。償却期間が20年であれば、毎年同じ金額を償却していく定額法の場合、損益計算書では250万円ずつ費用が計上されます。

　キャッシュフロー計算書には、3つのキャッシュフローがあります。まず、営業キャッシュフローは、損益計算書の税引前当期純利益から、減

価償却費や売掛金、買掛金のように実際の現金の流れと違う要素を足し引きした現金収支です。これは、企業が、商品やサービスの販売など、事業から得た現金収支です。次に、投資キャッシュフローは、設備投資や子会社への投資、固定資産や株式の売却といった、投資活動の結果の現金収支です。3つ目が財務キャッシュフローです。借入金の返済や社債の発行・償還など、財務活動による現金収支です。ちなみに、3つのキャッシュフローのうち、営業キャッシュフローと投資キャッシュフローの合計をフリーキャッシュフローと呼びます。これが、財務活動などに企業が自由に使える現金になります。

稼ぐ力や効率性を分析する収益性分析

　財務諸表の数字を眺めているだけでは、企業の状態を正しく把握できません。そこで、ここからは財務諸表を使った分析の仕方を学びましょう。まずは、企業の稼ぐ力を見極める収益性分析です。

　収益性分析の代表的なものに、営業利益を売上高で割って求める売上高営業利益率があります。売り上げのうち、どれだけを営業利益として確保できたかを表します。利益率が低い原因は、販売費及び一般管理費が膨らんでいるからなのか、それとも原価が上昇しているからなのか。原価や販管費と売上高の割合を見たり、過去の実績や他社の利益率と比べたりすることで、企業の稼ぐ力を分析することができます。

　次に、企業が持つ資産を活用し、いかに利益を生み出したかを表すROA（総資産利益率）を見てみましょう。ROAは、当期純利益を総資産で割って算出します。これは、純利益を売上高で割った売上高純利益率と売上高を総資産で割った総資産回転率の掛け算に分解できます。ROAは収益力の高さ（売上高純利益率）と、どれだけ効率的に資産を使

$$\text{ROA}（\text{総資産利益率、\%}）= \frac{\text{純利益}}{\text{売上高}} \times \frac{\text{売上高}}{\text{総資産}} \times 100$$

って売り上げを上げられたか（総資産回転率）で決まるのです。

　収益性を見る上でもう1つの大切な指標が、ROE（自己資本利益率）です。これは、最終損益を純資産で割って求め、株主が投じた資本を、どれくらい利益に結びつけられているかを表します。ROEは、売上高純利益率と総資産回転率と、総資産を純資産で割って求める財務レバレッジに分けられます。財務レバレッジは、総資産に占める自己資本の割合が小さいほど高くなります。つまり、負債の割合を増やせば、財務レバレッジもROEも高くなるということです。ROEを分解してみることで、ある企業のROEがなぜ高いのか、低いのかを分析することができます。

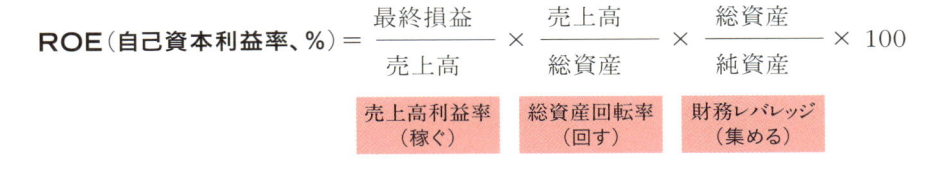

$$\text{ROE（自己資本利益率、\%）} = \frac{\text{最終損益}}{\text{売上高}} \times \frac{\text{売上高}}{\text{総資産}} \times \frac{\text{総資産}}{\text{純資産}} \times 100$$

| | 売上高利益率（稼ぐ） | 総資産回転率（回す） | 財務レバレッジ（集める） |

▶ 図III-3-4　日米欧のROEと要因分解

	ROE	利益率	回転率	レバレッジ
日　本	8.55%	5.30%	0.82回	1.89倍
米　国	15.68	8.60	0.63	2.68
欧　州	13.18	6.84	0.70	2.46

注：2016年度、経済産業省の「伊藤レポート2.0」より

　ROEは、株主が投じた資本をいかに生かしているかを表しているため、株式投資家が重視します。ところが、図III-3-4のように、日本の企業は欧米に比べてROEが低く、海外の投資家が日本株への投資を敬遠する理由の一つになってきました。日本企業のROEを分解すると、総資産回転率は欧米に勝っています。つまり、日本のROEを引き下げているのは収益力の低さとレバレッジの差なのです。日本企業は収益力を上げなければ、ROEで欧米に追い付くのが難しいということが分かります。

生産性分析で資源配分の成果を評価

次に、企業の生産性を分析していきましょう。生産性とは、企業が人や設備などの経営資源を投入した結果、どれだけの付加価値を生み出せているかを表します。生産性分析の主なものには、労働生産性があります。労働生産性は、従業員1人当たりが生み出した付加価値を表します。付加価値は、売上高から材料費や運搬費、外部加工費などの外部に支払う費用を差し引いて求められます。これを期中の平均従業員数で割ることで、人的資源を投入した成果を測ることができます。

生産性を測る指標である1人当たり売上高は、売上高を従業員数で割って求めます。これによって、従業員1人が、どれだけ売上高の計上に貢献しているかが分かります。1人当たり人件費は、人件費・労務費を従業員数で割って求めます。この1人当たり人件費と1人当たり売上高を同時に見ると、企業が最適な資源配分をし、それによって十分な成果を上げられているかが分かります。

返済能力などで安全性をチェック

企業の安全性を測る指標もあります。流動比率は、流動資産に対する流動負債の割合です。流動比率が1以上であれば、1年以内に返済しなければならない負債を、1年以内に回収できる資産が上回っており、返済能力が高いと言えます。次に、固定比率は、固定資産を自己資本で割って求めます。土地など現金化に時間がかかる資産を、返済しなくていい自己資本でどの程度賄えているかを表します。

もう1つ、安全性を見る上で、よく用いられるのが自己資本比率です。自己資本比率は、自己資本が総資産に占める割合です。図Ⅲ-3-5にあるジャパンディスプレイの自己資本比率の推移を見てみましょう。JDIは、スマートフォン向け液晶パネルの苦戦で、2014年3月期に339億円の最終黒字を計上してからは、19年3月期まで5期連続の最終赤字を計上しました。最終赤字になると、貸借対照表の利益剰余金が減り、自己資本

も目減りします。その結果、JDIの19年3月期の自己資本比率は、0.9%まで低下してしまいました。自己資本比率が低下すると、銀行からの借り入れの条件が悪化するなどの影響が出る可能性があります。この時点でのJDIの自己資本比率は倒産する可能性すら示しています。

▶ 図III-3-5　ジャパンディスプレイの当期純利益と自己資本比率

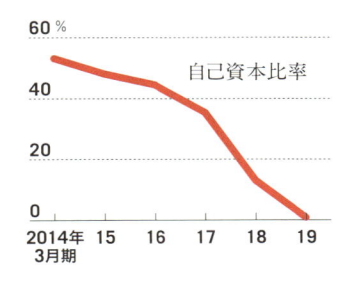
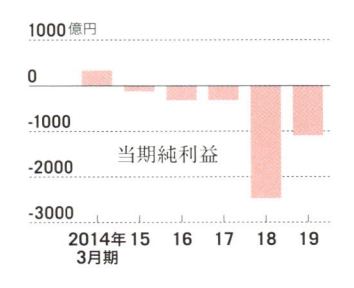

売上高の推移で、成長性を見る

損益計算書では、単年度の売上高が分かります。一方で、長い期間でどのように売上高が推移しているかを見ると、企業の成長性を分析することができます。成長性分析の代表的な指標である増収率は、売上高が前の期に比べて何%伸びたかを表します。これは、業種や企業が置かれている成長ステージなどによって大きく異なります。

例えば、図III-3-6にあるようにNTTの増収率は2019年3月期までの10年間、マイナス2％（2％の減収）からプラス4%と、比較的小幅で推移しています。顧客基盤が安定しているNTTは、成長率が高くない一方で、売上高を安定的に計上しています。一方、ZOZOは2010年3月期に、6割強の増収率を記録、17年3月期も40％の増収でした。

成長性を測るための指標としては、営業利益の前年度比の伸びを見る営業増益率などもあります。売上高が急速に伸びても、利益を確保できていない場合もあるので、増益率を併せて見てみることも重要です。

▶ 図Ⅲ-3-6　ZOZOとNTTの増収率

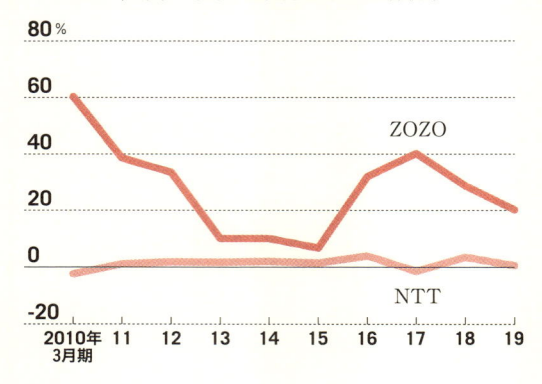

株価で企業を分析する

　ここからは、株価で企業を分析してみましょう。まずは、PBR（株価純資産倍率）です。これは、株価を1株当たりの純資産で割って求めます。つまり、株式市場で純資産の何倍までその企業が評価されているかが分かります。PBRが1倍を下回るということは、理論上は、その企業を買収して解散した方が得するということになります。

　図Ⅲ-3-7はトヨタ自動車のPBRの推移です。ほぼ最近は解散価値とさ

$$\text{PBR （株価純資産倍率）} = \frac{\text{株価}}{\text{1株当たり純資産}}$$

$$\text{PER （株価収益率）} = \frac{\text{株価}}{\text{1株当たり純利益}}$$

$$\text{配当利回り} = \frac{\text{配当}}{\text{株価}} \times 100$$

$$\text{EV ／ EBITDA} = \frac{\text{（時価総額 ＋ 純有利子負債）}}{\text{EBITDA}}$$

れるPBR1倍前後で推移しています。マツダやSUBARU（スバル）、スズキをグループに加え、世界最大規模の自動車グループとなっていますが、株式市場は決して簿価以上の価値を認めていないようです。

　株価指標のうち、PER（株価収益率）は、株価を1株当たり純利益で割

▶ 図Ⅲ-3-7　トヨタのPBR

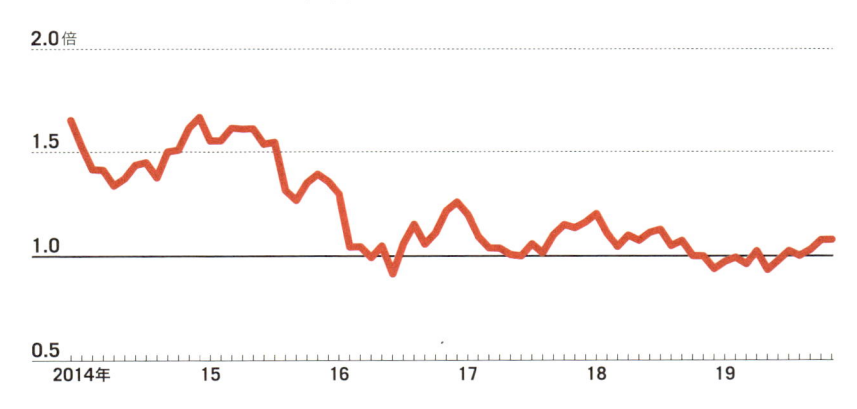

って求めます。PERは業種によって異なります。PERを同業他社と比較することで、現在の株価水準を評価することができます。　次に、配当利回りを見ていきましょう。これは、1株当たりの配当が、株価に占める割合です。配当利回りは、他の投資利回りとの比較で用いられます。

　株価指標のうち、EV（企業価値）／EBITDA（利払い前・税引き前・償却前利益）はM&A（合併・買収）の際に用いられます。EVとは、時価総額に有利子負債と現金の差額を足したもので、企業の買収に掛かる総額を表します。EBITDAは、税引前利益に、減価償却費や支払利息などを足して求めます。EV／EBITDAは、投資に掛かった資金を、何年間で回収できるかを計算する投資尺度です。

監修協力：神戸大学大学院経営学研究科　保田隆明准教授

III - 4

会社の価値を計算する

III-3では損益計算書・貸借対照表の見方や、企業の基本的な財務分析の事例などを見てきました。このIII-4ではさらに踏み込んで、M&A（合併・買収）を仲介するプロが、キャッシュフローの予測を基に買収先企業の価値を算定する際などに使う、より実践的な方法を見ていきましょう。

企業分析において重要なことの一つが、事業やプロジェクトへの投資と、そこから生じる価値を的確に判断することです。その分析に役立つのが、「異なる時点のお金の価値は異なる」という時間価値の考え方です。

100万円を年利10%で預けた場合

現在	100万円
1年後	$100 \times (1 + 0.1) = 110$万円
2年後	$100 \times (1 + 0.1)^2 = 121$万円
3年後	$100 \times (1 + 0.1)^3 \fallingdotseq 133$万円
現在	150万円
1年前	$150 \div (1 + 0.1) \fallingdotseq 136$万円
2年前	$150 \div (1 + 0.1)^2 \fallingdotseq 124$万円
3年前	$150 \div (1 + 0.1)^3 \fallingdotseq 113$万円

例えば100万円を年利10%で1年預けた場合、元利合計でいくらになるでしょうか。答えは110万円ですね。では複利で2年預けた場合の元

利合計は？　これは表の計算式の通り、121万円になります。これは、年利10%で預ける人にとって、これら2つの金額の価値は同じだということを示しています。

　逆にこの場合、現在150万円の価値は、1年前の約136万円、2年前の約124万円の価値と同じということも言えます。現在の金額を「現在価値」、将来のそれを「将来価値」と呼びます。この考え方をまず頭に入れてから、企業価値分析の代表的な手法である「DCF（ディスカウントキャッシュフロー）法」へと話を進めましょう。

キャッシュフロー予測を現在価値に割り引くDCF法

▶ 図III-4-1　DCF法の流れ

1. 将来のFCF（フリーキャッシュフロー）を予測（グラフは7年間）

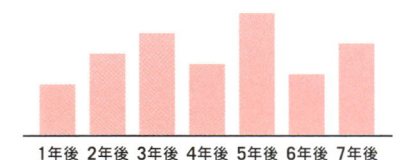

1年後 2年後 3年後 4年後 5年後 6年後 7年後

2. 7年の予測期間以降も永久に事業が続く前提で、さらに将来のFCFの合計（継続価値）を算出

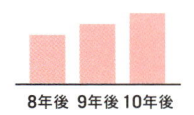

8年後 9年後 10年後

3. 予測した各年のFCFと継続価値を、割引率を用いてそれぞれ現在価値に割り引く

4. 合計して本業の価値（事業価値）を算出

5. 金融資産など非事業用資産を足して企業価値を算出

　図III-4-1に示したのが、DCF法を使った企業価値計算の大まかな流れです。営業キャッシュフローと投資キャッシュフローを足して、企業が

本来の事業活動によって生み出すFCF（フリーキャッシュフロー）を使うのがポイントです。

　まず企業がFCFをどれだけ稼ぐかを、これまでの収益、財務状況を基に可能な範囲で予測します。次にこれまでの実績と、その予測額を基に、そこからさらに将来、どの程度のFCFを稼ぐかを試算し、一括して算出します。そして今後のFCF予測値の合計を現在価値に割り引き、金融資産など非事業用の資産を足して企業価値を算出します。

　図をご覧になると分かるかと思いますが、この計算方法で理解する必要があるのが、手順3の「割引率」と手順2の「継続価値」の概念です。この2つを順に見ていきましょう。

　まず割引率。FCFの予測値を、現在価値に捉え直すことに使います。企業の資金調達は、有利子負債と普通株式の発行で賄われています。そのため、有利子負債の提供者と株主の期待する投資収益率がそれぞれどの程度かを考え、時価の大きさによって加重平均したWACC（ワック、加重平均資本コスト）を用いるのです。

WACC（加重平均資本コスト）＝

有利子負債の期待収益率（社債金利などで算出）× （1－法人税率）× （ 有利子負債の時価 ÷ 有利子負債と普通株の時価合計 ）

＋ 普通株式の期待収益率（CAPMから算出）× （ 普通株式の時価 ÷ 有利子負債と普通株の時価合計 ）

CAPM（資本資産価格モデル）＝

無リスク資産の投資収益率（長期国債の利回りを用いる（年率1%前後））＋ 株式のベータ値（回帰分析や東京証券取引所のデータで求める）× 市場リスク・プレミアム（日本では通常5%前後が用いられる）

計算式は表の通りですが、WACCの計算に当たっては、価値を評価する企業の普通株式など、リスク性が高い資産の期待収益率を求める必要があります。資産価格の変動リスクが大きいため、投資家が現時点でその企業の株式に投資した際に、期待する収益率を求めるのです。この際に使われる原則を数式化したのがCAPM（キャップ・エム、資本資産価格モデル）です。

　CAPMでは、企業ごとに株式の動きが市場全体の動きの何倍の振れ幅で連動しそうかという数値をベータ値として出し、株式と国債の割引率の差である「市場リスクプレミアム」とともに計算します。こうして求めたCAPMからWACCを求め、投資収益率の計算に使います。

公式（等比数列）で一括加算：ターミナルバリュー

　もう一つの継続価値（ターミナルバリュー）は、FCFを予測可能な期間の先も、その企業の事業は一定の成長率で継続するという考え方を基に、それ以降に発生すると見込まれるFCFを、公式（等比数列）を用いて一括して加算するというものです。下の例では予測期間の最終年度である6年後から先に、10億円のFCFが年率1%ずつ増えていくという予想を立てています。

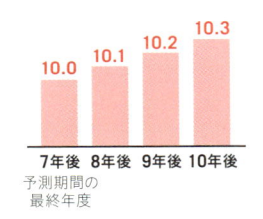

| | 10.0 | 10.1 | 10.2 | 10.3 |
| 7年後 | 8年後 | 9年後 | 10年後 |

予測期間の
最終年度

継続価値
図はFCFが永遠に
1%で増え続けると仮定
$=$ 予測最終年度の
翌年（8年後）のFCF $\div$ (WACC $-$ 恒久成長率)

$10.1 \div (5\% - 1\%) = 252.5$億円　予測最終年度（7年後）の8年後以降の継続価値

$252.5 \div (1 + 0.05)^7 \fallingdotseq 179.4$億円　継続価値の現在価値

この場合、予測最終年度の翌年（8年後）のFCFを、WACC（この場合は5%）から恒久成長率を引いた割合で割って求めます。実際にこの式で計算されるのは7年後（予測最終年度）の価値なので、これを7年分のWACCで割り引いて、継続価値の現在価値を計算します。ここで前提にする恒久成長率は、日本で主に事業を行っている企業の場合、日本の長期的な経済成長率も参考にして決めます。

企業価値を試算する

　前置きが長くなりましたが、DCF法ではこのように様々な前提を置いて企業価値を計算します。それでは、これまで見てきた手順に当てはめてA社の価値を実際に計算してみましょう。

　詳しくは図Ⅲ-4-2に載せていますが、まず、これまでの収益や財務状況から、A社のFCFは5年後まで予測できました。A社は年ごとに増減を繰り返しながらも、FCFの水準は増加傾向にあるようです。

　そこで、計算できなかった6年後より先は、FCFが毎年1%ずつ増えると試算し、6年後以降の継続価値を求めました。WACC5%の前提に当てはめると、5年後における継続価値は302.5億円となりました。こうして最初に求めた1年後から5年後までのFCFの将来価値と、6年後における継続価値をそれぞれ現在価値に割り戻して合計し、事業価値を算出したところ約280億円となりました。金融資産の10億円を足して、A社の企業価値は290億円と算出できました。

投資評価と、他の企業価値計算

　企業の評価方法は、DCF法以外にも色々とあります。ここでは主なものを見ていきましょう。

　まずはNPV（正味現在価値）法。企業の投資案が将来生み出すキャッシュフローの現在価値の合計から初期投資額を差し引いて算出します。「その投資案で企業価値がどれだけ増えるのか」を示し、企業が投資案を採用すべきかどうかを測る目安になります。

前提　5年後までのA社のFCFを予測、WACC5%、保有する金融資産は10億円

1. 財務諸表などを基に、5年後までのFCFを毎年試算

1年後	2年後	3年後	4年後	5年後
10億円	8億円	11億円	9億円	12億円

2. 6年後以降は毎年1%ずつFCFが増え続けると試算、6年後以降の継続価値を算出

6年後	7年後
12.1億円	12.2億円

$$12.1 \div (\ 5\% - 1\% \ ) = 302.5億円$$

3. WACCを使って現在価値に直す

1年後	2年後	3年後
$10 \div (1+0.05)$ ≒9.5億円	$8 \div (1.05)^2$ ≒7.3億円	$11 \div (1.05)^3$ ≒9.5億円

4年後	5年後	6年後以降の継続価値
$9 \div (1.05)^4$ ≒7.4億円	$12 \div (1.05)^5$ ≒9.4億円	$302.5 \div (1.05)^5$ ≒237億円

4. 合計して事業価値を算出
$$9.5 + 7.3 + 9.5 + 7.4 + 9.4 + 237 ≒ 280億円$$

5. 金融資産を足して企業価値を算出
$$280 + 10 = 290億円$$

**前提　初期投資額100億円。今後5年間の各年のFCFはプラス
10億円、マイナス20億円、プラス30億円、プラス50億円、プ
ラス60億円。資本コストは10％**

現在	1年後	2年後
▲100億円	$10 \div (1+0.1)$ ≒9.1億円	$▲20 \div (1+0.1)^2$ ≒▲16.5億円

3年後	4年後	5年後
$30 \div (1+0.1)^3$ ≒22.5億円	$50 \div (1+0.1)^4$ ≒34.2億円	$60 \div (1+0.1)^5$ ≒37.3億円

注：▲はマイナス

NPV　－13.4（投資不適格）
NPV>0なら投資に値するが、NPV<0は投資に値しない

　図Ⅲ-4-3のように、前提を置いて今後5年間の予想FCFの現在価値を
合計し、初期投資額と比較しました。この場合は初期投資額がFCFの現
在価値合計より約13億円多いとの結果が出ました。FCFで初期投資分
を賄えないため、投資は不適格です。「NPVがプラスなら採用、マイナ
スなら不採用」というのが、採否決定の判断基準です。

EVA（経済付加価値）＝

$$\begin{matrix} \text{NOPAT} \\ \text{（税引き後事業利益）} \end{matrix} \quad - \quad \begin{matrix} \text{投下資本} \\ \text{（有利子負債＋自己資本）} \end{matrix} \quad \times \quad \text{WACC（％）}$$

EVAがマイナス＝株主が求める適正なリターンを生み出していない状態

MVA（市場付加価値） ＝

$$\underset{\text{（株式時価総額 ＋ 有利子負債の時価）}}{\text{企業価値}} \quad - \quad \underset{\text{（有利子負債の時価 ＋ 自己資本）}}{\text{投下資本}}$$

企業が将来生み出すEVAの現在価値を示す

　最後にEVA（経済的付加価値）とMVA（市場付加価値）という指標も見ておきましょう。EVAは、事業の利益が事業運営に必要な資本のコストをどれだけ上回っているかを示す指標で、真の経済的な利益を表します。NOPAT（税引き後事業利益）から、投下資本とWACCの積を引きます。EVAがマイナスということは、株主が求める適正なリターンを企業が生み出していない状態を示します。またMVAは企業価値から投下資本を引いて求めます。企業が将来生み出すEVAの現在価値を示すのがMVAという関係になっています。

　企業の業種や財務状況、分析したい項目などの条件を見ながら、最適な企業の評価方法を使うとよいでしょう。

監修協力：神戸大学大学院経営学研究科　保田隆明准教授

Ⅲ-5

失業と物価のメカニズム
日本のデフレはなぜ長引いたか

中央銀行の最も大切な役割は、流通している通貨の量や金利を調整することで物価を安定させ、景気をうまくコントロールすることです。その際、参考にするのが「フィリップス曲線（Phillips curve）」です。物価上昇率（インフレ率）と失業率のトレードオフの関係を示すこの曲線は、各国の金融政策に影響を与えています。

フィリップス曲線とは

インフレ率と失業率には相関関係がある。そのことを示すフィリップス曲線について、現在までに様々な解釈が生まれてきました。それらは後ほど紹介するとして、まずはその起源から見ていきましょう。

最初に法則を見つけたのは、ニュージーランド出身の経済学者、アルバン・W・フィリップスです。横軸を失業率、縦軸を賃金上昇率とするグラフの上に、英国の1861年から1957年までのデータを分布させると、右下がりの緩やかな曲線を描く。58年、フィリップスは論文でそう発表しました。

賃金が高くなれば、製品やサービスの値上がりにつながり、インフレが加速することになります。従って、フィリップスが縦軸に取った賃金上昇率は、インフレ率に置き換えることが可能です（図Ⅲ-5-1参照）。つまり、「インフレ率が高くなると失業率が低くなる」、または「インフレ率が低くなると失業率が高くなる」というトレードオフの関係が、少なくともフィリップスが研究対象に選んだ期間では認められたのです。

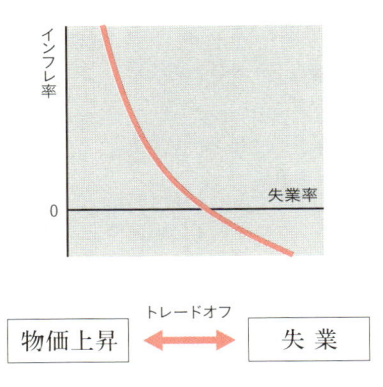

▶ 図III-5-1　フィリップス曲線

このフィリップスの発表を世界的に有名にしたのが、ポール・サミュエルソンとロバート・ソローという戦後マクロ経済学を代表する2人です。2人は米国のデータを使い、インフレ率と失業率にトレードオフの関係が生まれることを確認しました。

これによって、フィリップス曲線の存在は経済学の世界で広く知られることになったのです。同時に、各国の経済政策に大きく影響を与え始めることとなりました。

それでは、なぜ物価上昇率と失業率がそのようなトレードオフの関係にあるのでしょうか。以下のような因果関係が考えられます。何らかの理由で失業率が低下すれば、企業などの雇い主にとっては、以前と同じ条件で人を採用したり確保したりすることが難しくなります。

労働者にとっての「売り手市場」となり、雇い主は以前よりも高い報酬を提示し、支払うようになります。それが、名目賃金の上昇につながるわけです。逆に失業率が高くなれば、雇い主は条件を下げても人を集められるようになります。今後は名目賃金が下がり、物価も下がっていくということになります。

このように説明されると、このフィリップス曲線は理にかなっているように思えます。ただ、マクロ経済学の世界では、時代と共に新たな考え方が生まれていきます。70年代の米国では、高い失業率と高いインフレ率が併存する状態が続きました。単なるトレードオフの理論だけでは説明しきれない現実が生まれてきたのです。

インフレに後から気が付くか、予想するか

　失業という要素には、労働市場における需給関係だけでなく、必ず「人間の心理」も介在します。

　例えば世の中には、「月10万円の仕事しかないなら働きたくない」という人や、「いずれ転職すれば月給が上がるだろう」と楽観視し、一時的に仕事を辞めて失業状態となる人が存在します。こうした労働者の意思や受け止め方を、物価上昇率と失業率との関係に持ち込んだのが、米国の経済学者ミルトン・フリードマンです。

　ここでの議論は、労働者がインフレをどのタイミングで認知するかによって仮説が変わってきます。

　インフレが進んでいる局面で、労働者がまず実感するのが自分の手取り収入（＝名目賃金）の増加です。仕事をしていない自発的な失業者も、以前よりいい待遇の求人があれば、再び働き始めるということもあるに違いありません。

　こうした労働者の意思と行動が積み重なった結果、失業率が下がっていくことになります。この間は、インフレ率と失業率はいずれも、右肩下がりのフィリップス曲線上に乗っていることになります。

　しかし労働者は、いつの日かある現実に気が付きます。給料は増えているものの、世の中の物価の上昇ペースが、自分の給料の伸びと同じ程度か、それ以上であるという事実です。つまり、実質賃金は増えていないか、むしろ下がっているということに気が付くのです。このように、物価の変動をあまり考えずに、名目賃金の変化だけで自分の購買力が増えた、または減ったと考えてしまうことを、「貨幣錯覚」と呼びます。

長期的には失業率は一定水準に収斂する

　貨幣錯覚の状態から覚めた労働者の中には、自発的に失業状態になる人も出てくることになります。そうなると、インフレの進行によって一度下がった失業率が、ある一定の水準にまで戻ります。こうした調整が働くことで、インフレ率の変化にかかわらず、長期的には一定の失業率（＝「自然失業率」）に戻るという考え方が生まれてきます。

　このように、労働者がインフレの発生に時間差を置いて気が付き、行動することを「適応的期待」と呼びます。

▶ 図III-5-2　長期フィリップス曲線

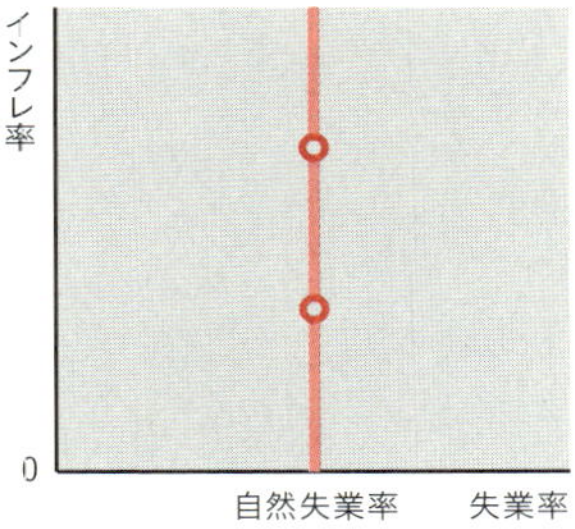

ただ、労働者は自分の賃金をはじめ、野菜の値段から新聞やテレビのニュースで得た情報に至るまで、身の回りのあらゆる情報をベースに将来を予測し、それに従って、合理的に行動しようとするとも考えられます。

　適応的期待が受け身だとすれば、そのように将来への予測を前提に行動しようとすることを「合理的期待」と呼びます。例えば、政府による大きなインフラ開発が予定されているエリアがあり、周辺の不動産の価格が上がりそうだと判断して土地を買おうとするのも、この合理的期待による行動だと言えます。

　経済全体がインフレを予測している場合、右下がりのフィリップス曲

線が全体として上にシフトすることになります。つまり、失業率は実際のインフレ率に対応して上下するのではなく、将来の見通し、つまり期待インフレ率に従ってフィリップス曲線そのものが上下に動くという考え方です。

　その現象を図で示すと、図III-5-2のように失業率が一定になります。短期ではインフレ率と失業率にトレードオフの関係が認められ、右下がりのカーブを描くのに対し、この「長期フィリップス曲線」は垂直に立つことになります。

　この考え方では、長期的には失業率がインフレ率にかかわらず一定の水準に収まることになります。であれば、政府が失業率を短期的に下げようとするなど経済に干渉し過ぎるのではなく、小さな政府として規制緩和を進め、市場原理に任せ、むしろ自然失業率そのものを下げるべきだという主張にもつながります。

日本のデフレはなぜ長引いたか

　これまで、フィリップス曲線を中心に物価と失業の関係を説明してきました。では、こうした理論を日本経済に当てはめると、どのようなことが見えてくるのでしょうか。

　1980年代から90年代初めのバブル経済の崩壊まで、日本のフィリップス曲線はある意味で極めて標準的な姿でした。賃金はコンスタントに上昇し、失業率は低く抑えられていたことで、勾配が急なフィリップス曲線を描いていました。

　物価上昇が進んでも、ベースアップや定期昇給といった日本独特の賃上げ慣習によって、物価にキャッチアップするように賃金が小刻みに調整されてきたのが一つの要因だと考えられます。

　一方で、日本の企業では終身雇用を前提としていたため、社員を解雇して雇用調整することは簡単ではありません。結果、先進国の中でも極めて低い2%台という失業率を安定して記録し続けました。

　バブル崩壊後、その姿が一変します。物価と賃金の上昇率は抑えられ、

失業率が上昇しました。景気対策や金融緩和などもあって、失業率自体はある程度上下しましたが、物価と賃金の伸びは低いままでした。フィリップス曲線で見れば、急勾配から水平に近い状態となったのです。

フラット化がなぜ続いたのかについて、はっきりした結論が出ているわけではありません。ただ、いくつかの理由が考えられます。

まず、前述したように独特の雇用慣習があります。フィリップス曲線における雇用と物価のトレードオフの関係では、デフレ経済下で物価と賃金が下がり続けていれば、それに対応して失業率は徐々に高まっているはずです。

バブル崩壊後に失業率は高まったが欧米よりも低い水準にとどまった
（写真＝加藤 正蔵）

ただ、日本の企業はそれまでの右肩上がりの成長を前提に、雇用と待遇のシステムを構築してきました。毎年成長が期待できる時代はそれが世界でも類を見ないほどうまく機能したのですが、初めて経験するデフレと低成長への対応力が備わっていませんでした。

企業は業績が悪化しても、正社員の整理には踏みきれません。バブル後の「失われた20年」においても、失業率は6％台になることはありませんでした。バブル崩壊後に失業率が高まっていったのは確かですが、米国や欧州各国の失業率と比較すると高いとは言えない水準で踏みとどまったのです。

一方の賃金も、基本給のカットまで踏み込むことは難しいため、名目賃金の下落には限度があります。つまり、失業率と賃金上昇率の両面で、ある一定の狭い範囲にとどまった、低位安定の状態が長く続いたのです。

インフレ目標で期待インフレ率を高められるか

　このように、デフレ下の日本では雇用や賃金の変動による調整機能によって景気をリバウンドさせることが難しい状況となりました。本来期待される、賃金下落→物価下落→失業率改善→賃金上昇→物価上昇というサイクルが働きにくい構造に陥ったのです。

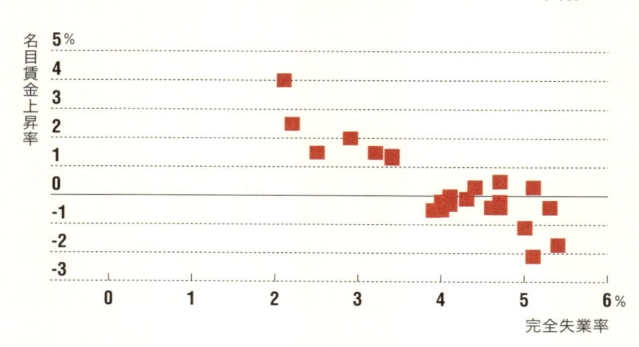

▶ 図Ⅲ-5-3　1991年から2013年までのフィリップス曲線

注：名目賃金上昇率は毎月勤労統計調査の「きまって支給する給与」
　　（全産業、事業所規模5人以上）の上昇率
出所：名目賃金上昇率：厚生労働省「毎月勤労統計調査」、
　　　完全失業率：総務省「労働力調査」

　さらに特殊な要因として、非正規社員の問題もあります。正社員を解雇もできず、賃金も下げられない分、コスト削減の手法として派遣・請負社員といった非正規労働者が広く活用されるようになりました。

　非正規雇用が拡大すれば、日本全体の平均賃金を押し下げることにつながります。また、非正規社員は正社員と比べて賃金を高めるのが難しいという現実もあります。日本の場合、この非正規社員の拡大が賃金、

そして物価の低空飛行につながったとも推察されます。

　こうした状況から抜け出すために、中央銀行はどう行動すればいいのでしょうか。選択肢として考えられるのは、目標とするインフレ率、いわゆるインフレターゲットを設定し、先に説明したように期待インフレ率を引き上げる方法です。国民や企業がインフレを予想するようになれば、図Ⅲ-5-4のようにカーブ全体の上方へのシフトが期待できます。

▶ 図Ⅲ-5-4　フィリップス曲線の上方シフト

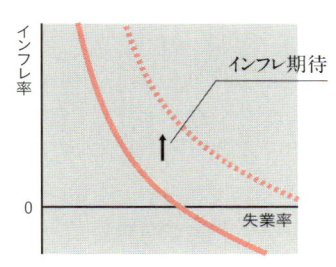

　日本銀行は2013年、「2年程度で2%」というインフレ目標を発表しました。金融政策によって期待インフレ率が高まれば、企業は長年にわたるデフレ下で実行できなかった製品やサービスの値上げや、設備投資をしやすくなると考えたためですが、その目標にはまだ達していません。

　インフレ期待でフィリップス曲線が上方にシフトするだけでは、理論上、同じインフレ率でも失業率が上昇することになります。また、期待以上のインフレが実際に起こらなければ、景気にはマイナスの影響が出てしまいます。

　それを避けるためにも、失業率の改善と適度な物価上昇という、景気改善を通じたフィリップス曲線上のシフトと、カーブそのものの上方シフトの両方が必要です。期待インフレ率を引き上げる金融政策と、景気を底上げするための成長戦略の両輪がデフレ脱却に欠かせないのは、そのためです。

「平均点」 から始める統計学入門

経済は、数字で語る側面が非常に多い分野です。様々な分野・期間のデータが何を語るのか、それを読み解くにはどうしても「統計」の知識が必要です。ここで紹介するのは広範な統計学のほんの入り口ですが、知っておけば経済を見る目が大きく変わりますし、数字で騙されることも避けられるでしょう。

突然ですが、「平均点」とは何でしょうか。

普段から前置きなしに使われているので、改めて考えてみるとちょっと迷いませんか。もちろん、計算方法は説明できるでしょう。「それは、おのおのの得点のばらつきをならしたものだよ。得点の合計を参加者の数で割るんだよ」と。でも、何のためにばらつきをならすのでしょう。

それは、テスト結果を「代表する数」を見つけるためです。

そう言われると、本節のテーマである「統計」という言葉も、どういう意味なのか気になりますよね。日本の統計の総本山、総務省統計局のホームページには、学校の先生向けの解説があります。それによれば、統計とは「『集団』の『傾向・性質』を『数量的』に明らかにすること」となっています。

「データを代表する数字」はいろいろある

例えば「A小学校のB組の生徒のテストの平均点」は、そのクラスという「集団」の、勉強の理解度という「傾向・性質」を「数量的」に明らかにする数値、すなわち「代表値」の一つです。

　代表値を出す意味は何かと言えば、同じテストを実施したC組と比較すれば、どちらが理解が進んでいるかが分かりますし、B組の生徒は自分の理解度がクラス全体と比べて進んでいるのか、遅れているのかが分かります。あるいは、同じレベルのテストを時間を空けて行えば、その期間の勉強で習熟できたかどうかもつかめるでしょう。代表値はそのものに意味があるのではなく、何かと照らし合わせることで役に立つわけですね。逆に言えば、代表値を誤って理解、算出してしまうと、とんでもない誤解が生まれてしまいます。

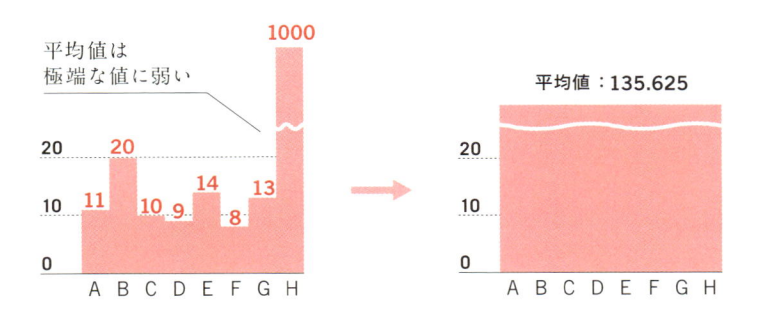

　上の図はその一例。A〜Gのデータが2ケタ以下なのに、Hという4ケタの数値が1つ入ったので、平均値が3ケタになってしまいました。平均値という代表値の算出方法は、極端な値に弱いのです。A〜Hの統計を代表する値が135だとは絶対思えませんが、計算上は正しいので、実データを見ないと信じてしまいかねません。

実例を見てみましょう。下は、我が国の世帯別の貯蓄額を示した総務省の資料です。平均値は1752万円。「いくらなんでも多いのでは」と思いますよね。これは、少数だけれど貯金がたくさんある世帯に、平均値が引っ張られているのです。

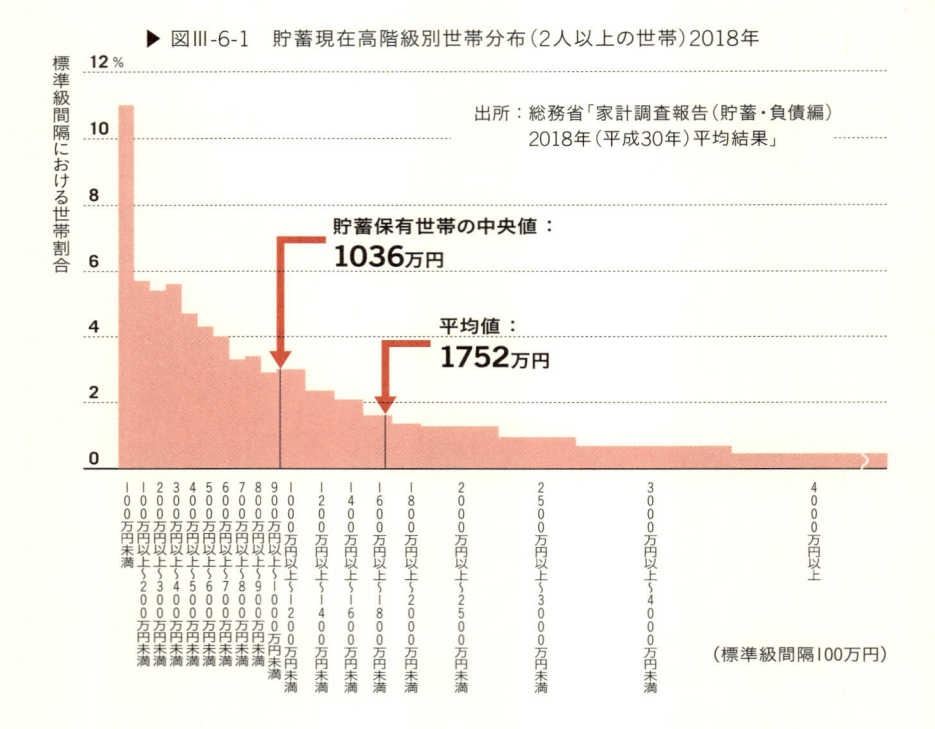

▶ 図III-6-1　貯蓄現在高階級別世帯分布（2人以上の世帯）2018年

出所：総務省「家計調査報告（貯蓄・負債編）2018年（平成30年）平均結果」

貯蓄保有世帯の中央値：
1036万円

平均値：
1752万円

（標準級間隔100万円）

　こういう時はどうするか。実は、代表値は平均値だけではないのです。例えば「中央値」。データを大小の順に並べた時の、真ん中の数字です。例えば5個のデータがあれば、3番目の数字が中央値です。偶数のデータの場合は中央に近い2つの数字の平均を取ります。これならば、両極端の数字に影響されません。ですので、平均値が代表値として適切でない場合は、こちらがよく使われます。貯蓄額の中央値は1036万円。平均値よりずいぶん下がりました。

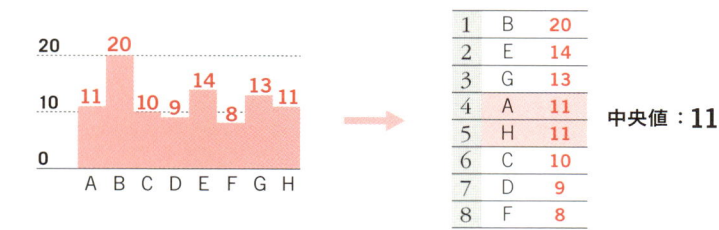

中央値 = 順番に並べた時の真ん中の値

1	B	20
2	E	14
3	G	13
4	A	11
5	H	11
6	C	10
7	D	9
8	F	8

中央値：**11**

データの「ばらつき」の大小を見る

平均値や中央値などの代表値は「グループを代表する数」ですが、グループを捉える統計には別の考え方もあります。それは「ばらつき」です。「標準偏差」などがこれに当たります。こちらは、平均値などと比べてイメージがつかみにくいかもしれません。なぜ「ばらつき」を数値で算出せねばならないのか、そこから考えてみましょう。

よく使われる例ですが、バスの時刻表を考えてください。バスは交通状況によって定刻より早く来たり、遅く来たりしますね。どの程度ダイヤ通りに運行されるのかを、実際の到着時刻のデータから読み取るにはどうしたらいいでしょう。下のグラフは、バスが左右それぞれの路線を走るのにかかった時間だと思ってください。平均値は左右どちらも12分です。ならば、どちらのバス路線もだいたい同じ使い勝手でしょうか？

標準偏差 = データのばらつきの大きさを数値化

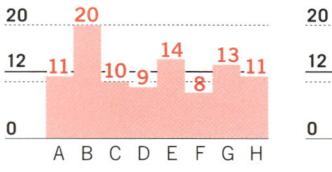

平均：**12**
標準偏差：**3.54**

平均：**12**
標準偏差：**5.55**

ではありませんね。右の路線は走行時間のばらつきが明らかに大きい。ダイヤに近い運行がされている左の路線の方が使い勝手がいいでしょう。

　標準偏差とは、このデータならば平均値の「12（分）」を基準に、運行時間のばらつきが大きいか小さいかを表すものです。左のバスAは「－1（分）」、Bは「＋8（分）」として、計算を行います（右ページ参照）。

標準偏差は意外に使える

　標準偏差は、数値が大きいほど、その集団のデータにはばらつきが大きいことを意味します。全てのデータが同じならば標準偏差は「0」です。ちなみに標準偏差は σ（シグマ）、平均値は μ（ミュー）で表記されます。

　σ や μ が出てくると数学みたいで（数学ですが）アタマが痛くなりますね。でも、覚えておくと面白いポイントがあります。平均値±標準偏差（μ±σ）の幅の中に、その集団の全データの約2／3が、そして、平均値±標準偏差×2（μ±2σ）の間には、95％強が入るのです。3倍にすると、データの値のほぼ全て、99％が含まれます（これを図で示したのが下の「正規分布表」です。図Ⅲ-6-2参照）。

▶ 図Ⅲ-6-2　正規分布表

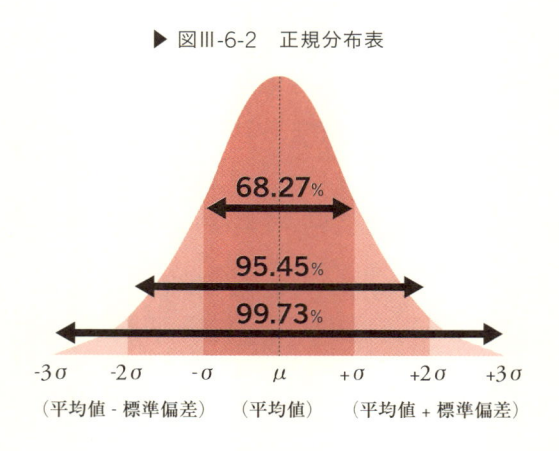

-3σ　-2σ　-σ　μ　+σ　+2σ　+3σ

（平均値 - 標準偏差）　（平均値）　（平均値 + 標準偏差）

　それに何の意味があるのか。例えば山手線の新宿駅で列車故障があったとしましょう。以前にも同じ時間帯で、同じトラブルが起こった場合、

何分で復旧したかというデータを探し、標準偏差を計算します。「平均40分で復旧、標準偏差は13分」という結果が出た、としましょう。

　これは復旧所要時間の約2／3が、「$\mu \pm \sigma$」、すなわち27分以上、53分以下に入るということです。ということは、「約2／3の確率で、27分

標準偏差は
どう計算する?

　標準偏差 σ は、平均値 μ から各データの数値を引いて（これが「偏差」）、平均すればいい…と思いそうですが、偏差（下の式の $x_n - \overline{x}$）を合算すると0になってしまう。そこでプラスマイナスを消すために、偏差を2乗してやります（偏差平方）。これをデータの数（n）で割った数値を「分散」と言います。ばらつきを示すだけなら分散で事足りますが、これだと元データとの計算ができません。本文の電車の例で言えば「『分』の2乗」ですから。分散の平方根を求めて、元データと±ができる数値にしたのが「標準偏差」なのです。

n個のデータの値を x_1、x_2、$\cdots$、x_nとし、その平均値を $\overline{x}$ とする

偏差……各値の平均値との差
$$x_1 - \overline{x}、\ x_2 - \overline{x}、\ \cdots、\ x_n - \overline{x}$$

偏差平方……それぞれの偏差の平方
$$(x_1 - \overline{x})^2、\ (x_2 - \overline{x})^2、\ \cdots、\ (x - \overline{x}_n)^2$$

分散……偏差平方の和の平均
$$v = s^2 = \frac{1}{n}\left\{(x_1 - \overline{x})^2 + (x_2 - \overline{x})^2 + \cdots + (x - \overline{x}_n)^2\right\}$$

標準偏差……分散の正の平方根
$$s = \sqrt{\frac{1}{n}\left\{(x_1 - \overline{x})^2 + (x_2 - \overline{x})^2 + \cdots + (x - \overline{x}_n)^2\right\}}$$

以上、53分以下で復旧する」と言えるわけです。代替ルートで1時間以上余計にかかるなら、このまま復旧を待った方がよさそうです。「$\mu \pm 2\sigma$」のプラス側の「$\mu + 2\sigma$」は、$40 + 13 \times 2 = 66$ですね。66分以上かかる確率は、2.5%以下ということです（27分未満で復旧する可能性も2.5%あります）。

　言い換えると、標準偏差（と平均値）が分かれば、ある数字が特別なものか、平凡なものかが分かる、ということでもあります。$\mu \pm \sigma$の範囲のデータはまあ平凡、$\pm \sigma$から$\pm 2\sigma$の範囲はちょっと特殊、それ以上はかなりレア。皆さんがご存じの「偏差値」はこの考え方の応用です。

　ひとつ注意が必要なのは、「標準偏差は平均値を基準にした数値である」ということ。平均値が意味を持たない集団があることは説明しました。集団が極端な値を含む場合、そこから導かれる標準偏差も意味を持たなくなります。また、サンプル数が少なすぎる場合も同様です。

統計同士の関連を調べる

　「風が吹けば桶屋が儲かる」という諺があります。ひどいこじつけを笑うものですが、実際に、普通は無関係と思うデータに、関連性が見つかることは意外にあるのです。例えば、国のテレビの普及率と平均寿命には明らかに関連性があり、普及率が上がると国民の寿命も延びていきます。

　別々の統計の間に、何らかの関連性があるかどうかを調べる方法を紹介しましょう。代表的なものが「相関係数」です。

　右ページの図（図III-6-3）は「散布図」と呼ばれるものです。中身は簡単。2つのデータを縦軸・横軸に配置しただけです。ここでは、縦軸はA店、横軸はB店の売上高とでも考えてみましょう。2つの店は規模がだいぶ違うようです（縦軸の数字が横軸より小さいので）。

　さて、小規模なA店と大規模なB店の売り上げには、相関関係はあるでしょうか。散布図を見ると、多くの点が右上がりの直線上になんとなく収まりそうです。もし、「1次関数（$y = ax + b$）」の直線にこれらの点

がぴったり乗れば、完全に関連性＝「相関（正の相関）」があることになります。

　これは右下がりの直線でも同じで、この場合は「A店で売れるほどB店では売れなくなる」という、「負の相関」になります。例えば、先進国の失業率とGDP（国内総生産）の成長率は、負の相関があるとされます（国内の経済成長が続けば、失業率は下がる）。

散布図

▶ 図III-6-3　A店（縦軸）・B店（横軸）の売上額

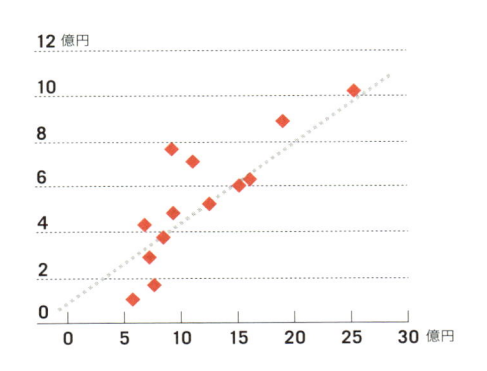

　1次関数の直線に、散布図の点がどれくらい集まっているか、あるいは離れているかを示す数値が「相関係数」です。次ページの散布図を見てください。相関係数で0.7から1（1ならば完全に1次関数の線上ということですね）を「強い正の相関（マイナスの場合は、強い負の相関）」、0.3〜0.7を「弱い正の相関（同じく、弱い負の相関）」、0.3〜−0.3を「無相関（相関が見られない）」と言います。

　数学的に、「いくつ以上ならば間違いなく相関がある」とは言えない（1と−1以外は）のですが、プラスマイナス0.7を超えれば、強い関係があると判断して差し支えはないでしょう。

　ただし、重要な注意点があります。

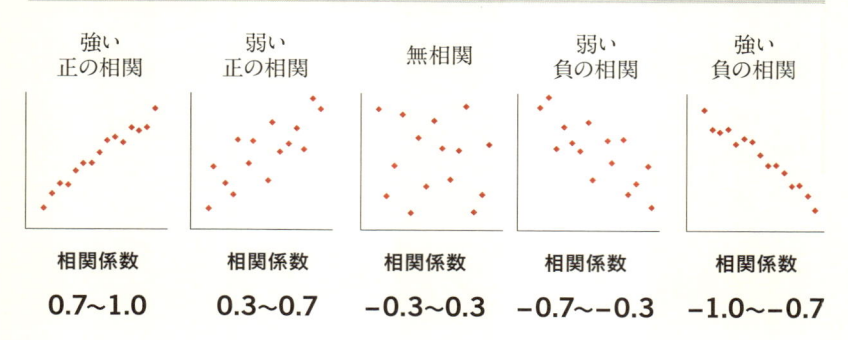

相関係数 = 相関の強さを数値化

強い 正の相関	弱い 正の相関	無相関	弱い 負の相関	強い 負の相関
相関係数 0.7〜1.0	相関係数 0.3〜0.7	相関係数 −0.3〜0.3	相関係数 −0.7〜−0.3	相関係数 −1.0〜−0.7

その相関は「風が吹けば」かもしれない

それは「相関関係は因果関係ではない」ということです。

最初に例を挙げた「国民の平均寿命とテレビの普及率」ですが、これに相関があるのは事実です。しかし、テレビを国民に1人1台配っても、病気や事故が減るわけはありません。社会が豊かになり、栄養状態や医療体制が向上して寿命が延びたのです。テレビの普及率上昇は社会が豊かになった結果であって、平均寿命とは全く「因果関係」はありません。ここを見誤るとまさしく「風が吹けば桶屋が儲かる」になってしまうのです。

相関関係があれば、「予測」ができる

さて、2つのデータに相関関係があると分かれば、$y = ax$ の1次関数の描く線の近辺にデータが来るという「予測」が可能になります。xが分かれば、y はこのくらい、とシミュレーションできるわけです。

これを行うために、相関関係を1次関数の数式に置き換えることを「単回帰分析」と言います。これには「最小2乗法」という複雑な計算が必要です。しかし、実際に紙と鉛筆で計算する必要はありません。

単回帰分析はもちろん、散布図、相関係数などは全て表計算ソフトのエクセルで簡単に行うことができます。ざっくりとですが、事例をお見

せしましょう。

問 題

小売店Xにおける商品Yの発売初日からの累積売上高を示しています。累積売上高が2000万円を超えるのは何日目と予想されますか？

日数	累積売上高
1	49万円
2	89
3	173
4	206
5	250

日数	累積売上高
6	286
7	370
8	429
9	470
10	499

　このような問題の場合、エクセル上で日数と売上高の数字を範囲指定して、「分析ツール」から「回帰分析」をクリックすれば、左下の表が表示されます。相関関係が1次関数の式とグラフ（右下）で表示され、売上高が2000万円を超えるのは39日後である、と予想することができるのです。

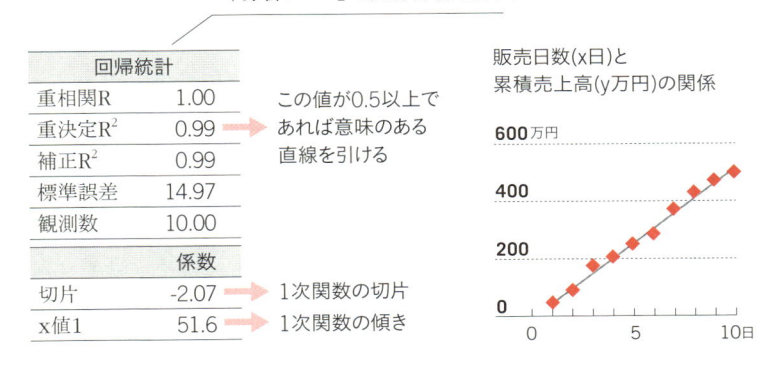

「分析ツール」の回帰分析を使う！

回帰統計	
重相関R	1.00
重決定R^2	0.99
補正R^2	0.99
標準誤差	14.97
観測数	10.00

この値が0.5以上であれば意味のある直線を引ける

係数	
切片	-2.07
x値1	51.6

1次関数の切片
1次関数の傾き

販売日数(x日)と累積売上高(y万円)の関係

$$y = 51.6x - 2.07$$

A. 累積売上高が2000万円を超えるのは販売開始39日目前後

注：「分析ツール」はエクセルのバージョンによって出し方が異なります。恐縮ですが、細かい操作も含め、詳しくはネットで検索するか、エクセルのマニュアルをご覧ください。

記事構成・監修：公益財団法人 日本数学検定協会　近藤惠介

インフレ、デフレの影響

日本経済はインフレとデフレの影響を繰り返し受けてきました。消費者物価指数という代表的な指標を見ると、経済成長期には前年度に比べ伸び率が大きく、インフレ傾向にあったことが分かります。一方、バブル経済の崩壊以降はマイナスとなることが増え、デフレの時代に突入したことを示しています。インフレとデフレはなぜ起こるのでしょうか。その仕組みと影響を理解すれば、各国の政策への理解度が深まります。

インフレーション（インフレ）とは物価が継続的に上がることです。その反対に、デフレーション（デフレ）とは物価が継続的に下がることです。これらの経済現象は、経済や人々の暮らしに大きな影響を及ぼしてきました。

総需要曲線と総供給曲線の交点で物価が決まる(i)

そもそも物価はどのように決まるのでしょうか。図III-7-1をご覧ください。II-4で学んだAD曲線（総需要曲線）とAS曲線（総供給曲線）です。この交点で物価が決まります。

経済全体で見て、需要が供給よりも旺盛ならば物価は上がります。需要が増えれば、総需要曲線が右に移動し、物価が上昇することが分かります。これが継続することがインフレの典型的なパターンです。逆に、供給の方が強ければ物価は下がります。これが続く現象をデフレと呼びます。

野菜など個別の商品の価格をイメージすれば理解がしやすいでしょう。例えば天候不順でレタスの生産が減少したとします。それに対して、レタスが欲しいという需要が堅調であれば、価格は上がります。一方、豊作でレタスが採れ過ぎると、供給量が増えて価格が下がります。ただし、ここで論じる物価は、あらゆる財やサービスの価格の全体的な動きを指します。

▶ 図III-7-1　物価が決まる仕組み

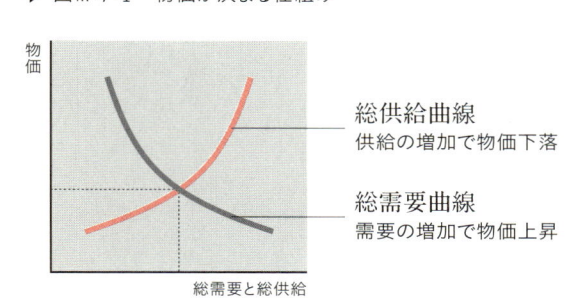

総供給曲線
供給の増加で物価下落

総需要曲線
需要の増加で物価上昇

物価

総需要と総供給

石油価格の高騰がインフレを招いた (ii)

　インフレを起こす原因には様々なものがあります。ここでは主に2つの考え方を解説します。1つは需要超過がインフレを起こす「ディマンドプル・インフレ」です。総需要を変化させる要因は様々です。例えばマネタリストの中には、貨幣供給量の増加をその大きな要因として考える人もいます。

　ある期間において、名目貨幣量の増加率が実質国民所得の増加率を上回ると総需要曲線がシフトして、ディマンドプル・インフレが起こると主張します。これは、「貨幣数量説」で説明できます。貨幣供給量の拡大は、インフレを誘導するための金融政策だとして様々な国が採用しています。

　もう1つが「コストプッシュ・インフレ」です。商品を作るには、人件費や材料費がかかります。労働組合の圧力によって賃金が上昇したり、資

源やエネルギーの価格が高騰したりすれば、商品の価格に転嫁されます。これが、経済全体に広まれば物価は上昇します。

　日本では1970年代前半にコストプッシュ・インフレが起こりました。これは、国際的に石油価格が高騰する「石油ショック」が原因でした。トイレットペッパーの不足や高騰を懸念した消費者が買い占めに走り、騒動となりました。トイレットペーパーの製造工程などで重油を使うために先走ったのです。

▶ 図III-7-2　消費者物価指数（前年度比）

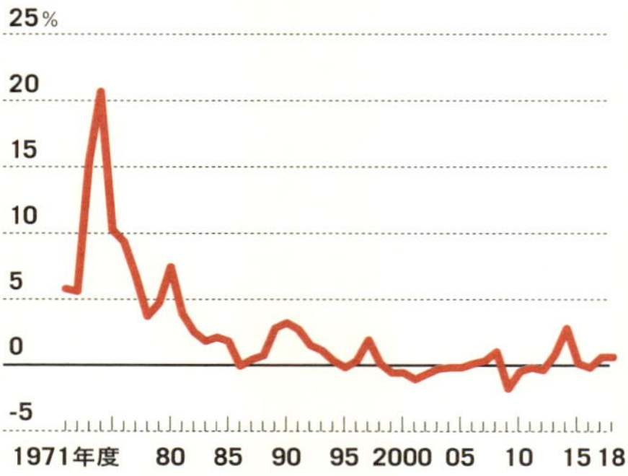

出所：総務省統計局

　物価を表す代表的な指標として、「消費者物価指数」「企業物価指数」「GDP（国内総生産）デフレーター」があります(i)。消費者物価指数は、消費者が普段の生活で購入する財やサービスの小売り段階の物価の推移を示す指数で、総務省が作成しています。石油ショックの影響を受けた1974年度の消費者物価指数は前年度に比べて20.9%上昇しました(iv)。

　企業物価指数は、企業活動で用いる財やサービスなどの物価変動を示します。鉄鋼や化学製品、これらを運ぶ運賃などが対象です。GDPデフレーターは名目GDPを実質GDPで割って算出し、国内経済全体の物価変動を総合的に示します。これらの指標の下落が続くとデフレ状態と言えます。

デフレに苦しんだ日本経済

　近年の日本経済を振り返ると、大きな問題になっているのがデフレです。バブル経済が崩壊して以降、デフレと戦い続けてきたと言えます。

　消費者物価指数の推移を見てみましょう。1994年度まではおおむね前年度比でプラスでしたが、95年度以降はマイナスの年が多くなります。2007年から08年にかけての世界的な金融危機の後、09年度の消費者物価指数は前年度比で過去最大の1.7%下落しました(ⅳ)。デフレの影響を具体的な商品価格で見ると、わずか1年でノート型パソコンは48.0%、ティッシュペーパーは8.7%、食パンは5.5%下落しました(ⅳ)。

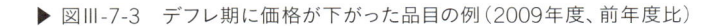

▶ 図Ⅲ-7-3　デフレ期に価格が下がった品目の例（2009年度、前年度比）

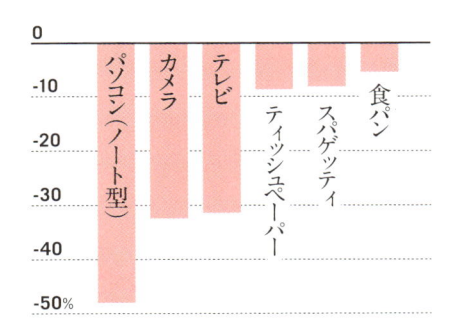

出所：総務省統計局

　デフレの社会は、物価が下がって暮らしが良くなる印象を受けます。過去から蓄えたお金で生活を営む高齢者などは物価の下落で消費の負担が軽くなります。しかしデフレには多くの弊害があります。まず商品の価格が下がるため、経済の牽引役である企業の収益を押し下げる圧力が働きます。企業経営者は収益を上げるために、設備投資や人件費の引き上げに慎重にならざるを得ません。設備投資が減ると設備メーカーの収益が落ち込みます。また賃金が抑制されると消費者の消費意欲が減退し

ます。結果として、総需要が減少し物価が下がり、企業の収益をさらに低下させる要因になるのです(i)。

　こうした現象が連鎖し、経済状況が悪化していくことを「デフレスパイラル」と呼びます（図III-7-4）。日本経済はまさにデフレスパイラルに陥ってきたとの指摘があります。2012年末に首相に就任した安倍晋三氏はデフレ脱却を主要政策に掲げました。「大胆な金融政策」を掲げて貨幣供給量を増やし、物価を上昇させることを狙っていました。

▶ 図III-7-4　デフレスパイラルの概念図

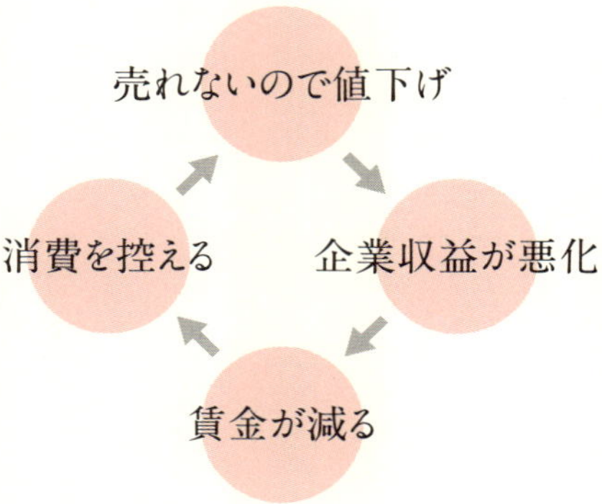

売れないので値下げ

消費を控える　　　企業収益が悪化

賃金が減る

天文学的な規模のインフレの恐怖

　歴史的に見ると長期間のデフレは珍しい現象で、むしろインフレが我々の暮らしに大きな影響を及ぼしてきました。物価の上昇とともに賃金も上昇するならば、働く人の実質的な負担はおおむね変わりません。しかし預貯金で生活している高齢者などには大きな影響があります。仮に物価が10％上がると、実質的な貯蓄額は10％目減りします(iii)。

　発展途上国では、政府が貨幣の供給量を増やしてインフレにし、国の債務を目減りさせることで財政赤字の解消を試みるケースがあります。これにより国民の資産価値が減少することを「インフレ税」と呼びます。こうしたデメリットを緩和するために、自国通貨建ての現預金だけでな

く、外貨預金や、不動産や金などの実物資産に資産を分散する方法が有効との考えがあります[iii]。

ジンバブエのハイパーインフレ
(写真＝AP/アフロ)

　歴史的にはハイパーインフレと呼ぶ極端なインフレが起こることがあります。インフレ率が天文学的な水準に及ぶ現象です。例えば第1次世界大戦に敗れたドイツの物価水準は、1914年から23年の間に約1兆倍に上昇しました[x]。借金で賄った戦費の返済負担などに苦しむ政府が、財政赤字を解消するため貨幣供給量を増やしたことなどが引き金でした[i]。古い紙幣は価値を失い、買い物に行くのに紙幣を詰め込んだ乳母車を引いていかねばならないほどでした[x]。

　最近でもハイパーインフレは起きています。ジンバブエでは2000年代後半に政治・経済の混乱と貨幣の大量供給で物価が急上昇し、デノミを余儀なくされました。2008年には通貨単位を100億分の1に、2009年にはさらに1兆分の1に切り下げました[vi]。

　ここまで見てきたように、インフレとデフレは経済や人々の暮らしに大きな影響を及ぼし、社会不安を招きかねません。そのため各国の政府や中央銀行は、物価を安定させることに注力しているのです。

III - 8
—

貿易交渉、試行錯誤の歴史

あらゆるモノ・サービスが国境を越えて活発に取引されている今、国家間の商業取引、貿易のあり方もより柔軟であることが求められています。しかしその一方で、自国の産業、利益を守ろうとする動きが自由な貿易の枠組みの前に立ちはだかるのも事実です。世界の貿易システムを構築する過程は、この対立構造を乗り越えようとした歴史そのものであると言っても過言ではありません。

　今ある世界貿易システムの考え方は、第2次世界大戦の反省から出発していると言って良いでしょう。それは言い換えれば、保護貿易主義との決別から始まった仕組みです。

　その経緯を振り返ると、19世紀まで遡ります。当時、世界経済を牛耳っていたのは英国でした。英国は世界のあらゆる地域を植民地化することで、通商覇権を確立していました。しかし、その体制も第1次世界大戦によって崩れます。戦争でダメージを受けた英国に代わって戦争特需で台頭したのが米国でした。

　しかし、その好景気も長くは続かず、1929年のウォール街の株価暴落を機に起こった世界恐慌で世界の貿易システムは再び混乱します。大不況の中、各国は自国の産業を守ろうとするあまり保護貿易に傾倒し始めました。外国からの輸入品には高い関税をかけ、数量を規制しました。その結果、主要国が自国とその植民地を中心に閉鎖的・排他的な経済グループを作る動きが高まったのです。これを「経済のブロック化」と言います。

ブロック化が進んだ結果、その流れに取り残された国々がありました。世界の中で植民地獲得競争に出遅れたドイツ、日本、イタリアなどです。彼らの不満がファシズム勢力を生み、第2次世界大戦へと発展していったのは周知の通りです。このような経緯を二度と繰り返さないようにするためには、世界規模で各国が協力する必要があり、それには通貨の信頼性を高め、自由貿易を復活・拡大させることが必要である——このような理念の下、生まれた枠組みが国際通貨基金（IMF）と、この章のメーンテーマの一つでもある関税貿易一般協定（GATT）です。IMFは通貨の安定に貢献し、GATTは世界の貿易秩序の形成に貢献することが求められました。

　さて、メーンテーマのGATTについて述べる前に、他の国際的な貿易枠組みについても言及しておきましょう。第2次世界大戦後、自由かつ多角的な貿易の拡大を目指す動きは、GATTのみならず地域協定の枠組みからも芽生えました。

▶ 図III-8-1　　主な地域協定

	加盟国	特徴
経済協力開発機構（OECD）	36カ国	「経済成長」「貿易自由化」「途上国支援」に貢献することを3大目的とする。貿易自由化の面では、加盟国間での議論を通じてルール作りを行う。強制力はない。
欧州連合（EU）	28カ国	域内における労働者、商品、サービス、資本の移動の自由が確保されているほか、食糧の安定供給、農家の保護にも力を入れている。単一通貨ユーロを採用。
東南アジア諸国連合（ASEAN）	10カ国	総人口は6億人、域内総貿易額は2兆ドルを超え、物品や投資に関する障壁はなくなりつつあるが、加盟国間の経済格差が大きい。人の移動も一部で制限されている。

　経済協力開発機構（OECD）は、その代表例と言えるでしょう。戦後の欧州経済再建のために設立された欧州経済協力機構（OEEC）を前身とするOECDは「国際的義務に従い多角的かつ無差別な世界貿易に貢献す

ること」を目的の一つに掲げています。しかしOECDは、加盟国間の議論を通じて、政策協調や国際ルール作りを目指す点においては評価できるものの、あくまで「紳士協定」の域を超えないものとなっています。加盟国が先進国中心である点も、現在のグローバル経済の実態に即していないと問題視する見方もあります。

OECDに比べ、より強力に自由貿易を推進しているのが東南アジア諸国連合（ASEAN）や欧州連合（EU）でしょう。域内の貿易の自由化と活性化を図るため、域内で生産された全ての産品の関税障壁などを撤廃する取り決めが進んでいる点は、より自由貿易を尊重した動きと見ることができます。加えてEUでは、単一通貨ユーロを導入することで、通貨統合を進めました。これも貿易の自由化に大きく貢献しています。

しかし、このような関税撤廃や通貨統合を積極的に進められたのは、加盟国の規模が10〜30カ国と比較的小規模であったからだとされています。

GATTの誕生 ── 貿易障壁撤廃へ向けた挑戦

このように戦後、地域協定を中心に貿易システムを構築する動きが広まる一方で、やはり世界的規模の枠組みが必要不可欠であることは、世界各国の認識において一致していました。それがGATT、そして現在の貿易システムの根幹をなす、世界貿易機関（WTO）設立へとつながっているのです。

しかしその過程は容易ではありませんでした。米国は国際的な貿易の枠組みを作るべくイニシアチブを取りましたが、当初は大きな反発があったのも事実です。その象徴的な出来事が、48年の国際貿易機関（ITO）構想の頓挫でしょう。米国は、自由貿易を強力に推進すべく、ITOに高い理想と厳格なルールを定めていました。このことが、戦後復興を課題とする英国などの反発を招いたのです。

当時、英国をはじめ欧州各国は、復興に向けて自国の雇用を維持することに懸命でした。そんな中、市場を開放し、資源や市場へのアクセス

を自由にしてしまえば、競争力のない産業は衰退へと押しやられてしまいます。先進国と発展途上国の格差が拡大してしまう恐れもありました。こういった反発が、ITOを実現不可能なものにしたのです。

　しかしその一方で、自由貿易という競争が弱者や敗者を生み出し、自由貿易自体を脅かす存在になってしまうことは第2次世界大戦の教訓からはっきりしています。地球上にある限られた資源を最も効率的に利用するためには自由貿易システムが一番であり、それに代わる方法は見当たらないのも事実です。

　市場に委ねる自由貿易システムが万能でないことを認めつつも、保護主義に振れがちな世界貿易システムをより自由な方へ、より開放的な方へ振り向けるためのガイドラインを作ること。極めて現実的に貿易障壁を軽減し貿易紛争を処理するためのルールを提示すること。この合意に向けた「暫定的な」取り組みとして、GATTは生まれました。当初は、あくまでITOに代わる一時的なものとしての位置付けだったのです。

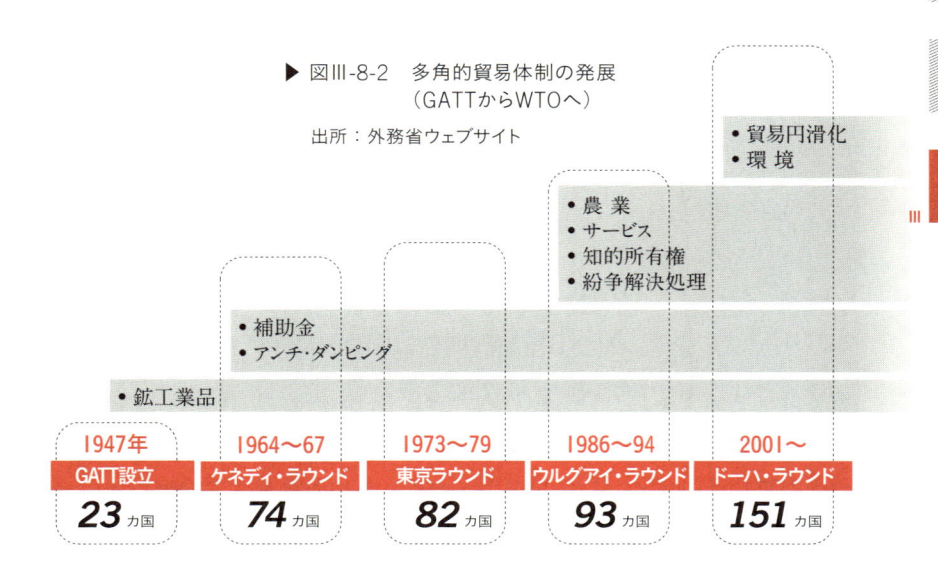

▶ 図III-8-2　多角的貿易体制の発展
（GATTからWTOへ）

出所：外務省ウェブサイト

各国の合意を得るため、GATTは8度にわたるラウンド（自由化交渉）

を実施しています。全ての加盟国が参加したラウンドは、47年にスイス・ジュネーブにおいて第1回の交渉が開かれたのを手始めに、その時々の世界経済の要請に応える形で94年まで継続的に実施されました。締結国による2カ国間関税交渉で関税を可能な限り引き下げ、それを全ての締結国に無差別に適用していく――このラウンドを繰り返し、その結果が集積されることで、GATTは自由貿易の拡大という目標を実現してきたのです。

ラウンドを続けてきたメリットは、一定期間のうちに特定の産業分野に限らず一気に貿易障壁の軽減を図り、ルールを強化することができたことです。1つの製品に関して交渉が行き詰まったとしても、他の交渉分野とリンクさせることで解決を図ることができました。このことが、結果的に交渉範囲の拡大につながり、ラウンド全体を成功に導きました。

有名なラウンドとしては、工業品関税の大幅引き下げに貢献したケネディ・ラウンド（1964〜67年）、非関税障壁の軽減に成功した東京ラウンド（1973〜79年）、そして初めて農業分野にメスが入ったウルグアイ・ラウンド（1986〜94年）が挙げられます。GATTはとりわけ、鉱工業品の関税引き下げについては高い成果を見せました。45年前後には平均40〜50％であった先進国の平均関税率が、GATTの最終ラウンドのウルグアイ・ラウンドでは3％程度まで引き下げられたのは、その最たるものと言えるでしょう。また、世界の貿易量は14倍まで拡大しました。

WTOの誕生――より精緻なルール作りへ

このように、GATTは第2次世界大戦後の世界経済の復興と発展に大きく寄与してきました。しかしその一方で、限界も見られ始めました。一番大きな課題は、いわゆる「格差問題」です。締結国全てが平等との立場を貫いたがゆえに、当初から指摘されていた先進国と発展途上国の格差については最後まで解決されませんでした。一部例外が設けられたとはいえ、経済発展途上にある国への産業育成や輸出所得を確保する手段の提供、農水産業の保護といった配慮にGATTは欠けていたのです。

このことは60年代に入り、アフリカ諸国が次々と独立を果たしてGATT締結国の仲間入りを果たす過程でより顕在化してきました。

　もう1つの大きな課題は、締結国が増加するに伴って、個々の規制・ルールが混在し、統制が取れなくなってきたことです。このことは、ラウンドが進むにつれて交渉時間の長期化を招く原因ともなっていました。GATTの交渉は基本的に、2国間の個別交渉が前提だったからです。

　このようなGATTの枠組みの抱える欠点を補いつつ、より発展した形へと進めたのが、95年に発足したWTOです。WTOはGATTの最終ラウンドである、ウルグアイ・ラウンドでその設立と機能の強化が決定されました。

▶ 図III-8-3　WTOが扱う交渉分野

交渉分野	内容
農 業	関税・国内補助金の削減、輸出補助金の撤廃など
非農産品	鉱工業品及び林水産品の関税削減など
サービス	サービスの市場アクセス、国内規制など
ルール	アンチ・ダンピング協定、補助金協定等の規律の強化
紛争解決	紛争解決手続了解の改正
開 発	途上国に対する扱い、「貿易のための援助」の促進
貿易と環境	貿易の側面から環境問題を検討

出所：外務省ウェブサイト

　では、GATTとWTOはどのような違いがあるのでしょうか。最も大きな違いは、GATTが暫定的な取り決めであったのに対し、WTOは正式な国際機関だということです。第2次世界大戦後のITO構想から半世紀、ようやく貿易に関する国際機関が誕生したのは画期的なことと言えるでしょう。また、GATTはモノに関する貿易だけが対象でしたが、WTOでは知的所有権やサービスに関する貿易も対象となり、扱う範囲がより広範になったのも大きな特徴です。ルール違反を行った国に対する罰則のあり方も違っています。GATTでは全加盟国が賛成しない限り

罰則を適用できないコンセンサス方式を採っていましたが、WTOは全加盟国が反対しない限り罰則を適用できるネガティブ・コンセンサス方式を採用しています。

FTAおよびTPPの台頭——再び「タコツボ化」する貿易システム

WTOは現在、加盟国・地域が164カ国・地域（2017年末時点）と、大組織へと発展しています。しかし近年、途上国や新興国が次々と加盟したことで、なかなか物事が決まらない問題に直面しています。例えば、2001年に始まったドーハ・ラウンドでは、2005年1月という交渉期限を見据えながら農業やサービス協定のあり方について議論が進められましたが、欧米などの先進国と発展途上国の激しい対立により、2006年7月、ラウンドの中断に追い込まれています。

こうした中で、新たな枠組みを模索する動きが生まれてきました。それがFTA（自由貿易協定）です。FTAとは、2カ国以上の国や地域が相互に関税や非関税障壁を一定の期間内に撤廃、もしくはなくすことを定めた協定のことです。WTOを基礎とした自由貿易の枠組みが行き詰まっているのであれば、2国間・多国間で自由貿易を進めましょう、といった流れになっているのです。韓国や米国など、FTAを積極的に進める国も現れ始めました。TPP（環太平洋経済連携協定）は、多国間でのFTAのようなものと考えてよいでしょう。米国が17年1月にTPPからの離脱を表明しましたが、日本を含む11カ国での合意に至りました。世界では今、このような拡大版FTA（メガFTA）設立の動きが相次いでいます。

FTAやTPPは確かに、貿易交渉の迅速化、より柔軟な取り決めの構築に貢献しています。しかし一方で、戦後体制の反省から生まれたWTOをないがしろにしている側面も否めません。うがった見方をすれば、これまで米国や欧州が力を持っていたWTOに、途上国のみならず中国やロシアなど、利害関係が必ずしも一致しないプレーヤーが参入したため、組織としてのまとまりが取れなくなったことの表れでもあります。

WTOは今、大きな壁にぶつかっているとも言えます。加盟国同士の

間に依然として横たわる経済力の差が、結果としてFTAやTPPといった動きにつながっているのであれば、戦前の保護主義貿易のような動きに転じかねません。世界各国が恩恵を受ける貿易はどうあるべきか——。再びこうした観点でシステムを考え直す時期が来ています。

▶ 図Ⅲ-8-4　世界のメガFTAマップ

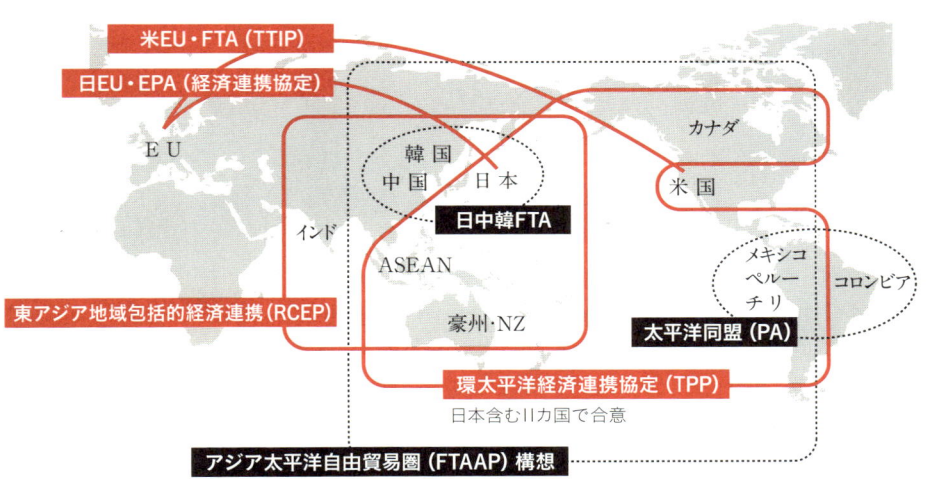

注：各種資料からジェトロ作成。赤はメガFTA

—

バブルはなぜ起きる？

17世紀から現代に至るまで、様々な国・時代でバブル景気の形成と崩壊が繰り返されています。その形成過程には、投機に夢中になり、理性を失った民衆が存在します。そして、ある時を境に下げ相場に転じ、アッという間に大暴落します。ここではバブルが繰り返される歴史と理由を見ていきます。

人は昔からバブル景気に踊らされ、大損するという過ちを繰り返しています。日本でも、1980年代後半に株や不動産が高騰し、好景気に沸きました。

ジュリアナ東京のお立ち台で乱舞する女性たち
（写真＝日刊スポーツ/アフロ）

メディアではバブルの象徴としてディスコ、ジュリアナ東京で乱舞する男女の姿がよく取り上げられます。しかしジュリアナ東京が開業したのは91年です。バブルが崩壊したとされる年なので、彼ら・彼女らは、

正確には好景気の余韻に浸っていたと言うべきかもしれません。

　バブルの最中、価格が上昇し続けると信じて株や不動産に投資していた人々は、バブルが崩壊すると、大損してしまいました。なぜ同じ愚行が繰り返されているのでしょうか。

一獲千金に熱狂する群衆

　バブルの形成には必ず端緒があります。それは「新規性」を帯びた産業や市場、技術などの登場であることがほとんどです。国や時代に応じて何に新規性を感じるかは変わりますが、そこに将来の価格上昇を予感させる魅惑が備わっている点では共通しています。

　いったん価格が上昇し始めると、「隣人が一儲けしたらしい。私も乗り遅れてはならない」という焦りから買い注文が増えていきます。価格の上昇が、さらなる上昇への期待を招き、短期間で大金持ちになる人が現れます。大儲けを夢見て、社会全体が熱狂的な雰囲気に包まれます。

　興奮状態にある群集心理が作用して、実際の需要から乖離した水準にまで市場価格が押し上げられるのが、バブル形成のメカニズムです。経済規模は急速に膨れ上がるものの、その実態はほぼ空っぽ。そこで、中身がないのに膨れ上がった経済をバブル（泡沫）に例えるわけです。

　泡沫のように、弾ける時は一瞬です。価格が下がり始めると、我先に売り抜けようと人々はパニックに陥ります。そもそも経済実態がないので、下げ相場に歯止めがかからず大暴落という悲劇的な結末を迎えます。

チューリップの球根が投機の対象に

　史上初のバブルと言われているのが、17世紀のオランダで起きた「チューリップ狂（チュルペンブールト）」です。「チューリップバブル」とも呼ばれるこのケースでは、後に続くバブルの「原型」を見て取ることができます。

　チューリップは16世紀にオスマントルコから西欧にもたらされました。庭園に咲いたチューリップは富の象徴とされ、資産家が珍しい品種の球

根を高値で買うようになりました。

　1630年代半ばになると、オランダで一般の民衆が、投機を目的に取引に加わるようになります。異国情緒溢れるチューリップの色・形・模様が、オランダ人にとって新しい需要を想像させるものだったのでしょう。それが、「どんな高値でも国内外から注文が入るだろう」という甘い見通しにつながりました。

▶ 図Ⅲ-9-1　バブルのサイクル

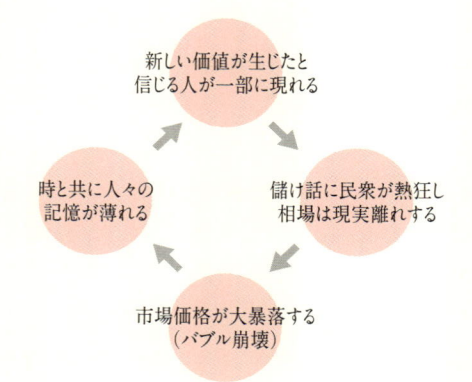

新しい価値が生じたと
信じる人が一部に現れる

時と共に人々の
記憶が薄れる

儲け話に民衆が熱狂し
相場は現実離れする

市場価格が大暴落する
（バブル崩壊）

　アムステルダムやロッテルダム、ハーレムなどの都市では取引所が設けられ、取引所のない町では居酒屋が売買に利用されました。値段はどんどんつり上がるので、人々は家財を売り、自宅を担保に入れるなどして、我先に球根を手にしました。1つの球根が、「現金と新しい馬車1台、葦毛の馬2頭、馬具一式」と交換されたなどという記録が残ります。

　ところが、投機を目的に転売を繰り返しているだけです。法外な対価を支払ってまで、チューリップの球根を庭に植えたいという需要はほぼ皆無で、実体とは懸け離れた相場になりました。

　1637年、ついに価格が暴落します。このまま価格が上昇し続けるわけがないと考える賢明な人たちが、取引から手を引き始めました。ババ抜きゲームのように、最後まで球根を手にしていた人が大損することが

現実味を帯びてくると、売買は成立しなくなりました。高値で買った球根を転売し損なった資産家や民衆の多くが身を滅ぼしました。

ルイジアナの金鉱発見に頼った無謀

　古典的なバブルの事例をあと2つ紹介しましょう。1つは、18世紀初頭のフランスで発生した「ミシシッピ計画（スキーム）」です。「ミシシッピバブル」とも呼ばれます。

　当時のフランスは、国王の贅沢な暮らしや戦費の負担が原因で国の借金が膨らみ、経済が疲弊していました。そこに金融に精通したジョン・ローというスコットランド人が登場し、経済の建て直しには銀行券（紙幣）の発行が有効だと主張します。

　そのアイデアはフランス政府に受け入れられ、ローは紙幣を発行する機能を持つ銀行を設立しました。この銀行は間もなく中央銀行のロワイヤル銀行（王立銀行）に格上げとなります。ロワイヤル銀行の紙幣は、持ち主が望めば金貨などの硬貨と交換できることをうたい、その信用力を背景に人気が出ました。

　またローは貿易会社のミシシッピ会社を手に入れます。ミシシッピ会社はフランス領ルイジアナなどとの独占貿易権を政府から与えられました。当時のルイジアナは、現在の米国の約半分を占める広大な土地です。金鉱が眠っていると信じられ、その将来性から、ミシシッピ会社の株式を一般公開すると、市中に出回った紙幣で、ミシシッピ会社株を買う動きが活発になります。

　株価が上昇すると、ローたちはそれを裏付けに紙幣をさらに刷りました。国中に紙幣が溢れ、人々はミシシッピ会社株を手に入れようと、さらに殺到します。

　ところが、1720年にミシシッピ計画は破綻します。あまりの人気にミシシッピ会社株を買うことができなかったコンティ大公という人物が、大量の紙幣を金貨に換えました。同じように大勢が紙幣を金貨に交換したら、ロワイヤル銀行は破綻します。紙幣を大量に発行しすぎたため、

ロワイヤル銀行の金庫にはそれに見合う金貨が圧倒的に不足していたのです。

　もしもルイジアナで金鉱が見つかっていたら、人々はまだ安心していられたかもしれませんが、そもそもこの地域には金鉱は存在せず、計画は最初から破綻する運命にありました。コンティ大公が紙幣を金貨に換えたことをきっかけに、人々は紙幣ではなく、金貨を持っていた方が安心なのではないかと思うようになります。そしてロワイヤル銀行に殺到し、取り付け騒ぎに発展します。ついに紙幣は交換性を失ったとの宣言がなされ、紙くずになってしまいました。

　ローは、紙幣を大量に流通させる大掛かりなシステムを作り上げた偉大な金融家なのか、それとも大勢を不幸に陥れた悪人か。ローに対する歴史の評価は二分しています。

南米貿易の幻惑に踊った英国人

　ミシシッピバブルの英国版と言えるのが、「サウスシーバブル」です。「南海泡沫事件」とも呼ばれています。ミシシッピバブルと同じく18世紀初頭に発生しました。フランスでミシシッピ計画がうまくいっているように見えていたことから、英国政府も負けじと貿易会社「サウスシーカンパニー（南海会社）」を使って、財政の健全化を図りました。膨れ上がった国の借金を南海会社が引き受ける代わりに、政府は南海会社に自社株の発行を認めたのです。

　南海会社の強みは、英国政府から南米などとの独占貿易権を与えられていることとされました。新大陸との貿易という、新しさを感じさせる事業に、人々が無限の可能性を求めたという点で、ミシシッピバブルと似た心理作用が働きました。

　ところが当時の南米はブラジルを除いてすべてスペイン領です。英国政府から独占貿易権を与えられても、スペイン政府が認めなければ意味がありません。それでも南海会社の経営陣は空約束で民衆の期待を煽り、株価をつり上げます。そしてミシシッピバブルと同じ1720年に、株価は

大暴落しました。

　以上3つのケースは、近世欧州の3大バブルと呼ばれています。

1929年の株式大暴落が世界恐慌に発展

　次に金融システムの近代化が進んだ、19世紀以降の事例を見ていきましょう。

　米国では1819年と37年、57年、73年に株価や地価が暴落しました。ほぼ20年周期でバブル崩壊を繰り返したのは、どうしてでしょうか。

　20年経つと前回のバブルを記憶している世代が投資の一線から退いていく代わりに、新たな若い世代が登場します。若者たちは「新たな金儲けの機会を見つけた」と言って群集心理に火をつけます。しかし、本質は前回のバブルと変わらないことから、結局は同じ運命をたどります。

　1929年には米ニューヨーク証券取引所で株式相場が大暴落し、「世界恐慌」に発展してしまいました。これも「忘却」がもたらした悲劇です。

　それまで株式相場の上昇に一役買っていたのが「証拠金取引」でした。投資家は金融機関に一定の証拠金を預ければ、その何倍もの株を買うことができました。証拠金取引をはじめ、わずかな元手で多額を運用する「レバレッジ」をかけた取引により、バブルが膨らんでいきました。

　またこの頃、様々な会社の株を組み合わせて販売する投資信託の手法が、英国から米国にもたらされました。手軽に多くの銘柄に投資できるようになり、大衆の間で株式ブームが広がりました。

　しかし29年10月24日、株式相場は大きく値を下げます。これを「暗黒の木曜日」と呼びます。翌週の10月29日には「悲劇の火曜日」を迎えます。株式相場は大暴落し、人々はパニックに陥りました。

1980年代後半の好景気を支えた土地神話

　日本では、1980年代後半に人々がバブル景気に酔いました。きっかけとなったのが、85年の「プラザ合意」です。主要5カ国の蔵相と中央銀行総裁が米ニューヨークの「プラザホテル」に集まり、ドル高を是正する

ために、為替に協調介入することで合意しました。その結果、円高・ドル安が進み、日本の輸出産業は大打撃を受けます。

「円高不況」に陥った日本経済に活気を取り戻すために、政府・日銀が取った金融政策が、政策金利の引き下げです（当時は「公定歩合」が政策金利でした）。金利が下がれば、企業は銀行から資金を借りやすくなります。政府・日銀は、企業による新規事業や工場設備への投資を促そうとしました。しかし、工場などへもさることながら、企業が熱心に投資したのは不動産でした。背景にあったのが「土地神話」です。

日本は国土が狭く、土地の希少性が高いため、地価は必ず上昇するという甘い見通しがまかり通っていました。各社が積極的に不動産に投資したため、地価は見る見る上昇しました。日本全体の不動産評価額は2000兆円に達し、米国の4倍の水準になりました。

土地の含み益を膨らませた企業の株価も上昇します。例えば87年にNTTが株式を上場すると、買い注文が殺到し、時価総額は50兆円を超えました。西ドイツ株式市場（当時）と香港株式市場の全銘柄を合わせても、1社の企業価値に及ばないという異常な高値です。

しかし89年12月29日に日経平均株価が3万8915円を付けた後、相場は下げに転じました。ただ日本の場合、大暴落とはならず、徐々に下がっていきます。バブル崩壊の時期については諸説ありますが、91年が有力です。日本経済はそのまま「失われた20年」に突入しました。

リーマンショックの発端は住宅バブルの崩壊

2008年9月には米国の大手証券会社リーマン・ブラザーズが経営破綻しました。「リーマンショック」と呼ばれる衝撃が各国に波及し、世界規模の金融危機に陥りました。

発端は米国の住宅バブル崩壊でした。当時、「サブプライムローン」という、信用力の低い人に貸し出す住宅ローンがよく利用されていました。住宅ローン会社は、住宅価格が上昇することを前提に、積極的にサブプライムローンを提供していました。仮に返済が滞ってもさほど困りませ

ん。担保である土地と建物を差し押さえて競売にかければ、融資したお金を回収できるばかりか、それ以上のリターンが期待できたからです。

　住宅ローン会社はサブプライムローンの債権を投資銀行に売っていました。そうして得た現金で新たにサブプライムローンを貸すことを繰り返し、住宅バブルが形成されていきました。

　しかし、2007年に住宅バブルがはじけます。価格が下がっているので、債権者は土地と建物を差し押さえても、資金が回収できません。このためサブプライムローンの債権の価値は下がりました。

　投資銀行は住宅ローン会社から買った債権を、社債などほかの債券と組み合わせて「合成CDO（債務担保証券）」というパッケージ商品にして売っていました。売り先は世界中の金融機関です。リーマン・ブラザーズもまた合成CDOを大量に買い込んでいました。その結果、巨額の損失を抱え、経営破綻してしまったのです。

▶ 図III-9-2　主なバブル崩壊や崩壊に伴う経済危機の歴史

	名称	出来事
1637年	チューリップ狂	オランダで盛んに売買されていたチューリップの球根の価格が暴落
1720年	ミシシッピ計画	仏領ルイジアナでの金鉱発見などを頼り、フランスで発行された紙幣が交換性失う
1720年	サウスシーバブル	英国政府の負債を整理するために発行された南海会社株が暴落
1929年	世界恐慌	米ニューヨーク証券取引所で株式相場が大暴落し世界規模の景気後退に発展
1991年	バブル崩壊	日本で株と不動産の価格が下落、「失われた20年」に突入
2008年	リーマンショック	米国住宅バブル崩壊の余波でリーマン・ブラザーズ破綻、世界的な金融危機に

　こうして見てくると、資産価格の上昇期待に熱狂した群衆が、時代を超えて、同じ過ちを犯していることが分かります。「バブルは忘れた頃にやってくる」という警句は、いつの時代にも通用しそうです。

Ⅲ-10

公的年金は持続可能なのか
経済にどう影響するのか

社会保障費の増大が日本経済の大きな重荷になっています。社会保障の給付費総額はすでに120兆円に達していて、実に日本のGDP（国内総生産）の20%超の規模にまで膨らんでいます。ここでは社会保障給付費の中でも最も多い公的年金を例に取りながら、現在の課題と将来像、日本経済への影響を検討してみたいと思います。なぜ給付費は増え続けるのか、我々はそれを負担し続けられるのか、日本経済にどのような問題をもたらすのか。それを分析していきましょう。

保険料、税負担など合算し「給付費」に

社会保障費が、日本の財政にとって大きな負担となっています。皆さんは、日本の財政が危機的な状態にあることはご存じでしょう。国と地方を合わせた長期債務残高は、2019年度末（当初予算ベース）で1122兆円に上り、GDP（国内総生産）比でほぼ200%に達する見込みです。そこで大きな負担になっているのが社会保障に関わる費用なのです。

国の2019年度一般会計当初予算を見ると、その金額の大きさがよく分かります。歳出総額101兆4571億円のうち、社会保障費は34兆593億円に上り、33.6%を占める最大の項目となっているのです。その一方で公共事業費は6兆9099億円、文教・科学振興費は5兆6025億円で、歳出に占める比率はそれぞれ6.8%、5.5%です。かつて予算膨張の主因とされた公共事業費は既に小さく、将来への投資とも言える文教・科学振興費も同規模になっているのと比べてみれば、社会保障費が大きく、重い

負担になっていることが分かるでしょう。

　しかし、実はこれも社会保障にかかるコストの重さの一部しか表していません。これら費用は、社会保障に投じられる国の税財源分（国債調達分を含む）だけを示しているにすぎないからです。

▶ 図Ⅲ-10-1　社会保障給付費の推移

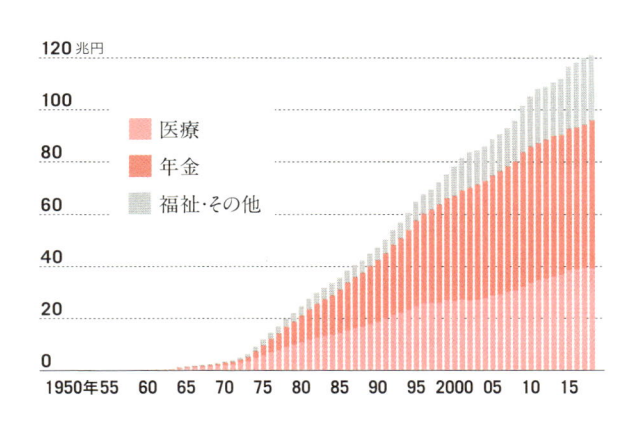

出所：国立社会保障・人口問題研究所「社会保障費用統計」

　年金や医療、介護など社会保障サービスのために給付される社会保障給付費の総額は、実際には121兆3000億円（2018年度予算ベース）にも上っているのです。これだけの費用を賄っているのは、個人と企業が負担する保険料と、前述した税金、それに公的年金が持つ積立金の運用収益などです。保険料は全体の5割以上、税金（国債調達分を含む）は都道府県や市町村の負担する分も合わせて4割といったところです（図Ⅲ-10-2）。社会保険は本来、保険料で賄うものですが、実際には大幅に不足しているため、税金を投入しているのです。

　頭が痛いのは、この社会保障給付費は今後、まだ増え続けることとそのスピードが速いことです。社会保障給付費は1994年度で60兆7000億円でしたが、2004年度には86兆円になり、2018年度は121兆3000億円

へ膨張。さらに2025年度には140兆円に達すると、財務・厚生労働両省は予想しています。この間、毎年2兆〜3兆円のペースで増えたため、保険料収入では賄いきれない不足額が拡大し続け、赤字国債増発の主因となってきましたが、今後もその重圧は続くというわけです（図III-10-3）。

▶ 図III-10-2　社会保障の給付と負担状況

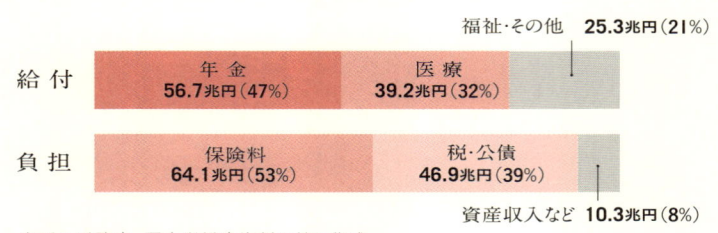

出所：財務省、厚生労働省資料を基に作成

▶ 図III-10-3　社会保障給付費と保険料収入の推移

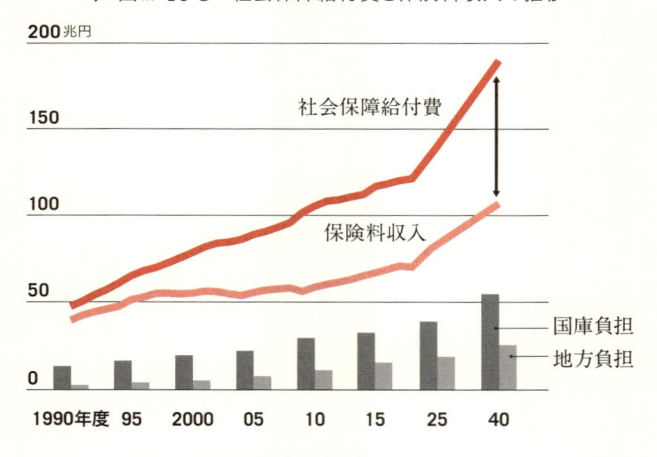

出所：財務省、厚生労働省資料を基に作成

20年で年金受給者は1400万人増

背景にあるのは、急速に進んできた少子高齢化です。高齢化が進めば、

支えるべきお年寄りの人口が増えますから、社会保障給付を減らさなければ支出する総額は増大していきます。一方、少子化で支え手の数は減り続けていきますから、生産性の向上などで大きな経済成長をしない限り、個々の負担は増えていきます。

　今や社会保障の根幹を成す国民皆保険・皆年金は、非常に厳しい状況に立たされていると言えるでしょう。今後、日本の社会保障はどのように維持されていくことになるのでしょうか。社会保障の中で最大の給付項目である年金を例に取りながら見ていきましょう。

▶ 図Ⅲ-10-4　日本の年金制度の仕組み図

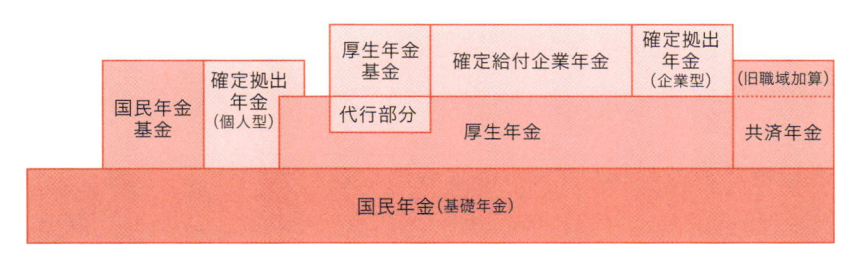

出所：厚生労働省資料を基に作成

　日本の年金制度は3階建ての構造になっています（図Ⅲ-10-4）。1階部分に相当するのが、基本的な給付を行う国民年金（基礎年金）です。ここは、全国民に共通です。自営業者やフリーター、そしてサラリーマンなどに扶養される専業主婦（夫）は、ここだけを受給することになります。そして、2階部分として、企業の従業員が加入する厚生年金と、国家公務員や地方公務員、私立学校の教職員向けの共済年金があります。公的年金と呼ばれるのはここまでです。

　3階部分は、1、2階に加えて企業が従業員向けにさらに上乗せ給付する年金です。確定給付企業年金や確定拠出年金（企業型）といった種類があります。これらは企業の外に管理母体を設けるか、金融機関に管理を委託する形で運営します。上乗せ年金としては、自営業者など国民年

金加入者の一部が加入できる国民年金基金があり、共済年金にはかつて職域加算と呼ばれる付加部分がありました。国民年金基金は2、3階相当の部分となっています。ただし、これらは任意で上乗せする仕組みですから公的年金とは捉えられていません。

この公的年金が、社会保障の抱える課題を端的に示しています。例えば少子高齢化の影響です。公的年金で保険料納付対象になる加入者数は1997年度末で5839万人（サラリーマンなどに扶養され保険料納付義務のない3号被保険者を除く）で、年金受給者は2627万人でした。しかし、20年後の2017年度末で加入者は5800万人程度でほぼ横ばい。受給者は4077万人と1400万人以上も増えています。しかも加入者数のうち、約1500万人を占める国民年金は、同じ期間中に保険料の納付率が79.6％から66.3％へ大きく下がっています。実態として、支え手が増えない中、給付を受ける側は増え続けていると言っていいでしょう。

人口増か経済成長がなければ現行制度は苦境に

保険料を納付する現役世代の年金加入者と受給者のバランスの変化は、年金財政の収支にも影響を及ぼします。例えば、厚生年金の2017年度の給付費などの歳出額は46兆4223億円ですが、保険料収入は30兆9441億円にすぎません。足りない分は国の一般会計から約9兆円を繰り入れたり、厚生年金の貯金とも言える積立金を取り崩したりすることなどで何とか賄っている収支構造と言えます。

こうした問題が起きる要因の一つは、公的年金が賦課方式という仕組みを取っていることにあります。賦課方式とは、高齢者が受け取る年金を同時代の現役世代の保険料で主に賄うというものです。日本の公的年金は、巨額の積立金を持っているため、修正積立方式とも言われますが、実態はほぼ賦課方式です。積立方式については後で説明します。

賦課方式の場合は、現役世代（保険料納付期間）の保険料が変わらないとすれば、現役人口が増えるほど、高齢者1人当たりの受給額は増えます。あるいは、経済成長が続けば、同様に保険料率は一定でも賃金が

増えるので「賃金×保険料率」で保険料総額が増加し、高齢者の受給額が増えます。ところが、日本は1995年をピークに生産年齢人口（15〜64歳）が減少し始め、名目賃金も90年代末から減少を続けてきました。賦課方式を機能させる2つの要素が共に逆回転してきたのです。

　ここで皆さんは気付いたことと思います。年金は長期的な経済の動向と密接な関係があるのです。もう一度整理してみましょう。いったん、税金投入分を無視して考えます。すると、賦課方式では「年金給付総額（年金受給者数×1人当たり年金額）＝年金保険料収入（現役労働者数×1人当たり平均賃金×公的年金保険料率）」となります。この式は「年金受給者/現役労働者数＝（1人当たり平均賃金×公的年金保険料率）/1人当たり年金額」と変形できます。

　左辺で年金受給者の数が増えても現役労働者数がそれ以上に増えればいいのですが、そうでない場合は、右辺の一人当たり平均賃金が増加し続けるような高い経済成長が必要になります。しかし、それができなければ、年金の保険料率を引き上げるか、一人当たりの年金額を抑制するしかありません。あるいは、左辺に戻って年金受給者数を減らす他ないとも言えます。保険料率の引き上げや年金額の抑制など改革論については、後で説明しますが、いずれも容易なことではないだけに、経済成長が一段と重要になるのです。

年金積立金の運用は21世紀に入り難しく

　年金の財政方式にはもう一つ、先ほど少し触れた積立方式と呼ばれるものがあります。これは加入者個人の口座に各人の保険料を積み立て、全体で運用していくというものです。当然、個人にとっての保険料負担と年金給付は均衡します。一方、賦課方式は、人口減や長期にわたる経済停滞の下では若年層ほど負担が重くなる割に給付は少なくなり、世代間で格差が生じるという問題点があります。ただし、積立方式の場合は、運用が終わった後に大きなインフレが来たりすると、貨幣価値の下落で不利になるといった問題があります。日本は1980年代まで高成長と安

定成長が続いたなかインフレ傾向にあったため、賦課方式の方が有利でしたが、以後の状況は大きく変化しています。

　年金が経済動向の影響を受ける要素は他にもあります。約160兆円に及ぶ厚生年金・国民年金の積立金は、年金積立金管理運用独立行政法人（GPIF）が管理していますが、2000年代に入る頃から運用成績の振れが大きくなっています（図Ⅲ-10-5）。グローバル化の進展とIT（情報技術）の発達で、世界中の投資家は経済危機の兆しが見えると、リスクヘッジのために主要国の株式や債券などの資産を一気に売却するなど、一方向に動くようになったことが1つの背景と考えられます。

▶ 図Ⅲ-10-5　GPIFの運用利回りの推移

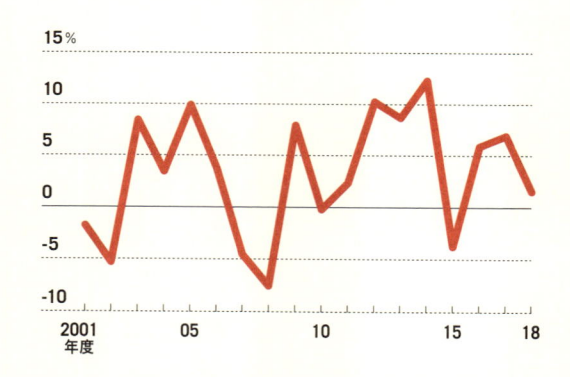

注：年金積立金の自主運用が始まった2001年度以降の運用利回り
　　（運用手数料控除前収益率）
出所：厚生労働省の資料を基に作成

　GPIFは2014年半ばまで運用資産に占める日本国債の基本比率を60%にするなど、徹底した安全運用でしたが、それでも2008年秋のリーマンショック時には大きな損失を被りました。一方で政府は、急激な高齢化を乗り切るために年金積立金の取り崩しを続けていますが、運用損が大きくなると、虎の子の積立金を余計に減らすことになるだけに油断はできません（図Ⅲ-10-6）。

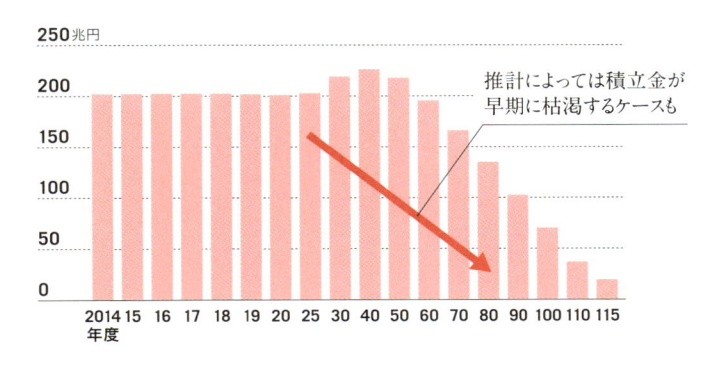

▶ 図III-10-6　公的年金（厚生＋国民年金）の積立金推移

注：2019年の財政検証の標準と見られるケース（実質成長率0.4%）で、合計特殊出生率・中位推計、死亡中位推計。
出所：厚生労働省の推計を基に作成

ライフサイクル仮説では高齢化は経済成長率を下げる

　逆に年金の側が経済に影響を及ぼす可能性も指摘されています。例えば「ライフサイクル仮説」と呼ばれるものがあります。人々は、生涯の所得と消費が等しくなるよう、毎年の消費を平準化するという仮説です。つまり現役時代には老後のために消費を抑えて所得の一部を貯蓄し、引退期間中にそれを取り崩すことで消費生活を維持するというわけです。この説に従えば、現役時代に貯蓄率が高まり、高齢期には低下することになります。ということは、高齢者の比率が上がるほど、経済全体の貯蓄率は下がり、資本の蓄積が滞って成長率も落ちる可能性があります。

　これと並行して公的年金が充実し、特に賦課方式となると、高齢者はインフレ時にも対応できる資産を手にするので消費を増やす傾向が強まります。一方、現役世代は、将来に備えて貯蓄をする必要性が薄れると考えるのでやはり貯蓄率が低下し、経済成長に影響を及ぼすという説があります。資産代替効果と呼ばれるもので、著名経済学者であるマーティン・フェルドシュタイン米ハーバード大学教授が1970年代に唱えまし

た。ただし、これには異論もあります。人口増や経済成長が伴わない中で賦課方式を取り続けると、将来的な保険料率の上昇などが予想されるため、現役世代が貯蓄率を高めるというものです。

年金改革が貯蓄と消費に影響

いずれにせよ公的年金の制度のあり方は、貯蓄や消費行動の選択を通じて経済に影響を及ぼすと考えられます。例えば、日本は、73年改革で年金の給付を賃金上昇率に合わせる賃金スライド制を導入し、一方で保険料率を一度にではなく、長期間かけて大幅に引き上げることとしました。これは、足元ではなく将来にわたって負担が増えることと、インフレ下では給付も増加することを個人が見通せるようになったことを意味します。つまり、将来年金資産は手にできるが、負担も次第に増えていくので先に貯蓄をする可能性が出てくるわけです。

保険料率の引き上げはその後も続きましたが、85年改革からは給付の抑制が始まりました。まず85年には年金額の計算に使う給付乗率の調整で給付を引き下げ、94年と2000年の改革では年金の支給開始年齢を60歳から65歳に上げました。94年改革でまず基礎年金部分にとりかかり、2000年改革では厚生年金の2階部分である報酬比例部分でも引き上げを始めたのです。負担は増える一方、給付は減るわけですから貯蓄と消費へ影響があったことは想像できます。特に2000年以降はデフレ不況の中で賃金下落が続いたので、個人消費には下押し圧力がかかりました。

そして最近で最も大きな改革となった2004年は、保険料率を2017年までに18.3%に引き上げ、それで打ち止めとすることにしました。同時に年金加入者数など支え手の減少や、給付を受ける側の増大を示す平均余命の伸びを年金額の改定に反映させ、その伸びを賃金や物価の伸びよりも抑えるマクロ経済スライド制を導入しました。現役と受給者のバランスの変化を給付額に反映しようというものです。いずれもこれ以上の負担増には耐えられないと見てのことと思われます。

日本では、子供に資産を残そうとする傾向があり、高齢者になっても欧米ほど貯蓄率が低下しないという特徴がありますが、生産年齢人口の減少は今後も続き、2050年には現役世代1.5人で1人の高齢者を支える状況になります（図Ⅲ-10-7）。年金財政の状態を分析する2019年の財政検証は、日本経済がマイナス成長に陥った場合、年金の所得代替率（現役世代の手取り収入に対する公的年金受給者の年金収入比率）が2019年度の61.7%から2053年度には37.6%に落ちるとの試算もしています。

▶ 図Ⅲ-10-7　65歳以上人口1人に対する現役（15〜64歳人口）

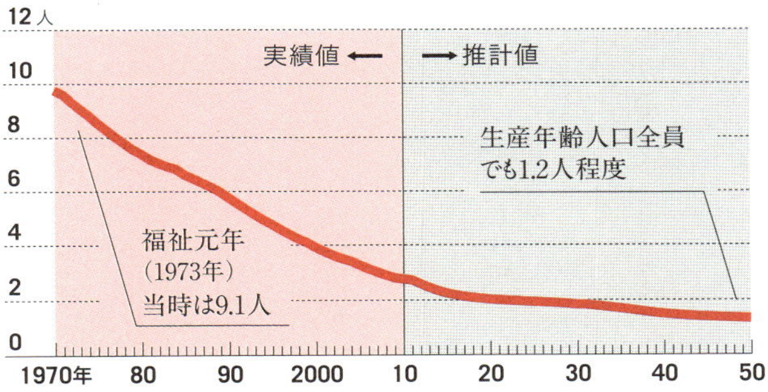

出所：総務省、国立社会保障・人口問題研究所などの資料を基に大和総研作成

▶ 図Ⅲ-10-8　主要国の公的年金支給開始年齢

	日 本	米 国	英 国	ドイツ	フランス
支給開始年齢	65歳	67	68	67	67
予定年齢への到達年	2025年（男）2030年（女）	2027	2046	2029	2022

出所：厚生労働省資料を基に作成

　支給開始年齢の一段の引き上げなど、公的年金改革がさらに続く可能性も否定できません（図Ⅲ-10-8）。少子高齢化が進む中、公的年金と経済の関係は一段と深まるかもしれません。

III − 11

—

いつまで続く？
年功序列と終身雇用

　少子高齢化や人手不足、所得格差といった労働にまつわる問題は、身近な問題であるだけに、個人的な経験や主観にとらわれやすいきらいがあります。労働問題を客観的なデータと経済学の視点で見渡してみましょう。人手不足にまつわる事例一つを取っても、企業のビジネスモデルの失敗なのか、日本社会の抱える根源的な問題なのかを整理できます。

　日本は人口減少と少子高齢化が同時進行しています。今や世界で最も高齢化が進んだ国になりました。日本の人口にまつわる情報は、「人口動態統計」で一覧できます。各市区町村に届けられた出生、死亡、婚姻、離婚及び死産などのデータを厚生労働省が集計したものです。

　日本の人口構成の変化は、「人口ピラミッド」の形状を過去のものと比べれは一目瞭然です。人口ピラミッドは、国や地域のある時点の年齢階層別人口を、男女で左右に分けて、低年齢層から高年齢層へと積み上げた図のことです。一般に、開発途上国などの多産多死型社会は「ピラミッド型」を示します。一方、先進国などの少産少死型社会は「つぼ型」となっている傾向があります。2015年の日本は、ピラミッド型とつぼ型の中間とも言える「釣り鐘型」でした。今後は急速に少子高齢化が進み、2065年頃には「つぼ型」へ変化すると見られています。

　2010年に1億2700万人だった総人口は、2065年には9000万人を下回る見通しです。2065年には65歳以上の高齢人口が増え、14歳以下の年少人口よりもはるかに多くなることが分かります。

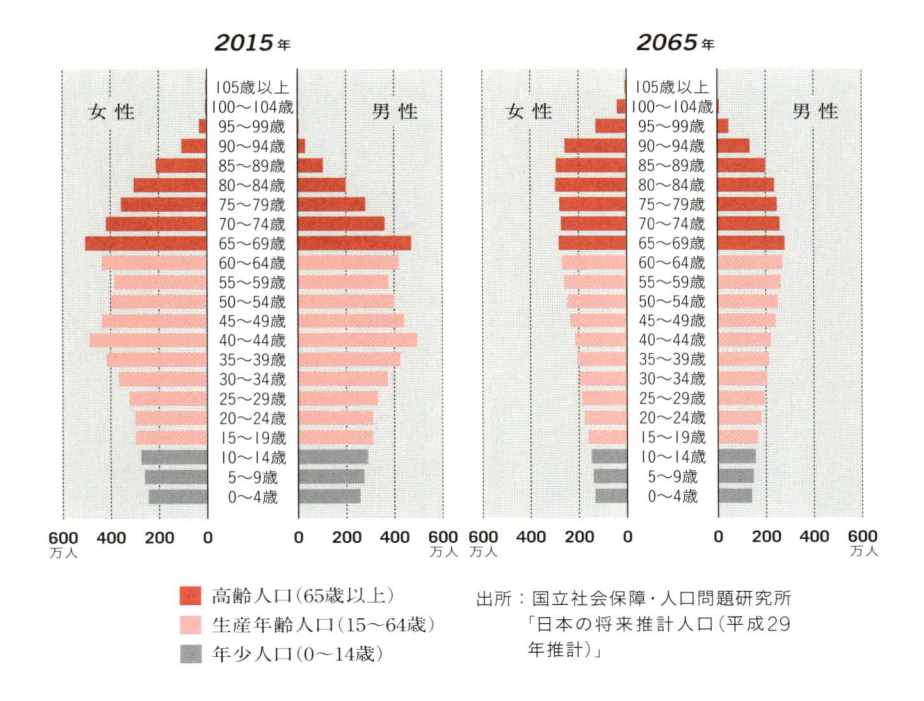

▶ 図Ⅲ-11-1　2015年と2065年の人口ピラミッドの比較

出所：国立社会保障・人口問題研究所「日本の将来推計人口（平成29年推計）」

　少子高齢化がもたらす最大の問題は労働力の減少です。働くことができる15歳以上65歳未満の人口の合計を「生産年齢人口」と言い、潜在的な労働力を示す指標として使います。2015年と2065年を比べると、生産年齢人口が明らかに減少することが予測できます。

　もう1つ、労働力を示す指標としてよく使われるのが「労働力人口」です。労働力人口は、15歳以上の完全失業者と就業者（休業者、従業者）を足した人口のことで、働く能力と意志がある人のことを指します。

日本には眠っている労働力がある

　総人口の減少は、消費者の減少を意味します。つまり、モノやサービスが日本で売れなくなる可能性があるわけです。少子高齢化では働く人

の数が減る一方で、扶養される人が増加します。生産性を向上させ、1人当たりの所得を増加させないと、経済成長が鈍化してしまいます。国の成長には労働力の確保が欠かせません。

　ただし生産年齢人口の減少が、すなわち働き手の減少ではありません。日本には眠れる労働力が相当数、存在するからです。その最たるものが女性です。これまで日本の労働市場は、男性中心で回ってきました。

　人口に占める労働力人口の割合を示す「労働力率」という指標を使うと、女性就業者の傾向が分かります。女性の労働力率は結婚・出産期に当たる年代に低下し、育児が落ち着いた時期に再び上昇するという「M字カーブ」を描きます。近年、女性の社会進出が進み、カーブの谷の部分は浅くなりつつあります。それでも、働く環境があれば働きたいと考えている女性は相当数、存在します。

▶ 図III-11-2　M字カーブと女性の労働力人口増加の試算

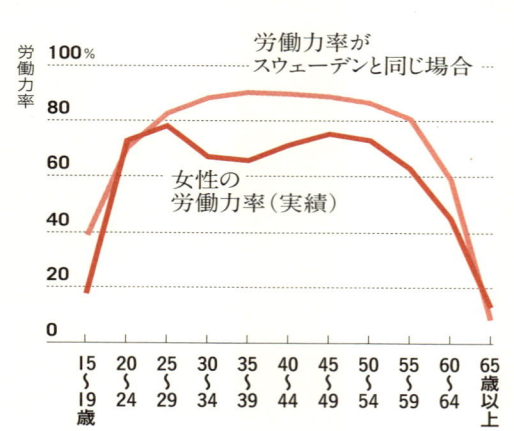

出所：総務省統計局「労働力調査（詳細集計）」（平成21年）、国際労働機関（ILO）"Laborsta"（内閣府「男女共同参画白書 平成22年版」）

　図III-11-2のように、日本の労働力率が、女性の社会進出が当たり前になっているスウェーデンと同程度まで向上した場合、M字カーブの谷

はなくなりグラフ全体が上振れします。経済成長を続けるためには、眠れる労働力を掘り起こす努力が必要です。最近では「人生100年時代」を見据え、定年後も働ける環境づくりや定年延長の動きが出てきました。

日本の雇用慣行は世界でもユニーク

日本型の雇用慣行は世界的に見てもユニークなものです。新卒を一括採用し、社内で育成し、長期間雇用し続けます。技術職、事務職にかかわらず、その会社に適した技能を蓄積することで処遇するというものです。これが「終身雇用」と「年功序列」という言葉で表現されているのです。労働者の勤続年数が長いことを前提に、勤続年数の長い年長の労働者の賃金が高くなる「賃金カーブ」となっています。

少し古いデータですが、参考までに、製造業で働く男性労働者の賃金カーブを国際比較してみましょう（図III-11-3）。日本人男性は、50歳台まで上昇し続けるカーブを描いているのが特徴です。

▶ 図III-11-3　年齢階級別に見た賃金カーブ（製造業・男性の場合）

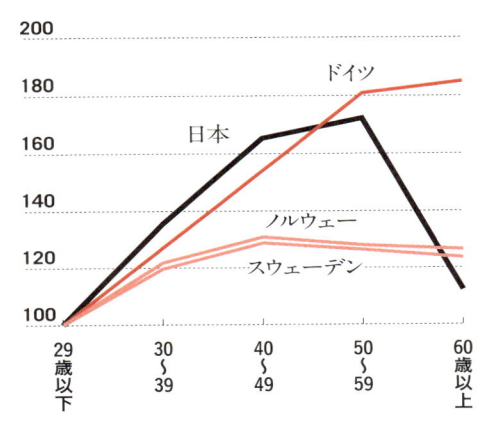

注：29歳以下＝100。日本の賃金は決まって支給する現金給与額、欧州連合（EU）各国は月間平均収入額。ドイツについて50歳未満のデータが存在しないため、50歳まで一律的に賃金が上昇するものと仮定してグラフ化した

出所：厚生労働省「賃金構造基本統計調査」（2006年）、EU "Structure of Earnings Statistics 2006"（厚生労働省「平成23年版労働経済の分析」）

女性労働者の場合も、男性同様に勤続年数に応じて賃金カーブは上昇します。ただし、女性の勤続年数が男性よりも短いため、年齢に応じて上昇する男性のようなカーブにはなりません。

▶ 図III-11-4　雇用者の勤続年数別分布の国際比較（男性、25〜54歳）

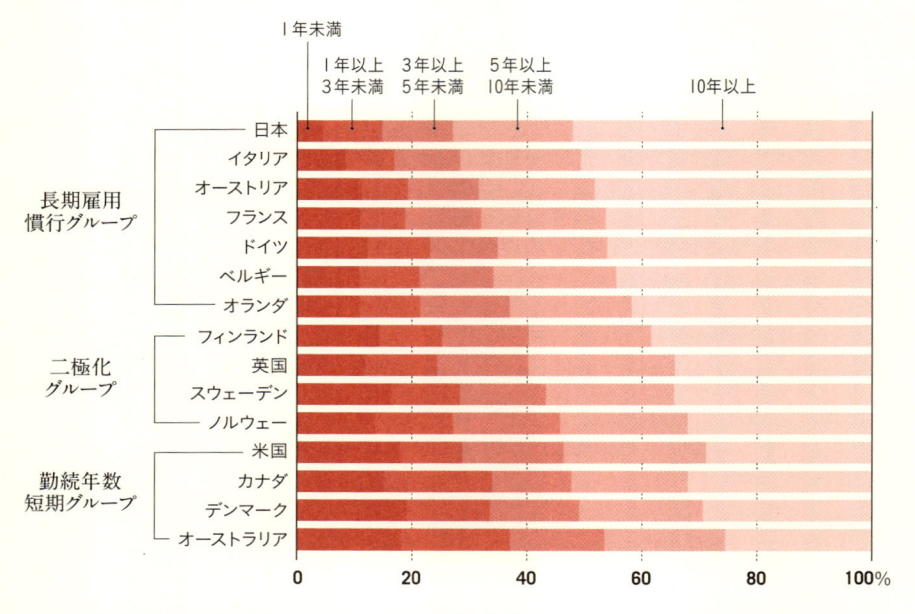

注：日本は2011年6月末（一般労働者）、米国は2012年1月、オーストラリア及びカナダは2010年、その他の国は2011年の数値
出所：厚生労働省「賃金構造基本統計調査」（2011年）、米労働省 "Employee Tenure in 2012"（2012年9月）、経済協力開発機構（OECD）Database（厚生労働省「平成25年版労働経済の分析」）

　ちなみに、日本の労働者の勤続年数は、国際的に見てもかなり長いことが分かっています。これが終身雇用と言われるゆえんです。こうした日本の雇用慣行は、高度経済成長期に編み出された戦略的な人事体系でした。その会社に適した技能を蓄積した労働者をどれだけ囲い込めるかが、企業の成長を左右する最大の要件だったからです。

　新卒で大量に採用し、社内で育成し、技能を蓄積させる。さらに雇用

日本経済入門

を安定させ、勤続年数が長ければ長いほど賃金が上昇する仕組みは、技能を蓄積した労働者を囲い込むという目的を十分に果たしてきました。こうした戦略を取る企業が大多数だったことから終身雇用が一般化し、日本の労働市場は流動化することがないまま月日が流れてきたのです。

日本型雇用慣行と経済環境のミスマッチ

ところがバブル崩壊後の1990年代以降、日本企業の経営環境は悪化しました。多くの企業が早期退職を実施するなど、人件費の抑制に舵を切りました。その後は企業のグローバル化とも呼応して、終身雇用と年功序列という雇用慣行を見直すべきだという議論が増えてきました。

経済環境の変化で、日本型の雇用慣行の合理性が徐々に低下してきたのです。限られたコストの中で成長するためには、従来のように多くの社員にスキルを持たせる理由がなくなりました。成長の推進力となるイノベーションは必要ですが、この部分を担う人材の必要数も減ってきたのです。一方、少子高齢化による労働力の減少という問題もあります。流通サービス業など労働条件が厳しい傾向にある職場では、人手不足が顕在化しています。社会的・経済的状況が変化し、企業は新しい働き方を模索する必要が出てきました。その一例が「限定正社員」です。

終身雇用と年功序列が崩れつつある昨今、共働き世帯が増加し続けています。今や、専業主婦の世帯数よりも共働き世帯の方が圧倒的に多いのが実情です。かつて日本のビジネスパーソンは、キャリア形成のために長時間勤務や全国への転勤を受け入れてきました。これを可能にしていたのが、妻が専業主婦であることでした。共働き世帯の増加は全国への転勤を難しくし、男性の育児参加も不可避となっていくでしょう。

今後、賃金水準は低下しているのに、長時間勤務や全国転勤を強いる企業には、優秀な人材は集まらなくなっていくでしょう。勤務地や勤務時間を固定し、長時間勤務や全国転勤なしにワークライフバランスを保ちながら、生産性高く働く限定正社員は、今の日本に合った雇用スタイルと言えそうです。

昨今、一部の流通企業などでは深刻な人手不足が叫ばれています。こうした事例を見た時に、企業戦略の失敗なのか、それとも社会的背景による構造的な問題なのかを冷静に分析する必要があります。例えば、負荷の高い仕事を少人数で担うにもかかわらず、賃金水準を上げない企業に人が集まらないのは当然です。企業側は、仕事の生産性が高まるように工夫するか、賃金を上げるかしなければなりません。そうした努力を怠った結果としての人手不足は、ビジネスモデルの失敗と言えます。

日本の賃金格差は欧米よりも小さい

2000年代に入ってから、日本でも格差問題が取り沙汰されるようになってきました。確かに賃金格差は開いていますが、欧米に比べると小さいのが実情です。賃金は学歴によって大きく変化します。欧米は近年、求人に対する大卒者の数が少なかったため、大卒者の賃金が上昇し、高卒者と大卒者の賃金格差が広がりました。一方で日本は、求人に対して大卒者がそれほど少ないわけではないため、格差が比較的小さくて済んでいます。

日本には新設大学の増加もあり、「大学が多すぎる」「大学生が増えすぎている」という議論もあります。果たして本当にそうでしょうか。

IT（情報技術）の進化やグローバル化の進展で、企業の人材ニーズは高度化しています。給与計算など単純な事務作業は、もはやITに取って代わられました。企業は大卒者に、今まで以上に高度なスキルを求めます。そうした意味で中卒者・高卒者と大卒者の賃金格差が開く傾向が強まっているのです。

少子高齢化という日本の現状を考えると、大学生が多すぎるということはありません。日本の18歳人口は減っています。1990年入学の大学生は200万人中50万人でした。2018年は120万人中60万人が4年制大学へ進学。進学率が上がったのは少子化と大学の増加によるものです。

18歳のうち半分が4年制大学、4分の1が専門学校へ、5%が短大へ進学しています。残り20%が中卒もしくは高卒で就職しています。高校へ

進学しない人が全体の2%、高校中退が3%います。この人たちの仕事は、海外に奪われがちです。例えば、工場作業員の仕事は、工場ごと海外へ流出してしまう可能性があります。地元に密着したサービス業などで雇用を賄う必要があるものの、この層の就労機会はとりわけ地方で減っており、大都市圏へ流れ込んでいます。東京都の人口は、2005年に1250万人だったのに対して、2019年は1380万人まで増えています。

▶ 図Ⅲ-11-5　大学進学率の推移

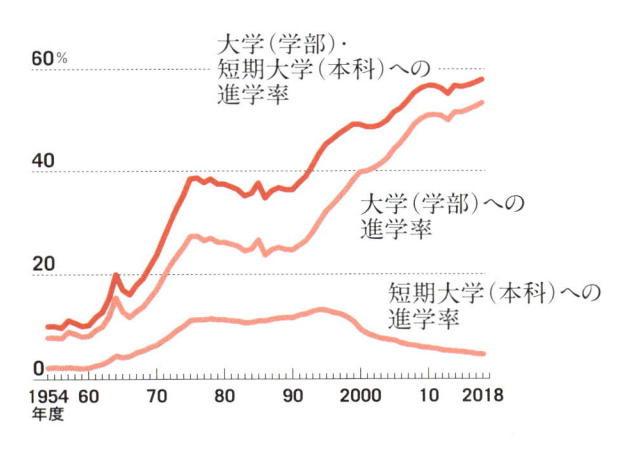

注：各進学率は過年度高卒者などを含む
出所：文部科学省「学校基本調査」

　労働者の数と雇用の変化は、地方、ひいては国のあり方まで変えてしまう力を持っています。日本の未来を考える時は、こうした人口動態を頭に入れておくことが重要であると言えるでしょう。

取材協力：東京大学公共政策大学院　川口大司教授

家計調査を読み解く経済理論

　家計調査は、毎月発表される、日本全体の約9000に及ぶ家計を対象とした家計の収入と消費に関する包括的な統計です。その結果は国民経済計算速報の基となっており、消費者物価指数の基準作成の際にも活用されています。消費支出は特に景気動向と関係が強いので、毎月、朝8時30分に新しい統計値が発表される瞬間は、多くの実務家やマクロ経済の専門家にとって緊張する時間です。事前予測と結果が大幅に乖離していると、証券市場や債券市場に影響するためです。

　日本の家計調査は、他国にほとんど例のない、非常に高精度な家計消費支出の統計です。諸外国の支出統計の多くは、「先週の食費はいくらでしたか？」という大ざっぱな質問に基づいているのに対し、日本では、家計簿を各家庭に配布し、支出と収入を毎日細かく、かつ6か月という長期間記録させ、定期的に調査員がチェックしているからです（諸外国の家計簿調査の多くは2週間程度です）。家計調査の精度は高いので、結果が大きく変動していれば、実際の家計支出もまた変動している可能性が高いと言えます。

　それでは、家計支出が大きく変動している時、どのように解釈すればよいのでしょうか？　基本的な経済理論を用いることで、特に重要な変動と、そうでない変動を見分けることが可能となります。

支出変動の源泉：代替効果と所得効果

　家計調査で用いられる家計簿には、サンマやキャベツなどの生鮮食料品からエアコン、自動車のようなものまで、家計が支出するありとあらゆる項目が網羅されています。しかし、日々の食費と海外旅行や自動車、住宅

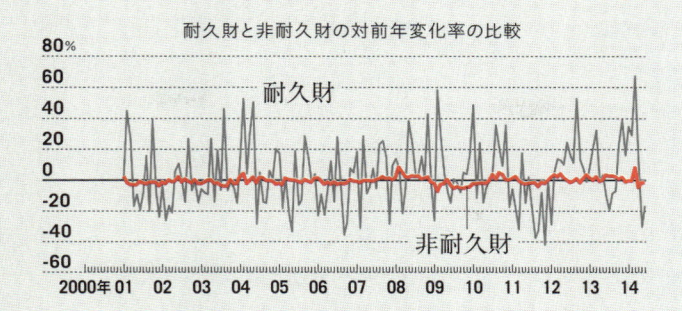

耐久財と非耐久財の対前年変化率の比較

改築などの支出は、経済学的には大きく異なるものです。具体的には、支出のうち、①後回し(前倒し)にすることが可能な支出と②常にある程度は覚悟せねばならない支出、に分けるのが一般的です。前者は耐久消費財や旅行、あるいは日持ちする商品であり、②は経済理論で通常考えられている消費と対応します。

　家計消費が変動する理由については、お盆や年末年始時の帰省のような季節固有要因や突発的(病気や事故)支出を除き、経済学的には大きく分けて2つあります。それは、ミクロ経済理論に出てくる代替効果と所得効果です。

　今月と来月の消費に関する代替効果(異時点間代替)を考えてみましょう。来月、エアコンが値上げされることが分かっていれば、来月ではなく今月に購入しようとするのが自然です。消費税率改定などがあると、この代替効果が非常に強く働き、耐久財への支出が乱高下することになります。

　一方、今月と来月の所得効果は、もう少し複雑です。所得効果に関しては、今月と来月に加え、さらに将来の所得に対する予想の影響も出てくるためです。例えば、1年後に「必ず」所得が大きく増加することが判明した、とします。すると、たとえ今月と来月の所得が変わらなくとも、家計としては豊かになることが確実なので、それを先取りし、今月と来月の両方に所得効果が働き、各期で消費が増えます。

　ただし異時点間の代替効果が働くのは、日持ちする商品、あるいは、後

回し（前倒し）することが可能な商品に限られます。明日値上がりすること
が分かっていても、水や電力を今日中に貯めておくことには限界がありま
す。家計調査では、消費支出を、まず旅行や教育など形のないサービス
支出と、商品の形がある財支出に分類し、さらに、財支出をエアコンや自
動車などの耐久財、洋服や靴などの半耐久財、生鮮食料品などの非耐久
財に分けています。前ページの図は、勤労世帯の耐久財と非耐久財の季
節調整をしていない名目支出額を前年同月からの変化率（％）でプロットし
たものです。耐久財の変動は非常に大きく、消費税率が改定された2014
年4月前後には特に大きく変化していますが、非耐久財に関しては、その
時期においても安定していることが分かります。非耐久財には、代替効果
が強く働かず、支出は安定しているのです。

非耐久財の動向から景気を読む

　リーマンショックのあった2008〜09年のように非耐久財支出が低下す
ることもあります。食費などの非耐久財の支出を減らす時は所得効果が
働いている時で、家計が今月、あるいは将来の所得が低下すると考えてい
ることを意味します。家計調査の耐久財支出が大きく変動しても、食費な
どの非耐久財の支出が安定していれば、それは単に、特売などによる代替
効果を反映している可能性が高いです。しかし非耐久財支出が大きく変
動している時、特に当月の可処分所得に大きな変動がないのに非耐久支
出が急変している場合、家計が、将来の景気動向に大きな変化を見越し
ていることが示唆されます。非耐久財の動向から将来の景気の動向を読
むことができるのです。

阿部 修人

一橋大学経済研究所教授。1993年一橋大学経済学部卒業、2000年米エール大学経済学
博士（Ph.D.）。2011年4月から現職。専門はマクロ経済学、応用ミクロ計量経済学。

引用文献・参考文献

I-1
【引用文献】
(i) 経済産業省キッズページ
(ii) ポール・クルーグマン、ロビン・ウェルス著、大山道広他訳『クルーグマン ミクロ経済学』東洋経済新報社、2007
(iii) 『世界大百科事典』平凡社、1998
(iv) 池上彰『池上彰の経済教室』テレビ東京、2014
【参考文献】
上野泰也編著『No.1エコノミストが書いた世界一わかりやすい経済の本』かんき出版、2011
日経ビジネス別冊『2011年版 新しい経済の教科書』日経BP、2011

I-2
【引用文献】
A&Aパートナーズ、TMI総合法律事務所、ブーズ・アンド・カンパニー、明治安田生命、日経ビジネス編『日経ビジネス 経済・経営用語辞典』日経BP、2009

I-4
【参考文献】
二神孝一、堀敬一『マクロ経済学』有斐閣、2009
齊藤誠、岩本康志、太田聰一、柴田章久『マクロ経済学』有斐閣、2010
伊藤元重『マクロ経済学』日本評論社、2002
日経ビジネス2009年11月9日号、中嶋智之「全要素生産性：すべてが分かる万能指標」日経BP
経済産業省"第I部第1章第1節「実質GDP成長率の要因分解―成長会計による分析―"(p4〜7)『通商白書2013』」、2013

I-5
【参考文献】
三橋規宏、内田茂男、池田吉紀『ゼミナール日本経済入門』日本経済新聞出版社、2012
二神孝一、堀敬一『マクロ経済学』有斐閣、2009
朝日新聞「カオスの深淵」取材班、『民主主義って本当に最良のルールなのか、世界をまわって考えた』東洋経済新報社、2014
A.B.エーベル、B.S.バーナンキ、伊多波良雄訳、『マクロ経済学 下マクロ経済政策編』シーエーピー出版、2007

I-7
【参考文献】
翁邦雄『貨幣と中央銀行の歴史からみた物価と金融政策』日本大学経済学部経済科学研究所研究会、2005

I-8
【参考文献】
日本経済新聞社編『株価の見方〈第7版〉』日経文庫、2010、p14、p62〜75、p132〜134
日本経済新聞社編『株式用語辞典〈第10版〉』日経文庫、p16、p32、p50
日本取引所グループ『知っていますか？取引所の役割』、p2〜3、p6〜7、p10〜14

I-9
【参考文献】
齊藤誠、岩本康志、太田聰一、柴田章久『マクロ経済学』有斐閣、2010
日本経済新聞社編『Q&A 日本経済の基本100 2014年版』日本経済新聞出版社、2013

I-10
【引用文献】
(i) 上野泰也編著『No.1エコノミストが書いた世界一わかりやすい経済の本』かんき出版、2011

(ii) 日本経済新聞 全図解ニュース解説「景気の波」ってどういうこと?
(iii) 大野裕之『マクロ経済学のエッセンス[改訂版]』創成社、2014
(iv) 福田慎一、照山博司『マクロ経済学・入門』有斐閣アルマ、2014
(v) 内閣府 景気動向指数の利用の手引
(vi) 朝日新聞経済部編『経済指標を読みこなす』講談社現代新書、1989
(vii) 内閣府 四半期別GDP速報
(viii) 経済産業省 鉱工業指数
(ix) 内閣府 消費動向調査
(x) 経済産業省 商業動態統計
(xi) 日本銀行 マネタリーベース統計のFAQ
(xii) 日本経済新聞 マネタリーベースとは
(xiii) 日本銀行「貸出約定平均金利の推移」の解説
(xiv) 財務省 貿易統計
(xv) 厚生労働省 一般職業紹介状況（職業安定業務統計）
(xvi) 厚生労働省 毎月勤労統計調査（全国調査・地方調査）：調査の概要
(xvii) 日本銀行「短観（全国企業短期経済観測調査）」のFAQ

I-11
【引用文献】
(i) ジョセフ・シュムペーター、塩野谷祐一他訳『経済発展の理論』岩波文庫、1977、上 pp.181
【参考文献】
上野泰也編著『No.1エコノミストが書いた世界一わかりやすい為替の本』かんき出版、2009
【取材協力】
第一生命経済研究所経済調査部 熊野英生首席エコノミスト

II-1
【参考文献】
ジョセフ・E.スティグリッツ、カール・E.ウォルシュ、藪下史郎他訳『スティグリッツ入門経済学 第4版』東洋経済新報社、2012
N.グレゴリー・マンキュー、足立英之他訳『マンキュー入門経済学[第2版]』東洋経済新報社、2014

II-2
【参考文献】
ジョセフ・E.スティグリッツ、カール・E.ウォルシュ、藪下史郎他訳『スティグリッツ入門経済学 第4版』東洋経済新報社、2012
経済セミナー「経済学って、役に立つ?」日本評論社、2013年6・7月号
日経ビジネス別冊『決定版 新しい経済の教科書』日経BP、2010

II-3
【引用文献】
(i) アダム・スミス、水田洋監訳、杉山忠平訳『国富論(2)』岩波文庫、2000
【参考文献】
アダム・スミス、水田洋監訳、杉山忠平訳『国富論(1)(2)』岩波文庫、2000
池上彰、テレビ東京報道局編『池上彰のやさしい経済学』日本経済新聞出版社、2012
根井雅弘『経済学の歴史』講談社学術文庫、2005
根井雅弘『入門 経済学の歴史』ちくま新書、2010
的場昭弘監修、弘兼憲史『知識ゼロからのマルクス経済学入門』幻冬舎、2009
堂目卓生『アダム・スミス』中公新書、2008
橘木俊詔『課題解明の経済学史』朝日新聞出版、2012
トーマス・カリアー、小坂恵理訳『ノーベル経済学賞の40年(上)(下)』筑摩書房、2012
日経ビジネス別冊『新しい経済の教科書 2012』日経BP、2012

II-4
【参考文献】
大野裕之『マクロ経済学のエッセンス[改訂版]』創成社、2008
菅原晃『高校生からわかるマクロ・ミクロ経済学』河出書房新社、2013

II-5

【引用文献】

ポール・R.クルーグマン、M.オブズフェルド、山本章子訳『クルーグマンの国際経済学 ―理論と政策―（上）貿易編』丸善出版、2010、p52

【参考文献】

伊藤元重『ゼミナール国際経済入門 改訂3版』、日本経済新聞社、1989

II-6

【参考文献】

ハル・R.ヴァリアン、佐藤隆三監訳『入門 ミクロ経済学』勁草書房、2007

日経ビジネス別冊『決定版 新しい経済の教科書』日経BP、2010

II-7

【参考文献】

多田洋介『行動経済学入門』日本経済新聞社、2003

筒井義郎、山根承子『図解雑学 行動経済学』ナツメ社、2011

友野典男『行動経済学 経済は「感情」で動いている』光文社新書、2006

日経ビジネス別冊『2014～2015年版 新しい経済の教科書』日経BP、2014

大垣昌夫、田中沙織『行動経済学』有斐閣、2014

II-8

【参考文献】

神戸伸輔『入門 ゲーム理論と情報の経済学』日本評論社、2004

小関尚紀『世界一わかりやすい「ゲーム理論」の教科書』中経出版、2013

ポーポー・ポロダクション『マンガでわかるゲーム理論』SBクリエイティブ、2014

清水武治『図解入門ビジネス 最新ゲーム理論の基本と考え方がよ～くわかる本』秀和システム、2013

II-9

【参考文献】

(i)　ハル・R.ヴァリアン、佐藤隆三監訳『入門 ミクロ経済学』勁草書房、2007、p71～73

(ii)　日経ビジネス別冊『新しい経済の教科書 2012』日経BP、2012、p92～93

(iii)　ニック・ポータヴィー、阿部直子訳『幸福の計算式』阪急コミュニケーションズ、2012、p230～231

(iv)　日経ビジネス2009年8月10日号「幸せの測り方 幸福度を数字にできるか 世界で進む幸福の『見える化』運動」日経BP、p68～71

西村和雄『現代経済学入門 ミクロ経済学』岩波書店、2011

岩田規久男『ゼミナール ミクロ経済学入門』日本経済新聞出版社、1993

伊藤元重『ミクロ経済学』日本評論社、1992

II-10

【引用文献】

ハーバート・A.サイモン、二村敏子、桑田耕太郎、高尾義明、西脇暢子、高柳美香訳『経営行動』ダイヤモンド社、2009

【参考文献】

日経ビジネス別冊『2014～2015年版 新しい経済の教科書』日経BP、2014

伊藤秀史『ひたすら読むエコノミクス』有斐閣、2012

レイ・フィスマン、ティム・サリバン「なぜ会社はそんなに理不尽なのか」日経BizGate 2014年2月27日

伊藤元重『入門 経済学』日本評論社、1988

梶井厚志、松井彰彦『ミクロ経済学 戦略的アプローチ』日本評論社、2000

オリバー・ハート、鳥居昭夫訳『企業 契約 金融構造』慶應義塾大学出版会、2010

III-1

【参考文献】

永濱 利廣著『エコノミストが教える経済指標の本当の使い方』（平凡社、2014）

永濱 利廣著『経済指標はこう読む わかる・使える45項』（平凡社、2006）

【取材協力】

第一生命経済研究所経済調査部　永濱利廣首席エコノミスト

III-5
【参考文献】
オリヴィエ・ブランシャール、鴇田忠彦他訳『マクロ経済学　上・下』東洋経済新報社、1999・2000
白川方明『現代の金融政策』日本経済新聞出版社、2008

III-6
【記事構成・監修】
公益財団法人日本数学検定協会　近藤恵介氏

III-7
【引用文献】
(i)　伊藤元重『ゼミナール 現代経済入門』日本経済新聞出版社 、2011
(ii)　福田慎一、照山博司『マクロ経済学・入門』有斐閣アルマ、2011
(iii)　伊藤元重『はじめての経済学〔上〕』日経文庫、2004
(iv)　総務省統計局ウェブサイト
(x)　猪木武徳「やさしい経済学──お金の物語、貨幣とは（5）」日本経済新聞2003年8月26日付
(vi)　きょうのキーワード ハイパーインフレ 日本経済新聞 2011年1月30日（電子版）

III-8
【参考文献】
田村次朗『WTOガイドブック[第2版]』弘文堂、2006
渡邊頼純『GATT・WTO体制と日本[増補2版]』北樹出版、2012
山田修路『WTOドーハ・ラウンド10年の軌跡』全国農業会議所、2012
外務省ウェブサイト
経済産業省ウェブサイト

III-9
【参考文献】
池上彰『45分でわかる！ 14歳からの世界金融危機。サブプライムからオバマ大統領就任まで。』マガジンハウス、2009
池上彰『45分でわかる！14歳からの世界恐慌入門。1929年を知れば、2009年が見えてくる!』マガジンハウス、2009
エドワード・チャンセラー、山岡洋一訳『バブルの歴史 チューリップ恐慌からインターネット投機へ』日経BP、2000
チャールズ・マッケイ、塩野未佳、宮口尚子訳『狂気とバブル なぜ人は集団になると愚行に走るのか』パンローリング、2004
ジョン・K.ガルブレイス、鈴木哲太郎訳『[新版]バブルの物語 人々はなぜ「熱狂」を繰り返すのか』ダイヤモンド社、2008

III-10
【参考文献】
鈴木亘『社会保障亡国論』講談社現代新書、2014
上村敏之『公的年金と財源の経済学』日本経済新聞出版社、2009

III-11
【参考文献】
一橋大学経済学部編『教養としての経済学』有斐閣、2013
【取材協力】
東京大学公共政策大学院　川口大司教授

索 引

監修者略歴

I部、III部

後藤康雄

（成城大学社会イノベーション学部教授）

1988年京都大学経済学部卒業、95年米シカゴ大学で修士号（経済学）取得、2011年京都大学で博士号（経済学）取得。1988年日本銀行入行。金融研究所、国際局などを経て97年三菱総合研究所入社（政策・経済研究センター）。独立行政法人経済産業研究所上席研究員を経て、2017年成城大学社会イノベーション学部教授。専門はマクロ経済、金融、産業組織論、中小企業研究。主要な著作に『中小企業のマクロ・パフォーマンス』（日本経済新聞出版社、2014年）などがある。

I-1、I-4、II部、III-5、III-7

安田洋祐

（大阪大学大学院経済学研究科准教授）

2002年東京大学経済学部卒業。最優秀卒業論文に与えられる大内兵衛賞を受賞し、経済学部卒業生総代となる。2007年米プリンストン大学でPh.D.取得（経済学）。政策研究大学院大学助教授を経て2014年から現職。編著書に『改訂版 経済学で出る数学 高校数学からきちんと攻める』（日本評論社、2013年）、『学校選択制のデザイン―ゲーム理論アプローチ』（NTT出版、2010年）。共著に『身近な疑問が解ける経済学』（日本経済新聞社）、『「学問」はこんなにおもしろい！ 憲法・経済・商い・ウナギ』（星海社、2014年）、『日本の難題をかたづけよう 経済、政治、教育、社会保障、エネルギー』（光文社、2012年）など。テレビ番組にも出演多数。

執筆者一覧

構成・編集

広野彩子、山田宏逸、菊池 貴之

井上理（I-1）	広岡延隆（II-6）
坂田亮太郎（I-2）	広野彩子（II-9）
清水崇史（I-3）	佐伯真也（II-10）
大竹剛（I-4）	西雄大（III-1）
中川雅之（I-5）	山崎良兵（III-2）
白壁達久（I-6）	中尚子（III-3）
馬場燃（I-7）	須永太一朗（III-4）
江村英哲（I-8）	熊野信一郎（III-5）
林英樹（I-9）	山中浩之（III-6）
宗像誠之（I-10）	大西孝弘（III-7）
染原睦美（I-11）	武田安恵（III-8）
齊藤美保（II-1）	吉野次郎（III-9）
田中深一郎（II-2）	田村賢司（III-10）
鵜飼秀徳（II-3、II-7、II-8）	山根小雪（III-11）
佐藤浩実（II-4）	河野紀子（その他）
宇賀神宰司（II-5）	

■ 日経ビジネス

第2版

日本経済入門

2019年12月23日発行　第2版第1刷
2023年12月25日発行　第2版第4刷
日経ビジネス 編

発行者
北方 雅人

発 行
日経BP

発 売
日経BPマーケティング

〒105-8308　東京都港区虎ノ門4-3-12
https://business.nikkei.com/

装丁・レイアウト
侭田潤（エステム）

印刷・製本
大日本印刷

©Nikkei Business, 2019, Printed in Japan
ISBN 978-4-296-10500-7